U0687051

律师业务实训简明教程

主　编　邵　磊　马景顺

副主编　齐秀敏　李俊杰

参　编　秦玉彬　王跃峰　程　玲

WUHAN UNIVERSITY PRESS

武汉大学出版社

图书在版编目(CIP)数据

律师业务实训简明教程/邵磊,马景顺主编. —武汉:武汉大学出版社,
2022.4

ISBN 978-7-307-22889-4

Ⅰ.律… Ⅱ.①邵… ②马… Ⅲ.律师业务—中国—高等职业教育—
教材 Ⅳ.D926.5

中国版本图书馆 CIP 数据核字(2022)第 021963 号

责任编辑:龚英姿 责任校对:李孟潇 版式设计:马 佳

出版发行:**武汉大学出版社** (430072 武昌 珞珈山)
(电子邮箱:cbs22@ whu.edu.cn 网址:www.wdp.com.cn)
印刷:武汉市宏达盛印务有限公司
开本:787×1092 1/16 印张:11.75 字数:279 千字 插页:1
版次:2022 年 4 月第 1 版 2022 年 4 月第 1 次印刷
ISBN 978-7-307-22889-4 定价:39.00 元

版权所有,不得翻印;凡购我社的图书,如有质量问题,请与当地图书销售部门联系调换。

前　言

"潮平两岸阔，风正一帆悬。"中央全面深化改革领导小组审议通过的《关于深化律师制度改革的意见》提出，到 2035 年全国律师数量要达到近百万人。根据司法部发布的《全国公共法律服务体系建设规划（2021—2025 年）》，到 2025 年，全国执业律师达到 75 万名，充分发挥律师在公共法律服务中的主力军作用。可见，律师服务行业前途光明，大有可为。

河北政法职业学院于 1949 年成立，2014 年开设法律事务专业（律师方向）。该专业方向依托学院 72 年法学教育基础，传承法律文化基因，具有丰富的教学资源和强大的人才培养能力，为国家和社会培养了大批高质量应用型法律人才。本书是根据国家高职院校教学改革及人才培养需要，按照学院编写实训教材计划，为锻造法律事务专业（律师方向）学生实践操作能力编写而成，在编写过程中我们与行业专家共同开发，将职业标准引入教学标准，将岗位规范融入实训内容。

本书特色包括三个方面：

（1）编写体例遵循律师办案一般工作过程，涵盖律师接待咨询、客户管理、文书写作、民事、刑事、行政诉讼案件的代理与辩护、常见非诉业务处理、证据分析和运用、归档等内容，突出职业性、实务性。

（2）内容既围绕选取的大量案例进行基本业务知识讲解，又设计了必要实务技能训练模块，把律师业务内容划分为七个实训单元，在每个实训单元中又细分出不同的具体实训项目，突出围绕培养入门律师及律师助理的职业能力开展训练，更具针对性和可操作性。

（3）实训过程注重融入素质教育。通过对所列举的案例进行分析，启示学生敬畏法律、遵守法律，引导当事人诚实守信、提高防范意识与权利意识，融入珍爱生命、爱国爱家、公平正义等社会主义核心价值观内容。

本书作者全部为一线专、兼职律师，由邵磊副教授、马景顺副教授任主编，齐秀敏一级律师、李俊杰二级律师任副主编，具体分工如下：实训单元一由邵磊编写，实训单元二、四由马景顺编写，实训单元三由秦玉彬编写，实训单元五由李俊杰编写，实训单元六由齐秀敏编写，实训单元七由程玲、王跃峰编写。

本书在编写过程中，得到了河北齐心律师事务所、河北济民律师事务所的大力支持，本书除选用现行法律法规外，还参考了一些专家、学者的有关资料和教材，同时得到了武汉大学出版社的大力支持，在此一并深表感谢。由于我们水平有限，时间仓促，不足之处在所难免，恳请各位同仁批评指正。

编者

2021 年 9 月 20 日

目　　录

实训单元一 咨询、接案

一、本单元引文

高等职业教育是培养生产、建设、管理与社会服务第一线实用型人才的一种教育类型。它要求学生在掌握必需、够用知识的基础上，具备较强的知识应用能力。律师业务实训以律师业务、法律文书写作、公证仲裁与调解、刑法、民法、刑事诉讼法、民事诉讼法、证据法等专业课程的理论教学为基础，通过组织学生模拟律师或者律师助理的办案过程，把学生推向司法实践第一线，使学生能够将对理论知识的抽象了解转化为真实感性认识，进而达到对作为入门律师或者律师助理业务内容的熟练操作，达到对理论知识和职业素养、职业道德的深刻理解，实现理论与实践的紧密结合。

律师业务实训以加强律师职业伦理培养和锻炼为目标。律师的职责是为社会提供法律服务，维护委托人合法权益，但与此同时也要严格遵守法律，坚持公平正义，从而为法治建设贡献力量。在律师业务实训中，必须坚持律师执业伦理，谨守律师职业的道德底线，以实际行动维护职业声誉和尊严。该课程要求学生树立律师职业从业者共同体观念，加强自身修养，理解律师职业道德规范具体内容，培养崇高的社会理想、公平正义的法治理念、独立思辨的自由意志、勤奋敬业的专业精神、严守程序的理性思维、扶弱抗强的高尚品格和言行一致的行为规范。通过实训使自身具备娴熟运用法律的能力、技巧。

律师主要是为社会提供法律服务，这就决定了律师必然要与委托人产生密切联系。如何构建律师与客户之间的桥梁并为客户提供法律服务，是律师业务实训的重要内容之一。本书通过设定律师与客户沟通场景，展现日常生活交往特点，突出律师专业及职业道德能力和水平要求，让学生切身感受到律师在办理业务中沟通、咨询的重要性以及学习到在接案过程中的相关方法和技巧。

二、实训目的

（1）了解和掌握律师行业的执业准则、伦理道德要求。

（2）了解对客户所提诉求的处理方式，熟悉会见客户前的相关准备工作，掌握与客户会谈要求、客户关系管理的日常工作方式。

（3）了解律师咨询的范围、律师咨询收费标准以及在开展具体咨询活动中应当注意的事项。

（4）要求实训前结合律师文书写作、客户沟通管理等方面的内容拓展知识面，逐步培养客户关系管理的基本能力。

三、实训任务

(1)会见客户前的准备工作。

(2)与客户会谈的基本要求与技巧。

(3)对客户不合法诉求的处理。

(4)律师咨询的范围。

(5)律师咨询应当注意的问题。

(6)律师咨询收费及接案。

项目一　研习案例

一、研习案例1

(一)案例概况

陈贤、曹旭是 CCTV2016 年度法治人物。陈贤,女,安徽天定律师事务所律师;曹旭,男,安徽天定律师事务所律师。他们是一对志愿律师夫妻。2014 年 7 月,陈贤作为安徽省首位援藏女律师来到海拔 3000 多米的卡若区,开展为期一年的法律援助工作。2015 年,丈夫曹旭与陈贤一起前往内蒙古参加法律援助志愿者行动。2016 年 7 月,夫妇二人再次奔赴新疆乌鲁木齐头屯河区、昌吉回族自治州阜康市进行法律援助工作。央视颁奖词这样说道:"从雪域高原到内蒙古草原,他们夫妻同行,驰骋新疆戈壁,不忘初心,淡泊名利,以绵薄之力,让更多人享受公平正义。"[①]

(二)问题

(1)什么是律师?律师在建设社会主义法治国家过程中的作用是什么?

(2)什么是法律援助?为什么需要律师远赴高原戈壁为当事人提供免费法律服务?

(三)实训任务

(1)请同学们分组,找一个刑事或民事法律援助案例,分别扮演援助律师、司法局工作人员、受援人等不同角色,进行实训。

(2)讨论:假如你是一名律师,现在国家支持内地律师援助西部地区法治建设,你是否报名参加?假如被选上,你需要做哪些准备工作?

中华全国律师协会制定的《律师职业道德基本准则》第二条规定,"律师应当始终把执业为民作为根本宗旨,全心全意为人民群众服务,通过执业活动努力维护人民群众的根本利益,维护公民、法人和其他组织的合法权益。认真履行法律援助义务,积极参加社会公益活动,自觉承担社会责任。"《司法部关于进一步加强律师职业道德建设的意见》还要求广大律师"把执业过程作为服务群众、做群众工作的过程,为当事人提供勤勉尽责、优质高效的法律服务""要教育引导律师正确处理执业经济效益与社会效益的关系,忠实履行辩护代理职责和法律援助义务,帮助引导当事人依法理性表达诉求、维护权益"。在上述

---

① 许身健:《律师职业伦理》,北京大学出版社 2018 年版,第 30 页。

案例中，服务困难群体，维护社会公平正义，是律师行业的光荣使命。陈贤、曹旭两位援藏律师，夫妻同心通过办理好每一件法律案件，做好每一次普法宣传，引导与帮助困难群体依法维护自身权益，进一步贯彻了习近平法治思想，这是律师行业的专业优势和职业优势所在。

二、研习案例 2

（一）案情概况

律师江某在代理某银行原行长何某涉嫌贪污罪、挪用公款罪、非法出具金融票证罪、用账外客户资金非法发放贷款罪案件中，在该案预审员 Z 某（涉嫌徇私枉法罪）的协助下，由何某在空白授权委托书上签字，江某接受委托办理涉案金融中心的交易事宜。江某因涉嫌伪证而被检察机关起诉，最终被人民法院判处有期徒刑两年。

（二）问题

（1）律师在刑事案件中有无调查取证权？律师执业有无风险？

（2）律师应该从江某被刑事处罚一案中获取什么样的教训？

（三）实训任务

（1）结合 2021 年 9 月 13 日，湖北武汉一名男律师和辽宁沈阳一名女律师被委托人故意伤害案，分组讨论律师执业存在的风险。

（2）结合上述案例，分组讨论律师执业过程中如何规避法律风险和人身风险？

根据《律师职业道德基本准则》第三条规定："律师应当坚定法治信仰，牢固树立法治意识，模范遵守宪法和法律，切实维护宪法和法律尊严。在执业中坚持以事实为根据，以法律为准绳，严格依法履责，尊重司法权威，遵守诉讼规则和法庭纪律，与司法人员建立良性互动关系，维护法律正确实施，促进司法公正。"《司法部关于进一步加强律师职业道德建设的意见》还要求，广大律师"不得以不当、错误的方式干扰案件依法办理，不得纵容、支持当事人以非法手段扰乱司法执法秩序，不得与司法人员进行不正当交往或者向其输送利益"。在案例 2 中，江某作为法律专业工作者，本应模范地遵守法律，却身陷囹圄。广大律师应当思考如何在执业过程中以事实为依据、以法律为准绳尊重司法权威。

律师队伍能否全面、准确地贯彻执行宪法和法律，切实履行维护当事人合法权益、维护法律正确实施、维护社会公平正义的职责使命，是衡量律师队伍建设功效的基本标准。律师应坚持以事实为根据，以法律为准绳，严格依法办事，遵守宪法和法律，规范执业行为。律师执业必须严格依照宪法和法律规定进行，律师行使执业权利也必须遵守宪法和法律，始终对宪法和法律怀有敬畏之心，牢固树立法律红线不能触碰、法律底线不能逾越的观念和以宪法为根本的活动准则，忠诚履行宪法和法律赋予的神圣职责。[①]

三、研习案例 3

（一）案情概况

小张在某律师事务所跟随李律师实习。一天上午，李律师吩咐小张："小张，后天你

---

① 许身健：《律师职业伦理》，北京大学出版社 2018 年版，第 38 页。

和我一起去见一个房地产公司的董事长，商谈常年法律顾问的事情，你好好准备一下，这有一些基本资料，不懂的话你向小黄助理请教一下。明天我要考考你，看看你的准备工作做得怎么样。"小张是第一次到律师事务所实习，对于律师见客户商谈法律顾问业务需要做的准备工作完全不了解。于是，他就拿着资料去找另一位律师助理小黄，向他请教。

（二）问题

（1）什么是实习律师？实习律师的工作职责是什么？

（2）什么是法律顾问？法律顾问的工作范围是什么？

（三）实训内容

根据案例，请同学们分为若干组别，分别扮演不同的角色，根据不同客户的不同需求展开会谈，提供法律解答。

四、研习案例4

（一）案情概况

某民事案件的原告张三委托李律师全权代理，其本人没有出庭，而李律师以为这是一个很简单的交货没有全部付款的欠款纠纷案，所以没有仔细了解案情，只让助理做了一些基本的资料整理工作。当庭审法官进行法庭调查问到原告方"请问你方何时与被告签订的合同，何时交货，对方有无签收，至今被告有无付款"时，原告代理人李律师支支吾吾地说"不太清楚""不知道""当事人没有和我说"等词语。类似情况时常在一些案件审理过程中出现。代理律师如果没有做深入的调查了解，仅凭一纸诉状就上庭，难免就会"一问三不知"，甚至就连案件基本的事实（何时何地签订的合同、合同条款约定的基本内容、具体的履约情况等）都不甚了解，对案件的争议焦点亦毫无头绪，发表代理词时更是泛泛而谈。庭审结束后，律师只会斥责律师助理，怪其没有做好准备工作。

（二）问题

（1）这位律师的做法是否正确？

（2）假如你是律师助理，在协助律师办理此案时应注意哪些问题？

（三）实训内容

请同学们分别扮演客户张三、李律师和律师助理，模拟张三在庭审结束后知道这种被动的庭审情况后的接待和处理方式。

五、研习案例5

（一）案情概况

张三和李四是高中同学，在一次同学聚会时张三得知李四和几个朋友投资的一家公司办得不错，于是有加盟的想法。聚会后，李四打电话联系张三，称其公司有股东准备对外转让其持有的20%的公司股份，问张三是否有兴趣受让。张三对公司股份转让的事情不懂，李四就让他找律师咨询一下。但张三一直以为要打官司的时候才要找律师，所以就将信将疑地去某律师事务所咨询。

（二）问题

律师咨询的业务范围是什么？

（三）实训任务

请同学们分别扮演张三、李四和某律师及律师助理，模拟接待及咨询场景。

六、研习案例6

（一）案情概况

某委托人甲持某案的一审判决书向某律师事务所的律师咨询，接待他的律师乙看了判决书，查阅了案件的相关材料并询问了客户一些庭审情况后，认为他请的一审代理律师业务能力有问题，在法庭上该说的没有说清，该问的事实没有问明，在举证上也存在严重的缺陷，因此，得出该一审代理律师存在不尽职尽责问题的结论。甲听后觉得这位乙律师讲得有道理，而且这位乙律师还表示可以帮助他继续打好这个官司。由此引发了甲投诉其一审代理律师的事情。

（二）问题

（1）乙律师的做法是否正确？

（2）律师及律师助理在接待客户时如何做好接待笔录？

（三）实训任务

请同学们分别扮演客户甲、律师乙和某律师助理，模拟接待及咨询场景。

七、研习案例7

（一）案情概况

2017年冬天的一个中午，被告人老田因在出租屋（房主周某）内做饭不慎失火，将出租房烧毁，而且由于火势过大，将紧邻出租房的同村居民李某所建房屋也烧毁，同时将承租李某房屋的个体老板刘某在屋内的存货也全部烧毁。各方经济损失惨重。

（二）问题

（1）本案老田是否应负法律责任？如果应负法律责任，负何种法律责任？

（2）周某、李某、刘某损失是否应得到赔偿？理由和依据是什么？

（三）实训任务

（1）适当扩充案例，进行证据设计和事实梳理，以满足实训需要。

（2）请同学们分成若干组，分别查找资料，扮演律师及律师助理和不同客户，分别回答田某、周某、李某、刘某的法律咨询。

八、研习案例8

（一）案情概况

张某作为100万元款项的出借人，为了保障自己的到期债权能够实现，希望借款人郝某能够提供一处商品房产作为抵押，在到期不能还款时按照借款的本息为对价获得该抵押房产。郝某同意并将房本交给张某保管。后郝某未如期归还借款，张某多次讨要无果后，欲出售郝某抵押给自己的房产，但到法院起诉后发现，郝某已于起诉前办理了离婚手续，离婚协议约定将该涉案房产归前妻李某所有。

（二）问题

商品房产抵押的程序是什么？张某的抵押权有效吗？

（三）实训内容

请同学们分别扮演张某、郝某、律师和律师助理，来分别解答两名当事人的咨询。

九、研习案例 9

（一）案情概况

张三的女儿于 2017 年某晚在下班路上遭歹徒抢劫不幸死亡，凶手直至 2020 年才被抓住。张三作为被害人的父亲，不知该如何维护自己的合法权益，于是在朋友建议下忍着悲痛到某律师所咨询律师，请求律师给他写个诉状，主要诉求如下：一是要求判处凶手死刑，二是要求赔偿家人包括精神损失费在内的各项费用共计 150 万元。

（二）问题

如何提起刑事附带民事诉讼？刑事附带民事诉讼赔偿范围是什么？

（三）实训任务

接待咨询，为张三准备提起刑事附带民事赔偿请求以及诉讼结果进行分析，并起草刑事附带民事起诉状。

十、研习案例 10

（一）案情概况

某公司就借款纠纷向一家律师事务所的王律师咨询。该公司成立于 2018 年 9 月 15日，注册资金 500 万元，其中刘某出资 300 万元，占 60%，朱某出资 150 万元，占 30%，李某出资 50 万元，占 10%。出资完成一个月后，经三人商议，三人分别以借款的名义将上述出资款借出。后于 2020 年 5 月 24 日，因业务需要大量款项，刘某建议三股东将借出款项的 50% 还给公司，但遭到朱某和李某拒绝，因此向王律师进行咨询。王律师分析后认为，本案件不仅仅是借款纠纷，还牵涉到股东抽逃出资的问题，因此，王律师根据情况进行了风险提示，并提出了相应的解决方案。

（二）问题

股东完成注册资本金出资后，是否可以抽回出资，抽回出资可能产生的后果是什么？

（三）实训任务

请作出具体咨询的方案。

项目二　会见客户

一、准备工作

（一）事先了解大致内容

律师是专门为社会提供法律服务的职业群体，日常生活中需要经常和客户打交道。和客户沟通有多种方式，但效果较好的方式是见面沟通。这里仅叙述两种常见的沟通方式。

1. 聚会性见面

人们往往有一些定期或者不定期的私人或公共性聚会,聚集在一起的目的无非是要商讨一个共同的话题或者联络感情。通常,私人聚会不会太过正式,人们通常聚集在一起谈论一些话题或者开展一些活动,只要参加者在这一段时间有收获,即视为达到了聚会的目的。因此,参加此类聚会无须刻意做专业性准备。如果在聚会中有机会向参加聚会的其他人介绍律师业务知识或者解答法律咨询,临场发挥就可以了。

2. 专项事务见面

专项事务见面,是带着特定目的和为商讨事项进行的见面。因此,在见面前应该尽可能地了解对方的需求,尤其是事项的性质、类别(属于刑事类型、民事类型,还是行政类型;刑事类型大致属于哪种类型犯罪;民事类型属于合伙纠纷、产品质量纠纷、婚姻家庭纠纷,还是继承纠纷;行政类型如属于行政行为合法性司法审查,具体涉及行政机关行政行为是否合法)等内容。比如研习案例 7 失火案就属于专项事务,需要提前准备资料。

(二)安排会见场所

律师和客户会见商谈的地点较为灵活,可以根据具体情况而定。

1. 事务所约见

如果约定在律师事务所商谈,应当与客户确定好具体的时间,尤其是对第一次到律师事务所的客户,应告知其律师事务所的具体地址和行进路线、车辆停放的场所等信息。会见前,应准备好会见场所以及必要的设备。

2. 外出拜访会见

如果约定上门拜访,则需要了解客户约见的具体地点和行进路线、往返车辆安排。在出行前再次确认行程以及客户的日程安排,并准备好律师事务所有关的介绍材料。

在律师事务所会见,便于客户了解律师及律师事务所环境、背景、专长和律所文化等,方便办理委托手续,是较为常见的会见场所选择;外出拜访会见,一般是应邀前往,律师对地点可能较为陌生,重点在于洽谈业务,需要做更多的准备工作。

(三)日程设置和提醒

1. 日程安排

律师通常忙于自己的专业事务,日常的事务管理往往需要律师助理来协助处理,因此,助理不仅要知道自己每天的工作安排和内容,还要熟悉律师的日程,出发前和接待前必须做好有效的日程安排。无论是根据约定日期还是根据事项性质、重要程度,每一件工作都要纳入日程的管理之中,每一天的具体工作都要记录在工作日记当中。

2. 日程提醒

律师助理在每天下班前要提醒律师次日重要的日程安排,每天上班见面时也要提醒其当天和近期的重要日程安排。出发前和接待前要提醒律师和客户,尤其是在法定节假日结束后的第一个工作日的拜访和接访安排,必须在放假前落实好。

3. 行程指引

出访前要了解清楚目的地、路线,明确集合(会面)的时间和地点,接访方要告知对方接访地点、行程指引和注意事项。

4. 相关法律知识的收集和资料的准备

在研习案例3中，小张要协助律师会见客户商谈常年法律顾问的事宜。与客户会见沟通表面上看与法律专业联系不大，且也无定律可循，似乎应了"兵无常势，水无常形"这句古话。但深入探究就会发现其中有规律可循。首先，我们可以提前了解对方公司的基本情况，尽量详细了解对方的实际状况和需求，甚至包括是否存在诉讼纠纷、商谈者个人喜好和忌讳，做好相应的准备方案。其次，对于自己的优势、专长和可以提供的法律服务及收费标准，乃至对具体工作开展的设想等都要列好计划，做好准备。最后，对于集合、出发、路线，以及对方接待人员的基本情况甚至衣着打扮、言谈举止等细节问题也要进行考虑并妥善安排。

二、谈话要求及技巧

(一)会谈宗旨

1. 了解客户需求

要为客户提供专业的法律服务，首先必须全面了解客户的需求。只有了解和把握客户的真正需求，才可能为其提供有效的服务。通常，倾听和提问题是最直接、最简单有效的了解客户需求的方式。通过提问可以全面准确了解案情和客户的真正需求，为客户提供他们所需要的服务。

2. 恰当彰显自我

在双向选择的情况下，要获得客户的委托，前提是得到客户的信任。信任来自双方的认识、认同。如何介绍自己并取得客户的认同和委托是开展业务的基础。那种吹嘘自己"办过的案子从未输过"的律师未必能赢得客户的好感，甚至会让客户质疑其"是否从未开张"或者"只办理了一起案件"。律师是否拥有过硬的专业素养，能否对客户委托的事项恪尽职守、尽心尽力，能否坚守"受人之托、忠人之事"的理念才是客户最关心的问题。除了律师个人能力和经验外，律师事务所的口碑、团队合作水平也是客户在意的方面。

3. 有效引导服务

客户碰到问题希望通过咨询、了解、求助，最终在律师的帮助下解决问题。因此，在了解客户需求的情况下，要对客户做正确的服务引导，分析其需求能否实现以及实现的具体路径和方法。律师要实事求是，全面分析有利点和不利点，不可夸大其词。

提示：俗话说"就事论事""对症下药""到什么山上唱什么歌"，这些俗语道出了提供法律服务的灵活性和针对性，即要在对的时间做对的事，针对不同的客户要运用不同的表达方式，目的只有一个——实现有效的沟通。一个具有基本法律知识的人和一个对法律知识毫无了解的人，他们对法律制度、法律规定的理解并不一样，因此你的专业解答也必须因人而异。

(二)会谈基本要求

1. 尊重事实

"以事实为根据，以法律为准绳"不仅是司法机关处理案件的标准，也是律师开展业务的基本要求。因此，了解案件的全部事实，争取还原案件的客观事实是律师首先需要解决的问题。如果对事实不了解，就无法做出较为准确的法律判断和路径选择，所采取的具体方法也难以奏效。对一些模糊不清的问题要收集相关的证据加以分析，辨明哪些证据能够证明哪些法律事实的存在。对事实有了全面了解之后，就要进一步分析事实经过中哪些因素对客户有利，哪些不利。最后才是适用法律得出结果。

当事人往往会有选择地向律师介绍事实经过，容易忽略甚至回避对自己不利的信息，不断地放大对自己有利的信息。对于事件中的疑问，律师必须要求客户原原本本地将事实真相讲出来，无论有利还是不利，只有对事实真相全面了解，才能有效地采取应对措施。要知道风过留痕，只要审理者认真履行职责，查清事实是完全有可能的。因此，枉顾事实、歪曲事实甚至鼓动做伪证，不但不能有效地满足客户的合理需求，甚至还会因触犯法律而使自己陷入难堪的境地。

2. 依据法律

对纷争的处理必须依据相关的法律规定，不得与法律规定相违背。对于不同的情形法律做出了不同的规定，能否正确理解和适用法律，是考验律师专业水平的试金石。

律师开展业务，既要符合法律、法规、规章关于实施机关、实施条件、程度等实体规定，做到实体合法，又要符合法律、法规、规章规定的程序，遵循法律、法规、规章规定的具体步骤、方式、时间和顺序，做到程序合法。司法机关根据现实社会发展，针对不同情况所做的司法解释和颁布的相关指导性案例，都值得我们认真学习。

在研习案例9张三女儿被害案中，根据《中华人民共和国刑法》（以下简称《刑法》）第二百六十三条规定，"抢劫致人重伤、死亡的""处十年以上有期徒刑、无期徒刑或者死刑"。《中华人民共和国刑事诉讼法》（以下简称《刑事诉讼法》）第一百零一条规定，刑事案件只赔偿犯罪行为造成的直接物质损失。所以张三主张判处被告人死刑要按照我国《刑法》的规定来定罪量刑，所谓罪刑法定、罪刑相适应。张三主张的精神损失费无法得到赔偿，因为按照法律规定，被告人只赔偿直接造成的物质损失，不包括精神损失。

3. 诚实信用

诚实信用原则是《中华人民共和国民法典》（以下简称《民法典》）规定的基本原则之一，它要求人们在民事活动中应当诚实守信，正当行使权利和履行义务。诚实信用原则是市场经济活动中的一项基本道德准则，不仅是现代法治社会的一项基本法律规则，也是具有道德内涵的法律规范。诚信是做人的根本，更是律师的立业之基和执业之本。根据《中华全国律师协会律师职业道德与执业纪律规范》第五条规定，"律师应当诚实守信，勤勉尽责，尽职尽责地维护委托人的合法利益"。因此，律师在接受委托，处理法律事务时，必须采取合法、合乎道德的方法维护委托人的合法权益，尽最大的努力，以最高的效率和最谨慎、最认真的态度为维护当事人的利益开展工作，使每一项法律事务都能得到完美处理，使当事人的利益得到切实维护。律师不得做出虚假承诺，在案件未能达到当事人要求时要认真分析案件的处理结果和代理工作，对自身应当承担的责任不得推诿，更不得煽动当事人与司法机关的对立情绪甚至鼓动当事人通过非法的方式宣泄不满。律师尽职尽责、实事求是是本分，同时也是做人的基本要求，不能为了招揽案件而虚假承诺，应维护法律尊严和威信，体现公平正义。

（三）回答客户问题的技巧

1. 承诺服务质量

客户委托律师，在某种意义上就是购买律师的专业服务。目前，有的客户在案件审结后，因为输掉了官司，以律师未尽职尽责为由向当地律师协会投诉的情况并不少见。承诺服务质量不等于承诺服务结果。

研习案例4说明，律师只负责对外承揽业务，庭审工作全部交由助理去做的方式是万万不可取的，而律师助理在协助律师做专业实务准备的时候，应及时地汇报请示和提醒相关的问题，千万不可拖延和大意。

在研习案例6中，作为专业律师，在为当事人提供专业法律服务时，应当尽量避免在客户面前评价甚至指责同行，尤其是当事人前一阶段聘请的是其他律师，当事人在后一阶段向你咨询或决定聘请你时，应当客观分析案情，不要过多地评价前一阶段律师的工作，否则容易陷入"不正当竞争"或者诽谤的纷争中。作为律师，不能保证每一场"官司"都胜诉，为了维护自身的权益，应该要让客户明白保证服务质量并不等同于"胜诉"。律师不可承诺案件能达到某种结果，但可以对自己承接的案件承诺服务质量，让客户在整个服务过程中感受到律师的专业与负责，这样即使最后输掉了官司也不至于被客户误解为律师失职。在实践中，不少律师在接待客户时自己出面，而在案件的准备甚至开庭、撰写代理词时却让助理负责处理，而律师助理往往缺乏相应的专业技能和经验。这样，即使是律师亲自出庭，也可能因准备不足而陷入被动局面。

2. 留有余地，适当回旋

客户委托专业律师代理，总是希望能够达到自己理想的结果。因此，客户通常会向律师咨询案件处理的预期结果，甚至希望律师能够通过"关系"使其代理意见被审理者采纳。对预期结果的分析是必要的，但做出通过"走关系"影响案件的审理结果的承诺是非法的，律师要告诉客户"回避"原则和律师职业道德规定及要求，要帮助客户了解法律职业共同体、遵守社会主义法治理念，让客户接受社会主义法治的公平正义观。

律师应当全面梳理客户讲述的事实以及提供的证据，帮助客户分析案件处理的可能性结果。但是，有两点必须注意：一是客户的表述。客户的表述是否全面、准确，要做多方面的分析，仅凭客户的讲述和提供的资料，未必能够反映案件的全部事实。此时，做出的判断也未必是准确的。二是案件的发展。即使客户讲的事实经过和提供的证据是全面的，但案件还在发展之中，后续有可能会出现预料之外的因素影响到案件的处理结果。对于客户对结果的期望，律师一方面要有专业的预判，同时还要做适当的提醒：当在具体工作的开展中出现新问题时，要与客户及时沟通。在纷繁复杂的案件代理中，不要想当然地认为该案"一定会赢"并做出不适当的表述，一定要留有余地。当然，也不是要律师对本该没有任何悬念的一个案件故弄玄虚。

如一个未超过诉讼时效且设置有房产抵押担保的债务案件，事实清楚，法律关系简单，但接案的律师却向作为当事人的客户大谈特谈司法审理不公、执行何等困难等，将客户带入"云里雾里"的境地，吓唬客户该案是何等之复杂、困难，让当事人接受30%的风险代理委托。案件得以顺利执行时，律师却将全部的成果归功于自己超高的专业水平，甚至吹嘘自己和审理者是何等熟悉等。

提示：要知道，尽管客户不熟悉专业的知识，但社会是一个开放的系统，只要客户在事后稍微了解一下，就能知道案件正常处理的真相，从而使律师在客户心中留下不好的印象，甚至会引发客户拒付代理费的纠纷。"君子爱财，取之有道"，律师向社会提供有偿的法律服务，收取律师费时除了依照规定标准之外，还要对得起自己的良心，那种"骗进来、砍一刀，让别人痛着走"的做法是不道德的，也注定无法长久。

3. 不轻易给出绝对性的结论

客户通常希望律师对相关的问题能够给出一个结论（是否会胜诉以及胜诉的大致概率等）。由于客户所介绍的问题和给出的资料往往立足于自身的情况（如仅介绍对自己有利的一方面，而且资料收集得不够全面等），因此在尚未全面了解情况以及进行综合分析之前，即使认为有很大的把握，也不宜给出绝对性的结论。如一位当事人向张律师咨询："张律师，您看我这个案子的胜诉率大概是多少？"张律师回复："这个不好说百分之多少。""可我昨天到某某律师事务所问过了，某某律师说有 60% 的把握能赢呢！"张律师听后，为了能够将这个案子拿下，于是说："我想想，我觉得这个案子要是我来办的话，百分之百能赢，你放心好了。"

无论是刑事还是民事又或者是行政纠纷案，考虑到案件事实、证据的不同以及庭审中无法预测的情况，不同的人对相同的问题可能会有不同的理解，结果也会是不确定的。合理的预判固然重要，但它不同于"第六感"，需要有一定的依据，对知识有一定的掌握以及有一定的经验积累。[①]

项目三 咨 询 接 案

一、咨询的步骤

随着现代科学技术的飞速发展和应用，开展法律咨询的方式呈现出多种形式。其中主要的方式有网络沟通、面谈咨询、电话解答、公共场所咨询等。不同的咨询方式有不同的特点，律师应根据不同方式采取不同策略。不管律师采取上述何种方式解答法律咨询，就整个工作程序来说，一般可以分为六个步骤，即一记、二听、三看、四问、五析、六答。具体如图 1 所示。[②]

（一）登记和记录

登记和记录包含两层意思。

1. 登记

即填写解答法律询问登记表。律师在解答法律咨询时，要了解询问人的情况，如姓名、性别、年龄、民族、职业、工作单位、住址、电话号码等；了解和登记询问人的文化程度；在了解了这些基本情况并将相关信息填入表格后，有针对性地进行询问。根据询问的情况，当即能够解答的，就当即解答并把情况填入表内；当即不能解答的，可约定时间

---

① 李正华、丁春燕：《律师实务》，中国人民大学出版社 2019 年版，第 32~34 页。

② 李益民：《律师制度与实务》，法律出版社 2003 年版，第 241 页。

解答或以打电话、写信或出具法律意见书等方式解答，并按规定收费。

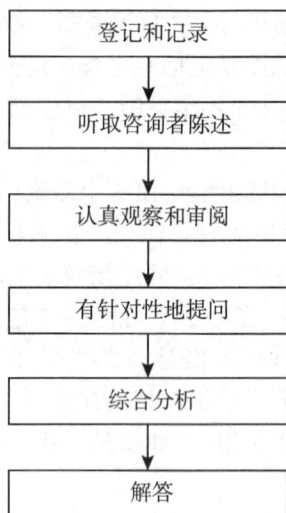

```
┌─────────────────┐
│    登记和记录     │
└─────────────────┘
         │
         ▼
┌─────────────────┐
│   听取咨询者陈述   │
└─────────────────┘
         │
         ▼
┌─────────────────┐
│   认真观察和审阅   │
└─────────────────┘
         │
         ▼
┌─────────────────┐
│   有针对性地提问   │
└─────────────────┘
         │
         ▼
┌─────────────────┐
│     综合分析      │
└─────────────────┘
         │
         ▼
┌─────────────────┐
│       解答       │
└─────────────────┘
```

图 1 解答法律咨询的六个步骤

2. 记录

即将咨询中遇到的主要问题及情况加以记录，以便解答咨询之需。有时候当事人咨询的问题比较复杂，在记录过程中要注意详略得当，将案件的主要事实、主要问题和主要证据记录清楚，对一些细枝末节的内容，可酌情省略。

对某些重大问题或案件的咨询，如当事人拒绝公开身份、不同意登记的，律师可以不解答。

（二）听取咨询者陈述

听取咨询者的陈述是解答法律咨询的前提和基础。律师在解答法律咨询时，对于咨询者的陈述，必须认真倾听，这样才能掌握情况，有的放矢。在听取咨询者的陈述时应注意做到：

（1）听完问题的全过程，弄清来龙去脉。即便是杂乱无章的冗长叙述也要耐心听完。否则，易从片面情况出发，引出不切合实际的结论，出现错误。

（2）对于问题的细节或关键情节要听真切，可以做必要的记录，绝不能含混或疏漏。

（3）要听准问题的关键和实质所在，即抓住问题的实质和争议的焦点。在听的过程中，既要了解事情的全貌，又要注意其中的主要情节，弄清咨询问题的实质，为解答问题、提供方案打好基础。

（三）认真观察和审阅

该步骤包含两层意思：一是要查看询问者提供的证据与其叙述有无关联，即询问者的叙述有无根据；二是要观察询问者的精神状态、情绪反应、感情变化等表情现象，目的在于弄清他的真实意图。在观察询问者的精神状态时，力求避免表面化和片面性，不能看到来访者悲伤落泪便断定他"确实有理"，对于一时感情过激者要善于稳定他们的情绪，透过现象看本质，找出问题的症结所在，为正确地提供咨询服务创造条件。

（四）有针对性地提问

在听取咨询者叙述的过程中除认真观察和审阅之外，律师进行法律咨询还要针对其中发现的问题，及时提问，使叙述省去那些不必要的或重复的叙述，并使其叙述所涉及的事实尽快明确起来，为分析、回答咨询提供条件。提问的方式，应根据不同的对象、不同的问题而各不相同。可以根据具体情况使用不同的提问方式，通过提问的引导作用达到询问的目的。常见的提问方式有以下几种：

（1）谈心式的提问。适用于询问者心存顾虑、欲言又止的情况，这种方式易使咨询者及时建立起对律师的信任感，引导询问者讲出真实思想和事实真相。

（2）探讨式的提问。适用于一些重大疑难问题，或者司法实践中出现的新问题、新情况。通过提问引导询问者提高认识，提出解决矛盾的办法。

（3）发问式的提问。适用于询问者不知如何说明或一时难以说明的情况。通过提问引导询问者讲清所存在的矛盾点，回忆某些重要过程和重要情节，从模糊不清的问题中抓住矛盾和争议的焦点。

（五）综合分析

在采取了上述步骤之后，律师对当事人咨询的问题有了一定程度的了解，并收集和记录了关键性的证据和材料。在此基础上，律师对于询问者陈述的内容应从法律和政策的角度，进行综合分析，判断问题的性质，确定正确的法律依据和处理办法。

对于比较复杂的问题，要进行综合分析，弄清总的性质是什么，并在总的问题弄清的前提下，进行具体事件的分析，以便有针对性地提出法律意见和最佳处理方案。对于来访者提出的问题，要从总的方面分类，再具体弄清纠纷的性质，只有这样，才能找准具体的法律依据，提出切实可行的解决方法和途径。

在解答法律咨询时，分析是很重要的一环，必须给予重视。在具体分析过程中，律师对于界限不清、自己不了解的问题，要查阅法律、法规，相关政策、文件，或向有关机关和同事进行请教，不能凭着记忆或想象作出判断。对政策、法律没有规定，一时弄不清的问题，要向来访者作出说明。

（六）解答

该步骤就是针对询问者所询问的问题，在分析判断之后，进行回答。除一时不能回答的问题需要另约定时间回答之外，一般都要当场回答。回答问题总的要求是实事求是，符合法律、法规，提出的方案要具体可行，讲出的道理要明确易懂。具体要做到：

（1）解答问题一定要有的放矢，针对询问者提出的问题作答，不能答非所问。如当事人咨询虚开增值税发票罪会受到什么样的处罚，律师不能一上来就讲犯罪构成理论，而是要针对虚开增值税发票的具体情况具体分析，有针对性地解答当事人最关心的问题。

（2）解答问题一定要以法律、法规为依据，不能不懂装懂，随声附和，更不能有意规避法律，提供不合法意见。

（3）解答法律咨询，内容一定要具体，作出的结论和提供的解决问题的方法都必须具体和可行。不能以不切实际的、空洞的理论去回答。

（4）解答法律咨询，语言一定要通俗，深入浅出。不能只顾用法言法语回答而不作相应解释，使来访者听后似是而非、糊里糊涂，更不能用教训人的口吻去说教。

（5）对于明显不符合法律规定的不合理要求，要耐心地做宣传工作，使之心悦诚服，不要激化矛盾。

（6）解答法律咨询时，涉及一些机密或隐私的问题，需要保密的，要注意做好保密工作。

（7）来访者提出的问题，涉及具体诉讼的，在基本情况没有弄清前，也可以不做具体回答，以防所答与事实不符，使询问者形成错误的理解，给以后的工作带来不便。

以上所讲的几个方面，在解答询问工作中并不是彼此孤立的，而是相互联系的，既可以按顺序进行，也可以交叉进行。比如记录，既可以在倾听当事人陈述的时候适当地进行记录，也可以在对当事人进行提问时记录要点。另外，在进行综合分析时对其中的问题也可以要求当事人再进行陈述或提供一定的证据材料。至于这几个步骤中哪个是关键环节，应根据具体问题、具体情况来定，不能千篇一律。

二、常见问题的咨询与答复

律师在解答法律咨询时，可能会遇到很多问题，现就律师在咨询过程中可能遇到的几种常见问题的处理方式介绍如下。

（一）关于法律条文理解方面的咨询

很多当事人在进行咨询时就具体法律条文如何理解询问律师，这是咨询中常见的现象。对当事人的询问，律师应根据实际情况，对当事人提出的具体问题给予解释。这方面的咨询一般分为三种情况。

1. 单纯的法律条文解释

对于这类问题的回答要注意严格按照法律的相关规定进行解释，有明文规定、司法解释、立法解释的，要按规定、司法和立法解释进行解释，没有司法、立法解释的，要根据立法意图和学理解释进行解释，比如当事人咨询盗窃罪成立的条件，这一问题在我国《刑法》中有明确的规定，律师要严格按照《刑法》的相关规定解释。律师在进行法律咨询时要注意向当事人讲明具体解释的出处和各自的效力。

2. 相近或者相似法律条文及罪名的解释

相近或相似的法律条文和罪名的解释是指界限不清、容易发生混淆的条文和罪名的解释。每个部门法中都有很多界限容易混淆的条文、概念和规定。如《刑法》中自首和立功的区别，职务侵占和挪用资金的区别；《民法典》合同编中要约撤回和要约撤销的区别；《中华人民共和国民事诉讼法》（以下简称《民事诉讼法》）中执行中止和执行终结的区别。对于这些概念当事人可能都不清楚，需要咨询律师。对于这类问题的解答，要注意弄清各自的概念，抓住相互区别的本质特征，使当事人明白相似与区别之处。

3. 就司法文书中引用具体法律条文的解释

解释涉及具体案件的法律条文，首先要分析这些司法文书中概括的案情，针对具体案情进行解释。但应只说明引用这些条款是否正确，对幅度及过错大小、情节轻重，因不了解案卷中的证据情况，一般不宜作解释。

（二）关于诉讼常识方面的咨询

关于诉讼常识方面的咨询，内容比较多，一般包括诉状的写法、管辖、审级、当事人的权利和义务、执行的申请期限等。对于这方面的咨询，要依照有关法律规定，向来访者讲明法律是怎样规定的，可以怎么做，使其能独立运用、掌握具体方法，维护自身的诉讼权利。如关于民事诉讼中的执行期限，我国《民事诉讼法》第二百四十六条规定："申请执行的期间为二年，申请执行时效的中止、中断，适用法律有关诉讼时效中止、中断的规定。前款规定的期间，从法律文书规定履行期间的最后一日起计算；法律文书规定分期履行的，从规定的每次履行期间的最后一日起计算；法律文书未规定履行期间的，从法律文书生效之日起计算。"法律规定虽然很清楚，但当事人可能不知道上述规定的具体内容。如遇当事人进行咨询，律师应将上述规定向当事人解释，并向其说明公民、法人的概念区别。

（三）对于涉及其他部门问题的咨询

对于涉及其他部门的咨询，能当即解答的，可以当即解答，如果具体规定或细则不清楚的，可以为其指明咨询单位。比如来访者咨询有关国有资产管理的内容，我们可以指引其到国有资产管理部门咨询。再如涉及税务的有关具体问题，可以指引其到税务局咨询。有关审计、验资、资产评估方面的问题，可以指引其到会计师事务所、资产评估事务所咨询。

（四）关于其他问题的咨询

1. 关于申诉方面的咨询

要结合相关证据认真分析案情。对属于冤、假、错案的，要给予支持；对于理由明显不合法、不成立的，应做说服工作，使之放弃无理要求。

2. 在咨询中发生异常情况的，要做特殊处理

比如有的咨询者提出要用非法手段保护自己的合法权益，对此，要晓之以法，服之以理，还应积极与有关单位联系或向有关部门报告，采取措施，不能听之任之，防止恶性事件发生。

3. 关于有关部门与群众之间冲突和矛盾方面的咨询

对于这类咨询，要采取慎重的态度。既不掩盖、偏袒，也不挑拨生事，要讲明利弊，尽可能做好疏导工作，防止事态扩大。

4. 关于当事人就有关事项决策的咨询

如当事人的某个重要客户有违约行为，当事人在是否起诉问题上拿不定主意，此时，律师应从正反两个方面进行分析，说明相关利害关系，为当事人进行决策提供相应的参考，但不应代替当事人决策，避免相应的法律风险。

三、解答法律咨询应注意的问题

（1）恪守以事实为根据，以法律为准绳的原则。在进行事实询问过程中，要提醒当事人实事求是，讲实话，不要只表述对自己有利的事实和只提供对自己有利的证据。在进行法律分析时，要准确适用法律，既不能一味迎合，甚至助长客户的错误观点和主张；也不能因为忌讳各种压力，避重就轻，敷衍了事。

　　如张先生就其与某商贸有限公司买卖合同纠纷一案，向一家律师事务所的马律师进行咨询。张先生称，其与某商贸有限公司长期以来一直保持业务联系。2019 年 10 月 11 日，张先生向某商贸有限公司送货，货物为饮料 100 件，价款为 13500 元。某商贸有限公司收到货物后，向张先生出具收条一张，收条上写明了货物的数量、价款等，并由某商贸有限公司盖章。但该公司拒不向张先生支付货款，张先生多次催要无果。马律师经过分析认为，上述货物买卖行为事实清楚，证据充分，某商贸有限公司应向张先生支付货款，并建议张先生在继续催要无果的情况下提起民事诉讼。后张先生依据马律师的建议向法院提起诉讼。经法院审理查明，张先生提供的货物是自己私自生产的产品，没有经过任何部门审批，也没有食品生产经营卫生许可证等必要的资质证件，属于假冒伪劣产品，遂驳回张先生的诉讼请求。马律师出具咨询意见错误的原因就在于没有进行独立的调查，在不掌握案件真实情况的前提下得出结论。①

　　（2）在听取咨询者的陈述过程中，要了解当事人的问题和意图，掌握基本情况。对于表达有一定的问题，如有口音或者患有口吃的当事人需要特别耐心。在实践中，因为口音不清造成的张冠李戴现象时有发生。例如，有的地方在数字的发音上，"四"和"十""两"和"六"分不清楚；有的方言将"拒绝"的音说成"自觉"，一些常用字的发音可能与普通话完全不同。所以，要反复核对当事人所说词语，以免产生错误，影响对案情的理解和解答。

　　（3）在回复问题时，律师除应严肃认真、思路敏捷、口齿清晰外，还要注意不要故弄玄虚、玩弄法律词语。

　　（4）律师在进行口头咨询时遇到某些一时难以圆满回复的问题时，应把问题记录下来，之后再以口头或者书面形式进行回复或者补充说明。

　　（5）律师解答法律咨询，必须言之有据，切忌妄下结论。律师解答法律咨询，不能随声附和，更不能不懂装懂。解答咨询时，由于存在对案件证据及事实情况了解的局限性，故不可妄下结论，可以根据掌握的具体情况提出倾向性意见。否则，一旦出现与当事人期望存在偏差的结果，不仅会出现不应有的矛盾纠纷，也会直接损害律师事务所和经办律师的声望。律师在出具咨询意见时，要向当事人强调，咨询意见出具的基础是当事人介绍的事实情况及其提供的相关证据，如果上述事实和证据不准确，就可能影响到咨询意见的准确性。

　　（6）律师要不断地学习和积累知识，提高执业技能。律师除了精通法律业务之外，还应当具有一定的阅历和社会经验。故作为律师必须坚持自我学习和向社会学习，既要注意积累社会、法律相关知识，如心理学、逻辑学、法医学、侦查学等各类基础知识；还要对如计算机、历史文化、建筑工程、财务会计等学科的一些知识有所了解，以便更好地为社会提供法律服务。

　　（7）最大限度地维护当事人的合法权益。在进行法律咨询时，凡是涉及当事人合法权益的地方，律师都应当着重强调，并提出尽可能有利且可以付诸实施的建议。当然，对于不利于当事人的问题，律师也不能隐瞒，相反，律师应当在可能的范围内提出尽可能好的

---

①　中华全国律师协会：《律师职业基本技能（下）》，北京大学出版社 2019 年版，第 11 页。

解决方案。如在研习案例 10 中，王律师不仅发现公司运行中出现的手段问题，而且提出了最佳解决方案，帮助公司渡过危机。这样的律师最值得当事人信任。有的律师提出"一次委托，终身负责"，表现出勇于担当、专业自信的高度负责态度。

（8）避免激化矛盾，促进社会稳定。在现实生活中，当事人为了实现自己的诉求，在咨询时经常会提出不想走法律途径，甚至提出越级信访等想法，作为律师在咨询时一定要分析案件或纠纷性质，确定信访与法律途径的区别及优势，只要是法律问题，一定要阐述走法律途径的好处，避免信访给社会造成不良影响。

（9）为当事人提供高质量的法律服务。律师要学会倾听，学会归纳，学会分析，动之以情，晓之以理，让咨询者把问题搞清楚，为当事人指出一条合法、有效的维权或化解纠纷之路，以体现优质高效的法律服务。

四、咨询收费

律师提供专业咨询，对于是否收取一定咨询费用，一般要结合案件情况、咨询解答时间、案件难易程度等来确定。一般情况下，律师已经是委托代理人，那么前期的咨询通常是免费的。这犹如一个业主要求装修公司出具一个装修方案，如果业主接受装修方案并委托该公司施工的话，通常装修公司是不收设计费的。如果是专项咨询或单独咨询，律师可以依照收费标准结合案件实际情况收取费用。既然律师咨询大多是不收费的，或者在代理之前的咨询是免费的，那么会不会有当事人打着"准备聘请律师"的旗号，到不同的律师事务所分别进行咨询，最后将各个所的意见总结一下，也就不用请律师了？这种情况确实存在，如何解决就需要律师询问、观察、分析判断了，避免有人故意消费律师知识和时间精力。律师咨询收费，以河北省为例，根据河北省律师协会《河北省律师服务收费指导意见》（冀律协〔2016〕7 号）的规定，"计时收费标准可在每工作小时 500 元至 3000 元幅度内议定，具体价格由律师事务所与委托人协商确定。"

网上有大量所谓的免费专业律师咨询服务。既然有免费的咨询，为何要选择收费的呢？当你在网页上搜索"别人欠了我的钱到期没有还，我应该怎么办？"这样的问题时，你会得到"可以依法提起诉讼"这样免费的回答。而在真正的律师咨询中，律师需要了解债务形成的原因、支付经过、偿还情况、诉讼时效、拒绝偿还的理由、借贷合同的特殊约定等详细情况，等将这些情况全部了解清楚之后，专业律师才会提出解决建议和方案。就像是一个患者自认为得了感冒，他可以通过身体的自我调节来慢慢化解，也可以直接到药店购买药品服用，还可以到一般的医院去看普通门诊，甚至还可以到大医院挂专家号就医。如果真的只是一般感冒，那么凭自身的抵抗力就可痊愈，吃药只不过是加快痊愈的速度而已，似乎没有什么区别。普通门诊大夫也仅仅是确认这真的是感冒，而专家诊断是会通过相应的检测和专业技术认定这只是普通感冒从而排除是其他病症的并发症的可能。但如果这不是感冒而是其他病症的并发症，那么区别就体现出来了。人们事后通常会发出这样的感慨："早知道这样，我就不会花这个冤枉钱了""早知道是这个结果，我就不会省这点小钱了"。不少人在签订一些买卖合同、二手房交易合同时，未咨询专业人士，匆忙签订了存在较多疏漏的合同，直到打起官司来才发现很多条款是对自己不利的。有人形象地比喻，律师咨询费就像 5 元的停车费，再便宜都会有人觉得贵，直到有一张罚单贴在你车上，让你交 100 元违章停车罚款的时候，你才会后悔，认为早知如此，哪怕是交 20 元停车费也值得。这样你就明白咨询收费的价值了。①

五、接案

接案是律师正式作为委托代理人开始法律服务的初始阶段。当然接案前咨询业务也属于服务范围，但是只有接受了委托，才意味着代理业务的开始。办理接案，需要处理以下几个方面的事项：一是要通过当事人咨询、主要诉求、案件事实和证据、提示风险等方面，与当事人进行沟通，坚持实事求是，维护当事人合法权益，确定委托关系。二是签订委托代理合同，确定代理费用标准及数额。三是让委托人出具授权委托书，明确一般代理或特别授权代理。四是收取当事人提交的证据材料，证据材料一定要为复印件，避免丢失出现难以化解的矛盾。五是准备案件起诉或答辩材料、举证材料等诉讼材料。

研习案例 5 说明，作为代理人为当事人办理民事和行政诉讼事务，作为辩护律师为犯罪嫌疑人或者被告人提供辩护，都是律师的主要业务。但是诉讼不是律师唯一的业务，当事人在进行法律活动，甚至进行市场交易或权益争议时，及时咨询并委托律师办理，能事半功倍，有效避免纠纷发生。律师接案应当按照相关程序及时办理接案手续，确定代理或辩护关系，充分发挥律师的专业水平。在接案后，律师应勤勉尽职，遵守职业道德，坚持公平正义，维护委托人合法权益。

项目四 模拟实训

一、任务一：接待客户

(一)模拟场景

你的师傅(陈律师)约了一位当事人(王总)于某个时间在律师事务所的办公室见面。

(二)结合以下模拟情景，灵活处置相关事宜

模拟实训(情景)：当事人王某一迈进某律师事务所的门，见不到约见的律师，就开始喋喋不休地埋怨："你谁呀？助理，助理是干什么的？小伙子，毕业几天啦？你师傅呢？这什么律师事务所？门面这么差劲！连我的小小的分公司都不如！"

"我早就和你师傅陈律师约好时间了，我已经迟到了 5 分钟了，可是他为什么到现在还不来？是不是看不上我这个小案子？我和他可是十几年的朋友了，想当初他和你一样还是学徒，给他师傅跑腿的时候我就帮衬了他不少，他现在是不是开始学着摆架子了？"

问题一：作为律师助理的你，应当如何回答和安排这位"大牌"客户？

当事人接着介绍自己的问题："我呀，要找律师，找大律师！咱不缺钱，甭跟我谈钱，但要解决问题，彻底地！什么事？我碰到事了，我摊上大事了！要律师给我解决呀，这也就是你们碰到事了呀，遇见大事了呀！我给你们钱。要多少？不缺钱，真的不缺钱！可是你们这个门面嘛，装修得确实不好，是哪家装修公司做的呀？我在这行当里有熟人，

---

① 李正华、丁春燕：《律师实务》，中国人民大学出版社 2019 年版，第 47 页。

我找他说去。"

问题二：如何面对瞧不起律师助理，甚至瞧不起你的师傅乃至律师事务所装修的客户，如何将一个胡吹乱侃的当事人拉回到正题上来？请分组进行台词训练。

"什么，讲正事？我说的不是正事吗？正事就是我向别人借的款到期了没还，他竟然到法院告我了。你说这个事搞的！欠债还钱天经地义这我懂。我最看不惯那些仗势压人的，不就欠点钱嘛，有嘛了不起的！别人还欠了我不少钱呢。说吧，这个案子在某某人民法院，听说是由某某法官经办的，你们认识他吗？能不能搞定？"

"什么？别逗了，现在打官司不就是打关系的嘛。你要是不认识法官，满大街的律师我干嘛找你师傅呀，你说是不是？认识他有嘛好处，瞧你说的，认识他好办事呀，请他吃吃饭聊聊天，就把这个案子给办了。""还什么还？我不还。早就还给他钱了，利息全都给了，本金也全都还了。什么？你问我他为什么还告我？我哪知道，人品差就这样呗。"

师傅(陈律师)出现："王总，您好！有段时间没有见面了。听说您今天要来，我特意准备了一下。这是我们律师事务所编的一套《公司法律风险控制应用》。小张，怎么回事？王总来这么久了，你也没有给倒杯茶？"

王总："哎呀，你还认得我！不怪小朋友啦，我们聊得正起劲呢！讲什么？讲你刚刚入道时我们的友谊哦。你呀，一见面就送书(输)，太不吉利了嘛！我们做生意很讲究这些的啦。这些东西不用给我，你自己看懂可以了噢！以后我就让你做我们公司的法律顾问，我不用知道法律！"

师傅(陈律师)："王总，这不是输，是赢。书名就是'应用'，就是怎样赢怎样用。"

王总："哈哈哈，小陈律师，不，你现在是大律师了，陈大律师！你真会说话。那我就收下。你帮我公司设立一个法务部吧，派几个像这位小朋友一样的助理到我那里上班，我会给他们补贴，也省得你来回跑。没有办法，生意做大了，事情就多了，难免会碰到这样那样的一些法律问题哟。"

师傅(陈律师)："好的，王总，谢谢您！言归正传吧。您这次亲临，有何指教？"

王总："哦，没有什么大不了的事情，就是想你，来看看小弟你过得怎么样了！最近，我碰到了一件事需要你来帮助解决一下……"[1]

问题三：当事人和你师傅见面并谈到实质性问题时，作为一名律师助理应该怎么做？

二、任务二：咨询接案

(一)可以针对前述任一研习案例开展模拟实训

(二)模拟实训案例(确权问题)

我国《民法典》物权编的规定，解答了当事人关于物权归属和物权登记的问题。例如，女方以自己的名义向开发商购买了一套价值100万元的商品房并支付了首付款40万元，剩余的款项申请银行按揭贷款，女方拿到了只登记自己名字的房产证。此后女方认识了一位男士，两人共同向银行还款40万元。在尚有20万元银行按揭贷款未付清的情况下，二人分手，对于该房产的权属产生了纠纷。双方一致确认按照当前的房价标准计算，该房屋

---

[1] 李正华、丁春燕：《律师实务》，中国人民大学出版社2019年版，第36~37页。

的价格已经增值到了 200 万元。现在双方到律师事务所来咨询：第一，该房产应该属于谁？第二，如果房子属于某一方，那么另外一方可以得到怎样的补偿？

实训任务：由一部分学生扮演专业律师和律师助理，另外一部分学生扮演当事人和当事人的家属，到律师事务所咨询一个专业性的问题。如果咨询顺利，再进一步模拟双方签订委托代理合同等接案程序。

实训单元二　证　据　运　用

一、本单元引文

证据是诉讼的灵魂，也是司法公正的基石，被称为"无冕之王"。以事实为根据，以法律为准绳，是司法机关办理案件时适用法律的基本原则。事实是通过证据来证明的，律师无论是作为刑事辩护人还是民事、行政案件代理人都要具备扎实的证据理论知识和证据运用能力，才能在承办的案件中维护委托人的合法权益。刑事诉讼证据所要证明的是被告是否实施了某种犯罪或犯罪事实的情况，民事诉讼证据所要证明的是双方当事人在民事法律关系中的某种事实或行为，而行政诉讼证据则要证明具体行政行为是否合法。无论是什么形式的诉讼，对于证据的要求都有一个共同特征，那就是证据要符合"三性"，即客观真实性、关联性和合法性。客观真实性指作为民事证据的事实材料必须是客观存在的。也就是说，作为证据事实，它不以任何人的主观意志为转移，它以真实而非虚无的、客观而非想象的面目出现于客观世界，且能够为人所认识和理解。证据的关联性指民事证据与待证事实之间存在的客观联系。由事实材料反映出来的事实本身就是待证事实的一部分，或所反映出来的事实能够间接证明某一待证事实成立。证据的合法性指作为民事案件定案依据的事实材料必须符合法定的存在形式，并且其获得、提供等证据适用过程和程序也必须合乎法律规定。虽然证据存在共同特征，但证据运用因诉讼性质不同而不同，因此证据运用在诉讼过程中显得尤为重要，作为律师必须把在刑事诉讼、民事诉讼、行政诉讼中的证据运用能力提高，尤其是要搞清楚不同诉讼中的证据运用方向，区别对待，做好证据的甄别判断。

二、实训目的

通过本单元证据分析与运用的实训，把理论课中学到的刑事证据、民事证据、行政证据通过具体案件进行运用，加深对证据概念、特征的理解，同时掌握对证据的甄别判断，了解在不同诉讼阶段律师如何把握证据的举证、质证、判断，通过实训提高证据运用能力。律师是接受当事人委托，并为其提供法律服务，在服务过程中准确适用法律，运用专业技巧，维护当事人合法权益的群体，同时也是法治建设不可或缺的力量。律师只有通过实训加强职业伦理训练，尤其是证据运用能力，才能履行律师职责。对于法律事务专业律师方向的学生培养，提高职业能力不仅是律师业务课程的教学目标，更是教育目标。只有将教学理论实训化、实务化，才能提高学生的业务能力。

三、实训任务

本单元实训包括四个重点内容：一是刑事诉讼证据运用；二是民事诉讼证据运用；三是行政诉讼证据运用；四是证据目录编制。通过安排以上实训任务，让学生系统了解三大诉讼证据的不同，特别是关于刑事证据举证及证据分析，了解非法证据排除及证据间矛盾判断，明确民事证据规则谁主张、谁举证的责任一般要求及特殊案件的特定要求，把握行政证据中关于行政机关行政行为证据合法性审查特点，通过证据目录把握证据的举证、质证、判断的范围，掌握证据知识和提高运用能力。

项目一 刑事诉讼证据运用

一、实训目的

刑事案件中的举证责任主要在公诉机关一方，证明犯罪嫌疑人或被告人有罪的证据往往是公诉机关尤为重视的，而律师作为辩护人一方面要针对指控证据的证明力进行有效质证和辩论，另一方面要收集证明被告人无罪或罪轻、从轻的证据。因此律师应对刑事诉讼证据的"三性"展开质证，特别是应在证据间矛盾以及非法证据、瑕疵证据、证据证明力、证据是否充分等方面发表意见，对证据来源、证据形式、证据证明对象、与本案关联等方面，系统性或针对性地发表意见。通过实训促使学生提高对证据知识的运用能力，培养证据思维和判断力，掌握证据适用技巧，培养律师职业能力。

二、引例

(一)案情概况

1994 年 8 月 10 日下午 4 时 10 分，某市公安局某分局四科内勤黄某某接到某派出所民警王某某电话报称：失踪人康某花(女，某市液压件厂描图员，住某村，8 月 5 日失踪)的父亲康某东在某村西北的玉米地杂草堆里发现了康某花的衣服，怀疑女儿已经被人杀害，便到派出所报案。派出所要求分局派员前去查看。侦查人员迅速赶到发现衣服的现场，并在周围查找。由于玉米地的面积很大，而且天色渐黑，侦查人员既没有找到尸体，也没有找到任何证据。次日，公安人员和当地群众在经过三个多小时的搜索后，终于在距××路南 204 米、田间小路东 15 米的玉米地内发现了一具尸体，随后又在附近找到了自行车、钥匙、鞋子等物品。尸体已高度腐败，上述物品经康某花的家人辨认，确认为康某花之物。据此，侦查人员确定死者就是康某花。

在现场中心位置，尸体头东脚西，仰躺，上肢向东屈伸，下肢分开，穿袜子，背心在乳房上边，余处全裸。尸体左脚西侧 20cm 处有一鞋尖朝西的红色塑料凉鞋，左脚西侧偏南 30cm 处有一串钥匙。尸体北侧偏西 1.5 米处有辆头东尾西倒黑色女士自行车。尸体脖子上有一玉米秸，且在脖子上绕有一件衬衣，开口在北侧。尸体右脚以西 2 米有一块直径 1.8 米范围的玉米倒状，尸体下有五颗玉米秸倒向东偏南。此外，死者的连衣裙和内裤是其家人在距南北田间路 48 米处的玉米地南头杂草堆里发现的。

因为尸体已经高度腐败，法医检验尸体时没有提取到精斑等生物物证。但是根据尸体的体位和衣着等情况，法医推断是强奸杀人，而死亡原因是凶手用衬衣缠绕被害人脖子勒颈窒息死亡。另外，根据尸体口鼻处腐败突出，法医推断其生前应有皮下出血，极有可能遭受过暴力袭击。根据尸体检验情况以及被害人家属报告的失踪时间，侦查人员确定案发时间是 8 月 5 日下午 5 点至 6 点。

侦查人员根据群众报告的线索于 9 月 23 日抓捕聂某斌后，立即进行审讯。聂某斌开始时不认罪，后来才认罪。拿到口供之后，侦查人员认为可以结案，便补办诉讼手续并整理案卷材料。10 月 1 日，聂某斌被批准刑事拘留。10 月 9 日，聂某斌被批准逮捕。侦查终结之后，案件移送检察院审查起诉。1995 年 3 月 3 日，某市人民检察院就聂某斌故意杀人、强奸案提起公诉。3 月 15 日，某市中级人民法院一审判处聂某斌死刑。聂某斌上诉后，某省高级人民法院于 4 月 25 日维持原判。4 月 27 日，聂某斌被执行枪决。

（二）本案争点

聂某斌强奸杀人证据是否充分？

（三）实训内容：证据分析

从公安机关侦查终结，到检察院决定起诉，再到法院判决，办案人员认定聂某斌有罪的主要证据就是被告人的口供。

聂某斌案原第一、二审判决书认定的事实在聂某斌案件中的第一、二审定罪证据主要有：（1）犯罪嫌疑人聂某斌的供述：供述被害人的体态、衣着，供述强奸杀人过程等。（2）证人证言：群众反映、被害人之夫及证人余某琴所证的关于被害人遇害当天所穿衣物。（3）物证：被害人衬衫提取物。（4）辨认笔录：聂某斌对作案现场的指认以及对康某花被害现场提取物及生前照片的辨认。

聂某斌案中证据存在以下疑点：

（1）花衬衫的重大疑点并未合理排除。一是花衬衫来源不明，聂某斌口供虽多次说是从三轮车上拿的，但也有几次说是从破烂堆中拣的，聂某斌的口供离案发时间很近，怎么会发生明显差别？至于三轮车主梁某则说根本记不清三轮车上是否有花衬衫。二是由于被害人尸体腐烂，其颈部留痕已消失，现场勘验笔录只是说"窒息死亡"，而无法鉴别是用手掐死还是用花衬衫勒死的。三是花衬衫作为物证应尽量保留原貌，即便需要清洗辨认，也应当在清洗辨认时有见证人，否则无法证明辨认的是原物。

（2）法律文书上仅有聂某斌手印，而无本人签字，原办案单位的解释是死刑犯戴着械具不方便签字，犯人会用笔刺伤人或者自伤，故有书记员来代写等一系列理由。

（3）发现女尸，法医验尸，必定要考虑是不是强奸杀人，必须在女尸阴道内提取液体，检验是否有精子。发现康某花尸体时，离康某花死亡仅一周，虽然在高温天气，尸体已腐烂，但精子仍会保留，应当提取作为生物样本。现场法医没有这样做。据聂某斌的供述，他的生殖器已进入阴道并射精。那么存在在阴道提取精子进行鉴定的可能性。但是既未提取精斑，又无视听资料、目击证人证词等有效证据证实。

（4）被害人尸体是否有骨折。据现场勘验笔录，康某花尸体没有骨折迹象；著名法医专家庄某胜和胡某强鉴别，联合出具意见书，认定有 3 根肋骨缺失。由于法医对被害人尸体未做解剖，只从腹背表面观察，难以准确认定是否有骨折，这是聂某斌和王某金口供的一个关键分歧点。

（5）一串钥匙。王某金在被抓之后的第一次讯问时，详细地交代了自己在某市郊区玉米地实施的一起强奸杀人案的过程，以及现场的物品。其中提到当时被害人的身旁还有串钥匙，"钥匙放在女的西边。"张某枝证实公安局曾把一串钥匙交给了王家。

（6）聂某斌从被抓捕到认罪，中间持续了5天的时间。但在侦查卷宗中没有这几天的讯问笔录，也没有审讯记录，如何证明聂某斌审讯过程的合法性以及有罪供述的真实性？因而可以判断聂某斌的有罪供述很可能是不真实的。

三、研习案例

（一）案情概况

2002年7月12日凌晨2时，家住河北某监狱家属区××楼6号楼309室的民警宋淑丽（化名）起来关窗时，看见自己家里有一个身穿迷彩服的蒙面歹徒站在阳台上。宋淑丽刚一喊叫，便被歹徒扼住脖子。歹徒用凶器向她乱刺。宋淑丽的丈夫，也是民警的郭某闻声跑到阳台与歹徒厮打。歹徒年轻力壮，郭某被歹徒打得颅骨、左眼眶骨、肩胛骨、鼻骨等多处骨折，手臂和腰部多处被刺成重伤。歹徒将郭某刺倒后，从阳台逃走。

郭某夫妇被送进医院抢救脱险后，某市公安局某分局办案人员到医院询问案件情况，郭某夫妇怀疑此案是某监狱二支队政治处主任李某明所为。

因为在案发之前，宋淑丽的妹妹宋淑红（化名）与李某明关系暧昧，曾多次要求李某明同妻子离婚，但李某明不同意。宋淑红便采取砸李某明家玻璃、烧防盗门、扎李某明妻子的自行车胎、打恐吓电话等过激行为泄私愤。为此，李某明曾找过在某监狱一支队工作的郭某，请他们夫妇帮助劝阻宋淑红。

李某明在讯问笔录中供述：7月12日作案时，把绳子拴在被害人郭某、宋淑丽夫妇家的楼顶一根铁棍子上，从顶楼下到三楼进入郭家南阳台，在阳台上用匕首扎伤郭某，在门厅扎伤宋淑丽，然后开门逃走，把衣服扔在她家门口，穿的球鞋扔在半路……

公安机关的现场勘查笔录记载，凶手当时是将一条尼龙绳系在楼内3楼和4楼间的楼梯扶手上，从楼梯转角处的窗户爬到北阳台外，从北阳台进入厨房实施作案，一双棕色皮凉鞋遗留在案发现场。

李某明与受害人宋淑丽的妹妹有暧昧关系。这种关系对受害人郭某、宋淑丽并未造成任何损害；郭某、宋淑丽也从未阻挠过妹妹与李某明之间的这种暧昧关系，受害人郭某也曾亲口陈述，李某明与他和妻子宋淑丽没有过矛盾。

根据某市公安局某分局的侦查结论，案件发生时间为2002年7月12日凌晨2时许。而李某明的话费清单显示：2002年7月12日凌晨2时10分49秒，李某明正在家中与宋淑红通话。正打着电话，宋淑红告诉李某明她姐姐家出事了，让李某明找车送他们去医院抢救。

李某明被捕后，多次向有关部门反映，一些公安人员在侦查阶段对自己刑讯逼供。

某市公安局某分局在没有掌握李某明任何犯罪事实的情况下，搜查了李某明的办公室和家里，搜出钢珠枪一支。

2002 年 7 月 16 日，某分局以李某明涉嫌非法持有、私藏枪支罪将其刑事拘留。2002 年 8 月 26 日，李某明被正式逮捕。2003 年 6 月 24 日，某市人民检察院以故意杀人罪、非法持有枪支罪对李某明提起公诉。2003 年 11 月 26 日，某市中级人民法院一审判处李某明死刑缓期两年执行，剥夺政治权利终身。2004 年 11 月 26 日，李某明被无罪释放。

（二）本案争点

（三）实训内容

（1）定罪证据有无矛盾？

（2）李某明为泄私愤，杀伤郭某、宋淑丽证据是否充分？

（3）李某明有无作案时间？

（4）李某明案是否存在非法证据？

项目二　民事诉讼证据运用

一、实训目的

民事诉讼中证据规则是"谁主张、谁举证"。结合举证责任分配以及举证责任倒置的规定和要求，律师需根据案件需要完成举证责任，理清主张什么案件事实，举哪方面的证据，证明目的和对象等问题。律师要发挥主动性，对于对方举证要进行质证，因为法律规定，未经质证的证据不得作为定案的依据，因此举证、质证对于律师来说相当重要。通过实训让学生在不同案件中学习证据规则及应用，掌握质证的思维和判断，通过说明证据证明力有无、大小来证明任何案件事实的存在或不存在。当然不同证据种类有不同的质证特点，通过实训让学生培养证据规则知识和分析运用能力，掌握证据审查与判断在案件中的适用技巧，综合提高民事诉讼中的证据运用能力。

二、引例

（一）案情概况

张某民是 K 公司的控股股东，王某是 C 公司的原法定代表人，也是 J 公司的控股股东和法定代表人，李某与刘某系夫妻关系。此外，K 公司、C 公司以及其他关联公司存在人员混同情形。2016 年至 2019 年，K 公司共向 C 公司出借借款 950 万元，C 公司在收到汇款的当日或数日后立即将其中的 6 笔转出，共计转出 705 万余元，其中 4 笔转往 J 公司，共计 640 万余元。借期届满时，K 公司向某中院起诉，请求法院判令 C 公司偿还借款，并申请财产保全。某中院判决 C 公司向 K 公司偿还借款。一审期间，K 公司仍向 C 公司转款共计 260 万元，C 公司的法定代表人由李某变更为霍某。判决生效后，K 公司向某中院申请执行，C 公司的债权人张某以 K 公司与 C 公司虚构债权进行虚假诉讼为由申诉，某高院裁定再审。经审理，某中院判决驳回 K 公司的诉讼请求。K 公司不服，向某高院提起上诉。某高院认定本案属于虚假民事诉讼，驳回上诉，维持原判。

（二）本案争点

本案民间借贷事实是否存在？是否构成虚假诉讼？

（三）实训内容：证据质证

（1）借款合同存在虚假的可能。K公司和C公司对借款法律关系的细节事实陈述不清，尤其是作为债权人K公司的法定代表人、自称是合同经办人的刘某，对所有借款合同的签订时间、地点、每一份合同的己方及对方经办人等细节，不能具体表述。案涉借款为大额借款，当事人对所有合同的签订细节，甚至大致情形均陈述不清，于理不合。

（2）对于借款的时间证据前后矛盾。K公司的自述及其提交的借款合同表明，K公司自2016年7月开始与C公司发生借款关系。提起上诉后，K公司提交的自行委托形成的审计报告又载明，自2006年12月份开始向C公司借款。但从C公司和K公司的银行账户交易明细来看，在2016年12月之前，仅K公司8115账户就发生过两笔高达600万元的转款，其中，2016年4月5日K公司以"借款"名义转入C公司账户150万元，同年6月12日转入450万元。

（3）当事人主张借款的数额不一致。K公司起诉后，先主张自2016年7月起累计借款金额为600万元，后在诉讼中又变更为950万元，上诉时借款总额1150万元，但只能提供950万元的借款合同。此外，还有其他多笔以"借款"名义转入C公司账户的巨额资金，没有列入K公司所主张的借款数额范围。

（4）资金往来账户资金流向单一，不能证明账户资金流入流出数据。K公司存在单向统计账户流出资金，而不统计流入资金的事实。案涉借款合同载明的借款期间在诉讼前后，K公司和C公司账户之间的资金往来，既有K公司转入C公司账户款项的情况，又有C公司转入K公司账户款项的情况。

（5）所有关联公司之间存在双方或多方账户循环转款问题。将K公司、C公司、J公司之间的账户对照检查，发现存在C公司将己方款项转入J公司账户过桥K公司账户后，又转回C公司账户，造成虚增借款的现象。

（6）借款的用途与合同约定相悖。借款合同约定，借款限用于C国际花园房地产项目，但是案涉款项转入C公司账户后，该公司随即将大部分款项以"借款""还款"等名义分别转给J公司，又流向K公司和C公司。另外J公司和C公司之间的借款数额与两公司银行账户交易的实际数额互相矛盾。

三、研习案例

（一）案情概况

2019年2月18日10时45分许，乔某驾驶某轻型货车在郑州新区西路与大厂街交口东150米处，由东向西停车后开启车门时，遇张某驾驶电动自行车沿新区西路由东向西行驶，发生碰撞后致使张某倒地受伤、电动自行车损坏。经郑州市公安局新区分局交通警察支队认定，乔某承担事故全部责任。事故发生后，原告被送至郑州新区人民医院，诊断为"轻型闭合性颅脑损伤：（1）双侧额叶挫裂伤并脑内小血肿形成。（2）外伤性蛛网膜下出血。（3）左枕骨骨折。"2009年1月10日至2009年2月12日张某在住院部接受住院治疗。

其间，乔某为张某垫付了住院医药费 29176 元；张某自行支付门诊急诊医药费 8267 元，为购买人血白蛋白支出了 4550 元，支付门诊急诊医药费 61.50 元。乔某为修理受损的电动自行车支出了 200 元。2019 年 6 月 2 日，郑州市公安局新区分局交通警察支队委托某大学司法鉴定中心对乔某的精神状态、伤残程度和休息、护理、营养期限进行鉴定。鉴定意见为：乔某于 2009 年 1 月 10 日因交通事故受伤，有脑外伤所致精神障碍，构成九级伤残；应给予休息期 6 个月、护理期 5 个月、营养期 2 个月。

另查明，张某的户籍性质系非农户口。事故发生时，张某系郑州市新区某酒店用品有限公司的员工，月工资 3000 元，因交通事故受伤后未能上班，该公司扣发其工资共计 10000 元。原告委托律师支出律师费 13000 元。

又查明，乔某为某轻型货车向第三人某财险郑州分公司投保了机动车交通事故责任强制保险，保险期间自 2018 年 2 月 16 日零时起至 2019 年 2 月 15 日 24 时止。

（二）本案争点

（三）实训内容

（1）上述证据中涉及哪些证据种类？

（2）请以被告身份对原告提供的证据提出质证意见。

① 医疗费

② 误工费

③ 护理费

④ 交通费

⑤ 营养费

⑥ 残疾赔偿金

⑦ 精神损害抚慰金

项目三　行政诉讼证据运用

一、实训目的

行政诉讼，俗称"民告官"。在此类案件中，行政机关是被告，作为相对人，自然人、法人、非法人组织是原告。行政诉讼针对的是司法机关对行政机关的具体行政行为的司法审查，因此行政行为要通过证据来证明和展示，这就要求行政机关必须在有充分证据的前提下，才能作出具体行政行为，即行政证据前置。在行政诉讼中不允许作为被告的行政机关调查举证，行政机关只能提交作出行政行为依据的证据和法律依据。行政诉讼证据运用包括两方面：一是举证证明行政机关作出行政行为案件事实的存在；二是原告主张证据证明诉讼请求的合法有据。通过实训使学生了解和掌握行政诉讼中的证据特点以及法院审查重点。本节学习内容主要包括：对行政机关作出行政行为的证据质证，同时举证证明行政行为程序违法性、实体违法性。在实训中使学生提高证据甄别及运用能力。

二、引例

（一）案情概况

2017年3月某县政府决定在县城规划区内进行旧城改造，制定并颁布了《关于印发某县2017年城市建设及旧城改造实施方案的通知》，相继成立了某县某片区旧城改造建设指挥部。陈某家的房屋位于该片区，被列入拆迁规划范围，用于某县和谐家园项目商业开发建设。为实施旧城改造，某片区指挥部制定颁发了《某片区旧城改造征收与补偿安置方案公示》和《旧城改造公告》。因拆迁补偿标准违背和脱离了市场价格，双方就补偿问题未达成协议，在没有告知陈某、无任何拆迁文书的情况下，某县政府组织工作人员利用大型机械将陈某的10间房屋拆除，屋内许多生活用品及贵重物品被掩埋，给陈某造成了重大损失。

陈某起诉某县政府，请求：（1）撤销某片区指挥部的《公示》。（2）确认某县政府强制拆除房屋的行为违法，赔偿房屋及财物损失100万元。

一审法院查明，某片区指挥部于2017年6月14日发布《公示》，公示载明某片区旧城改造范围为：北起某大街，南至政府招待所，东起某大街，西至某胡同。陈某居住的房屋位于某片区指挥部管辖范围内，被列为旧城改造规划范围。因对补偿标准有异议，陈某一直未签订安置协议。2017年7月16日，陈某居住的房屋被拆除，陈某向公安机关报案，请求公安机关对拆除其房屋的某房地产开发有限公司有关工作人员以故意毁坏财物罪依法立案侦查，某县公安局向陈某出具《不予立案通知书》，认为没有犯罪事实发生，决定不予立案。

一审法院裁定认为，起诉请求确认某县政府强制拆除其房屋的行为违法，并要求赔偿损失100万元，但某县政府辩称未曾实施过上述行为，原告提供的证据亦不能证明某县政府工作人员实施拆除原告房屋的行为，因此某县政府并非本案适格被告，原告的起诉不具备法定起诉条件，裁定驳回陈某的起诉，陈某上诉。

二审法院认为，陈某提供的证据不能证明某县政府的工作人员组织或参与实施了对涉案房屋强制拆除的行为。陈某未能证实某县政府是本案适格被告，故一审法院认定其起诉不具备法定起诉条件并无不当。针对一审法院依某县政府申请调取证据是否合法的问题，二审法院认为某县政府申请调取证据并非为证明其作出强制拆除行为的合法性，而是为查明某县政府是否作出被诉强制拆除行为等案件事实。裁定驳回上诉、维持原裁定。

（二）本案争点

被告主体是否适格？

（三）实训内容

（1）被告主体证据如何确定。行政诉讼的适格被告应当根据"谁行为，谁被告"的原则确定。行政行为一经作出，该行政行为的主体就已确定。在行政行为的适格主体难以确定的特殊情况下，只能运用举证责任规则作出判断。《国有土地上房屋征收与补偿条例》第四条规定："市、县级人民政府负责本行政区域的房屋征收与补偿工作。市、县级人民政府确定的房屋征收部门（以下称房屋征收部门）组织实施本行政区域的房屋征收与补偿工作。"第五条规定："房屋征收部门对房屋征收实施单位在委托范围内实施的房屋征收与补偿行为负责监督，并对其行为后果承担法律责任。"上述规定明确了市、县级人民政府及房屋征收部门、实施单位之间因房屋征收补偿工作产生的法律责任。在无主体对强拆行为负责的情况下，应当根据职权法定原则及举证责任作出认定。如果是用地单位、拆迁公司等非行政主体实施强制拆除的，应当查明是否受行政机关委托实施。

（2）强拆主体证据高度盖然性。本案被征收人事先没有与征收人达成补偿安置协议，也无证据证明征收人已经作出强制拆除决定，故本案被诉强拆行为属于事实行为。原告陈某的涉案房屋位于征收范围内。该指挥部为行政机关为了旧城改造项目专门设立的临时机构。某县政府就拆迁实施主体予以否认。某片区旧城改造项目是按照该县城市总体规划进行的房屋征收，虽然该协议的签订主体为某街居民委员会与各被征收人，但某县政府作为征收部门在备案栏加盖了政府公章。涉案房屋的强制拆除行为与旧城改造项目涉及的征收行为具有高度关联性。

（3）被告主体证据举证责任。对于被诉行政强制行为的主体，陈某曾向公安机关报案称涉案房屋系被某房地产开发有限公司的人员故意毁坏，但公安机关不予立案说明不存在刑事犯罪。陈某提交的证据，能够初步证明某县政府负有涉案房屋所在区域征收与补偿的法定职责，在双方未达成补偿安置协议且涉案房屋已被强制拆除的情况下，除非有相反证据证明涉案房屋系因其他原因灭失，否则举证责任应由某县政府承担。在某县政府无法举证证明不是行为人的情况下，应推定其实施或委托实施了被诉强拆行为，进而确定赔偿责任。

三、研习案例

（一）案情概况

2016年4月1日，某县某村村委会与某石材加工厂签订《土地租赁协议》，将该村10亩集体土地租赁给某石材加工厂使用。2018年8月20日，某石材加工厂与某木材加工厂签订《租赁合同》，将其厂区内的部分闲置土地租赁给某木材加工厂使用。某木材加工厂在该承租土地上修建厂房并进行生态板材加工。2017年3月至2018年1月，县环保局等部门多次对某木材加工厂进行检查，依法作出责令其停产整改、拆除设备的行政处罚决定。2018年4月，某县县委办公室发出第9号《督办通知》，将某村某木材加工厂环境污染问题列入重点整治对象，确定责任单位为某镇政府。某镇政府接到通知后告知了第三人某石材加工厂，某石材加工厂雇佣江某拆除了院内全部厂房。某镇政府向县委办公室提交《关于第9号督办通知重点整治任务办理的报告》，载明某木材加工厂厂房拆除、清理工作于8月22日完成；现场检查沟渠内未发现存在污水堵塞沟渠现象。后某木材加工厂提起行政诉讼，请求确认某镇政府强制拆除其厂房行政行为违法。

本案中，某木材加工厂在提起诉讼时提交的照片及视频资料显示其厂房内设备被埋压在厂房倒塌的建筑材料中，某镇政府并未提交证据证明其在强制拆除厂房前，依法履行了法定程序，亦未提交证据证明在强制拆除厂房时对厂房内财物进行了登记造册并妥善保管。因此，某镇政府强制拆除某木材加工厂厂房行为及损坏厂房内财物的行为违法。

（二）本案争点

（三）实训内容：行政机关举证责任

（1）本案中某镇政府行政强拆是否具有合法证据？

（2）某木材加工厂如何举证、质证？

（3）某镇政府如何保证行政行为合法？

参考法律依据：《中华人民共和国城乡规划法》第六十八条规定："城乡规划主管部门作出责令停止建设或者限期拆除的决定后，当事人不停止建设或者逾期不拆除的，建设工程所在地县级以上地方人民政府可以责成有关部门采取查封施工现场、强制拆除等措施。"根据《中华人民共和国行政强制法》第三十五条、第三十七条、第四十四条规定，"行政机关作出强制执行决定前，应当事先催告当事人履行义务""经催告，当事人逾期仍不履行行政决定，且无正当理由的，行政机关可以作出强制执行决定""强制拆除的，应当由行政机关予以公告，限期当事人自行拆除。当事人在法定期限内不申请行政复议或者提起行政诉讼，又不拆除的，行政机关可以依法强制拆除"。也就是说，行政机关作出行政行为时应履行相应的法定程序。

项目四　证据目录编制

一、实训目的

在诉讼中证据目录对于律师来说，就是举证和质证过程的体现，证据目录也可以说是法律文书的一种表现形式。刑事诉讼证据收集工作主要集中在侦查、审查起诉环节。在审判阶段律师主要是对公诉机关指控证据进行质证。证据目录中的证据大多是由司法机关收集用来证明案件事实及定罪量刑。在民事诉讼中证据目录的作用很大，通过证据目录能够看出律师在完成举证方面的专业能力和专业水平。在明确了举证责任以后，下一步要明确要不要收集证据，收集什么证据，收集的证据要证明什么事实，如何向对方当事人质证，审判人员如何认定证据等。行政诉讼证据的前置特点，决定了证据目录主要由被告完成，这也是律师的一项重要工作。证据目录的好坏，会直接影响证据的判断与运用。证据目录的编制是举证的重要环节，也是对证据运用能力的反映，通过编制证据目录，能够明确案件性质、类型和证据运用方法，进一步深化证据知识和提高实践能力。

证据目录编制需要注意以下三个方面：

一是应遵循先程序，后实体的原则。即将身份证、营业执照等程序性证据材料排在前面，将案件的实体性证据排在后面。身份证、户籍证明或人口信息主要是为了证明当事人身份信息。身份证、营业执照等程序性证据材料虽然在立案时应当提交，但在举证阶段一般不必出示，除非与案件实体审理有关。

二是证明同一事实的多个证据，应当予以归类组合。在数个证据都证明同一事实的情况下，如果不合并展示，在举证质证上就会显得不够紧凑连贯，同时也会浪费时间，降低司法效率。大多数案件事实要靠数个证据共同组成证据链条来证明，一份单独的证据或者孤证往往证明不了什么，只有同其他证据结合起来才能发挥证据链的作用。如果不合并举证，将会影响证据之间的内在逻辑关系。

在整理同组证据时，应当兼顾证明力大的在先、证明力小的在后，主要证据在先、次要证据和补强证据在后的结构排序，做到主次分明。

三是按照争议焦点组织证据。在审理的法庭调查阶段，法官会归纳当事人争议焦点，并要求当事人围绕争议焦点，尤其是围绕争议焦点中争议事实逐一举证质证，避免当事人将所有证据一锅端上法庭，避免杂乱无章、无的放矢。这就要求诉讼代理人应当对案件争议焦点有清晰的预判断，并按照预判的争议焦点组织证据编排。编排证据目录，应做到内容完整、层次分明，且不会脱离案件的争议焦点。证据目录编制是律师代理案件的一项基本技能。

二、引例一

表1　　　　　　　　　　　　　　　证据目录

序号	证据名称	原件/复制件	证明对象	页码
1	身份证	复	证明原告的身份信息	1
2	户籍证明	复	证明被告蒋某的身份信息	2-3
3	道路交通事故认定书	复	证明被告蒋某对交通事故的发生负有全责	4-5
4	鉴定意见书	复	证明原告的伤情构成五级伤残一处、十级伤残一处	6-8
5	住院病历、出院记录、医疗费票据(12张)	复	证明原告因交通事故受伤就医，发生医疗费×元	9-19
6	交通费票据(16张)	复	证明原告因交通事故受伤就医，原告及其陪护人员发生交通费×元	20-24
7	住宿费票据(5张)	复	证明原告因交通事故受伤需到外地治疗，原告及其陪护人员发生住宿费×元	25-26
8	鉴定费票据	复	证明原告为评定伤情，发生鉴定费×元	27
9	证明	复	证明原告还需安装假肢，购买、安装及维修费用共计×元	28
10	保险单、机动车行驶证、驾驶证	复	证明被告姜某为浙J×汽车向被告×公司投保了"第三者责任险"，保险金额(责任限额)为50万元	29-30

证据提交人：　　　　　　　　　　　　提交日期：

证据签收人：　　　　　　　　　　　　接受日期：

三、引例二

表2 证据目录

序号	证据名称	原件/复制件	证明对象	页码
第一组证据	收款收据(含反面)	复	证明2012年1月16日申请人因工程需要向被申请人借款300万元,月利率为0.8%	1-3
	某市银行补发回单	复		
第二组证据	电费发票(88张)	复	证明被申请人为申请人垫付了工程水电费452138元	4-127
	水费发票(27张)	复		
	收款收据(5张)	复		
	银行回单(4张)	复		
第三组证据	承诺书	复	证明申请人同意追加费646000元由被申请人在工程款中代扣	128
第四组证据	1. 2014年8月14日会议纪要 2. 情况说明 3. 建筑业统一发票 4. 施工草图 5. 零星工程结算单 6. 改造项目费用统计表	复	证明在2014年8月14日的协调会上,商定在质量保修金中扣除以下费用:(1)2012年10月新市场排污管道疏通费用申请人应承担的65000元。(2)厕所间水管、水龙头等零星维修费用2380元。(3)四楼伸缩缝漏水返修二次费用计210728.19元	129-154

证据提交人:某建筑公司 提交日期:××年×月×日

证据签收人:郑某 接受日期:××年×月×日

四、研习案例

(一)案情概况

2016年1月12日21时左右,原告张某前往被告某宾馆洗澡时摔伤。次日,原告前往漳州市某医院治疗,诊断证明书载明:(1)右肱骨大节结骨折。(2)2型糖尿病。(3)陈旧性脑梗死。住院时间为2016年1月12日至2016年1月22日,共计10天,计支付医疗费16803元。经鉴定,漳希[2017]临鉴字第0122号司法鉴定意见为:(1)张某右肱骨大结节骨折致右肩关节丧失功能25.5%,构成人体损伤十级伤残。(2)张某损伤误工期限90~270日,护理期限60~90日。(3)张某后续治疗费建议为6000元左右。原告张某支付鉴定费2800元。原告张某自2013年8月至今居住在漳州市。原告张某系漳州某食品有限公司职工，住院及误工期间工资停发。原告张某妻子马某无业，负责护理原告。

（二）本案争点

（三）实训内容

请你针对上述案例内容，以原告代理律师身份编制一份证据目录。

人身损害赔偿的范围、计算标准和计算方法：

1. 医疗费

根据医疗机构出具的医药费、住院费等收款凭证，结合病历和诊断证明等相关证据确定。赔偿义务人对治疗的必要性和合理性有异议的，应当承担相应的举证责任。医疗费的赔偿数额按照一审法庭辩论终结前实际发生的数额确定。器官功能恢复训练所必需的康复费、适当的整容费以及其他后续治疗费，赔偿权利人可以待实际发生后另行起诉。但根据医疗证明或者鉴定结论确定必然发生的费用，可以与已经发生的医疗费一并予以赔偿。

2. 误工费

根据受害人的误工时间和收入状况确定。误工时间根据受害人接受治疗的医疗机构出具的证明确定。受害人因伤残持续误工的，误工时间可以计算至定残日前一天。受害人有固定收入的，误工按照实际减少的收入计算。受害人无固定收入的，按照其最近三年的平均收入计算。受害人不能举证证明其最近三年的平均收入状况的，可以参照受诉法院所在地相同或者相近行业上一年度职工的平均工资计算。

3. 护理费

根据护理人员的收入状况和护理人数、护理期限确定。护理人员有收入的，参照误工费的规定计算；护理人员没有收入或者雇佣护工的，参照当地护工从事同等级别护理的劳务报酬标准计算。护理人员原则上为一人，但医疗机构或者鉴定机构有明确意见的，可以参照确定护理人员人数。护理期限应计算至受害人恢复生活自理能力时止。受害人因残疾不能恢复生活自理能力的，可以根据其年龄、健康状况等因素确定合理的护理期限，但最长不超过20年。受害人定残后的护理，应当根据其护理依赖程度并结合配置残疾辅助器具的情况确定护理级别。

4. 交通费

根据受害人及其必要的陪护人员因就医或者转院治疗实际发生的费用计算。交通费应当以正式票据为凭；有关凭据应当与就医地点、时间、人数、次数相符合。

5. 住院伙食补助费

可以参照当地国家机关一般工作人员的出差伙食补助标准予以确定。受害人确有必要到外地治疗的，因客观原因不能住院，受害人本人及其陪护人员的实际发生的住宿费和伙食费，其合理部分应予赔偿。

6. 营养费

根据受害人伤残情况参照医疗机构的意见确定。

7. 残疾赔偿金

根据受害人丧失劳动能力程度或者伤残等级，按照受诉法院所在地上一年度城镇居民人均可支配收入或者农村居民人均纯收入标准，自定残之日起按20年计算。但60周岁以上的，年龄每增加 1 岁，减少 1 年；75 周岁以上的，按 5 年计算。

受害人因伤致残但实际收入没有减少，或者伤残等级较轻但造成职业妨害严重影响其劳动就业的，可以对残疾赔偿金做相应调整。

8. 残疾辅助器具费

按照普通适用器具的合理费用标准计算。伤情有特殊需要的，可以参照辅助器具配置机构的意见确定相应的合理费用标准。辅助器具的更换周期和赔偿期限参照配制机构的意见确定。

9. 丧葬费

按照受诉法院所在地上一年度职工月平均工资标准，以 6 个月总额计算。

10. 被抚养人生活费

根据抚养人丧失劳动能力程度，按照受诉法院所在地上一年度城镇居民人均消费性支出和农村居民人均年生活消费支出标准计算。被抚养人为未成年人的，计算至 18 周岁；被抚养人无劳动能力又无其他生活来源的，按 20 年计算。但 60 周岁以上的，年龄每增加 1 岁减少 1 年；75 周岁以上的，按 5 年计算。

被抚养人是指受害人依法应当承担抚养义务的未成年人或者丧失劳动能力又无其他生活来源的成年近亲属。被抚养人还有其他抚养人的，赔偿义务人只赔偿受害人依法应当负担的部分。被抚养人有数人的，年赔偿额累计不超过上一年度城镇居民人均消费性支出额或者农村居民人均年生活消费支出额。

11. 死亡赔偿金

按照受诉法院所在地上一年度城镇居民人均可支配收入或者农村居民人均纯收入标准，按 20 年计算。但 60 周岁以上的，年龄每增加 1 岁减少 1 年；75 周岁以上的，按 5 年计算。

实训单元三　律师承办刑事诉讼业务

一、本单元引文

本单元核心主题是律师在承办刑事诉讼业务时的工作内容。刑事诉讼业务主要分为刑事辩护业务和刑事代理业务。刑事辩护业务是从律师接受当事人委托和律师事务所指派开始。根据《刑事诉讼法》《中华人民共和国律师法》(以下简称《律师法》)等法律法规以及行业操作规范指引的要求,刑事诉讼业务工作要求包括:从侦查阶段的辩护工作着手,掌握侦查阶段辩护工作的要点;在进入审查起诉阶段后,详细了解阅卷、会见、调查取证等程序要求,精准有效地开展审查起诉阶段的辩护工作;进入刑事案件的一审阶段后,掌握庭审前、中、后期的程序要求以及具体的辩护要求。除此之外,对于刑事代理业务,要注意区分其和刑事辩护业务的差异,从维护被害人合法权益的角度出发,全面掌握刑事代理工作的基本程序,重点在刑事附带民事诉讼程序中,按照工作要求做好具体工作。本单元主要涉及《刑事诉讼法》中关于辩护与代理的规定、律师各项法定权利的行使、犯罪嫌疑人以及刑事被害人合法权利的维护等内容,需要学生在实训过程中进行系统学习和训练。

二、实训目的

(1)知识目标:初步掌握律师在从事刑事辩护及刑事代理业务中的全部程序要求,在此基础上全面了解律师依据《刑事诉讼法》享有的各项法定权利和义务。

(2)能力目标:通过实训使学生初步掌握刑事辩护工作以及刑事代理工作的程序要求和工作要点,使学生能够在熟知本阶段法律知识的基础上具备撰写法律文书、初步分析案情、在教师指导下相对完整地办理普通刑事案件的能力。

三、实训任务

本单元的基本知识包括刑事辩护业务和刑事代理业务知识,在此基础上,要求学生达成以下学习目标。

(一)了解内容

(1)在侦查阶段如何行使辩护权。

(2)律师办理刑事案件的手续(含刑事辩护和刑事代理)。

(3)与办案单位的初步沟通内容。

(4)查阅案卷材料的工作要求。

(5)与犯罪嫌疑人的会见流程。

(6)辩护提纲和辩护意见的写作要求以及刑事代理意见的写作要求。

（7）参加庭审的基本要求（含刑事辩护和刑事代理）。

（8）庭前会议的基本程序。

（9）法庭审理的基本程序。

（10）上诉及申诉的基本程序。

（二）掌握内容

（1）侦查阶段会见的流程和工作要求。

（2）取保候审的申请程序及其他变更强制措施的法律依据和申请程序。

（3）案卷查阅的注意事项以及阅卷笔录的撰写要点。

（4）会见工作的要求和笔录撰写的要点。

（5）辩护思路的整理和归纳以及代理意见的归纳和整理。

（6）庭审的准备工作（含刑事辩护和刑事代理）。

（7）庭前会议的流程和工作要点。

（8）庭审辩护及代理工作的要点。

（三）完成内容

（1）撰写会见笔录（侦查阶段）。

（2）撰写取保候审申请书及其他变更强制措施的法律文书。

（3）撰写阅卷笔录。

（4）撰写会见笔录（审查起诉阶段）。

（5）撰写辩护意见（撰写代理意见）。

（6）撰写质证提纲和答辩意见。

（7）撰写申请证人出庭或者调取新证据的相关法律文书。

（8）撰写发问提纲。

（9）撰写庭审记录。

（10）撰写上诉状、申诉状。

四、研习案例

（一）案情概况

曲某，男，汉族，1983 年 3 月 21 日出生在山西临汾。2006 年在广州因为 ATM 机故障取走 17.5 万余元人民币，案发后被一审判处无期徒刑，二审改判 5 年有期徒刑。

2006 年 4 月 21 日晚 10 时许，年轻保安员曲某到位于某市××路上的一家商业银行的 ATM 取款机上取款，在取款过程中他发现取款机系统出现错误，本想取款 100 元，结果 ATM 出钞 1000 元，而银行卡存款账户里却只被扣除 1 元。于是，曲某连续用自己的借记卡取款 54000 元。当晚曲某的同伴郭某得知后，两人结伙频繁提款，等郭某回住所拿了借记卡后，曲某再次用银行卡取款 16000 元，随后两人离开现场。4 月 22 日凌晨零时许，两人第三次返回上述地点，本次取款 10 万余元，连同前两次总计取款 17.5 万余元。

（二）本案争点

（1）盗窃 ATM 内款是否等同于盗窃金融机构？

（2）曲某行为是否为秘密窃取？

(3)证据链条能否推定曲某有非法占有的目的？

(4)曲某是否有罪，是何罪？

项目一　在侦查阶段行使辩护权

一、实训目的

(1)了解侦查阶段办案手续。

(2)掌握侦查阶段会见流程和工作要点。

(3)撰写侦查阶段会见笔录。

(4)撰写取保候审申请书。

二、侦查阶段中的辩护工作

《刑事诉讼法》允许辩护人在侦查阶段依法行使辩护权，这体现了法律对犯罪嫌疑人的人权保障。在侦查阶段，基于法律规定，只能在一定范围内获取有关案件的信息。为了有效地保障犯罪嫌疑人的基本权利，辩护律师更要积极主动开展工作。当一个人被国家司法机关追究刑事责任时，侦查机关首先采取的行为就是刑事强制措施，此时犯罪嫌疑人就可以开始行使自己的诉讼权利。犯罪嫌疑人的家属可以聘请律师为其提供法律服务。辩护律师在侦查阶段的工作由此展开。

(一)联系办案人员

为了尊重司法机关和承办人员，方便辩护律师与司法机关沟通，更好地维护犯罪嫌疑人的合法权益，辩护律师在接受当事人委托之后应当及时与案件承办机关联系。律师可以根据接待当事人的谈话笔录得知案件具体承办人，通过电话的方式向承办人员说明身份，与承办人员约定见面的时间、地点，当面交付有关法律文书，也可以将有关法律文书通过挂号信、快递等方式送达有关侦查机关内勤部门转交案件承办人。

(二)提交有关律师手续

辩护律师在侦查阶段应当准备好的法律文件有以下三种：

(1)《委托书》。这是当事人向律师事务所具体承办律师授予代理权的法律文书。

委　托　书

委托人钱✕根据法律的规定，聘请✕✕省✕✕律师事务所王✕✕、张✕✕律师为✕✕✕案件犯罪嫌疑人曲✕的辩护人。

本委托书有效期自即日起至本案侦查终结日止。

委托人：钱✕（签字）

(2)《律师事务所公函》。这是律师事务所接受当事人委托后向司法机关发出的正式公函。

××省××律师事务所函

〔20××〕　第×××号

××市××公安分局：

　　本所接受钱×的委托，指派王××、张××律师担任×××案中，犯罪嫌疑人曲×的辩护人。

　　特此函告

××律师事务所(公章)
20××年×月×日

　　(3)《律师执业证》。该证件用来证明承办律师属于符合法律规定的法律工作人员。

　　《委托书》原件和《律师事务所公函》原件需要留在办案单位，《律师执业证》提交复印件即可。切记在实际工作中，要在《委托书》上留下辩护律师的联系方式，方便办案单位联系。

　　(三)开展辩护工作

　　在侦查阶段的辩护工作中，辩护律师按照法律的规定只能够在会见犯罪嫌疑人的基础上对案件情况进行了解，并且回答犯罪嫌疑人的法律咨询，如果犯罪嫌疑人有取保候审等改变强制措施的申请或者有申诉和控告违法行为的要求，可以协助其办理相关申请。一般来说，律师应该开展以下工作：

　　(1)对于羁押的犯罪嫌疑人，去羁押场所依法会见，了解案情并提供咨询。

　　(2)在了解到案件基本情况之后，要向犯罪嫌疑人提供相关的法律帮助，解释法律规定，告知其可能面临的处罚以及通过辩护可能达到的法律效果，打消其顾虑。

　　(3)要告知犯罪嫌疑人其享有的各项诉讼权利及人身权利：一是对笔录核实以后再签字的权利；二是如遭遇刑讯逼供如何自我保护；三是如遭遇来自管教或同监室其他人员人身威胁或伤害时如何自我保护；四是如想要会见律师时可通过何种途径表达。

　　(4)去办案单位跟侦查机关的办案人员了解罪名等有关案件的基本信息，提出会见申请。

　　根据新修正的《刑事诉讼法》中关于律师会见的有关规定，一般的刑事案件不需要侦查机关批准许可。根据相关司法解释，公安机关对辩护律师提出的会见申请，应当在收到申请后48小时以内，报经县级以上公安机关负责人批准，作出许可或者不许可的决定。除有碍侦查或者可能泄露国家秘密的情形外，应当作出许可的决定。公安机关不许可会见的，应当书面通知辩护律师，并说明理由。在有碍侦查或者可能泄露国家秘密的情形消失后，公安机关应当许可会见。

　　(5)申请取保候审等强制措施的变更。如果犯罪嫌疑人有申诉或控告行为，应遵循合法渠道对其进行帮助。对于案件办理过程中存在的侵害犯罪嫌疑人合法权益的情形，辩护律师可以为其代理申诉控告。犯罪嫌疑人的合法权益受侵犯可能包括人身方面，如来自办案人员的刑讯逼供、来自管教或同监室人员的侵害等，也可能包括财产方面，比如车辆被非法扣押，公司财产被非法冻结等。如果出现以上情况，辩护律师应该及时地向有关机关提出申诉控告。

(6)搜集跟本案有关的证据线索，为下一步辩护做好准备工作。

项目二　阅卷会见

一、实训目的

(1)了解查阅案卷材料和看守所会见流程。

(2)掌握阅卷工作和会见的工作要点。

(3)撰写阅卷笔录和会见笔录。

二、阅卷工作

在刑事辩护工作中，阅卷质量的高低直接影响辩护质量的优劣。阅卷工作是真正开展辩护工作的书面起点，只有全面、细致地审阅案卷辩护律师才能形成对案件本身的具体看法，才能提出有价值的辩护观点，才能清楚地掌握涉案证据。

(一)阅卷前的准备工作

1. 联系办案单位

案件由公安机关移送到检察机关以及确定主办检察官后，犯罪嫌疑人的家属一般会收到检察机关的通知，确定告知家属具体的办案人和办案单位。辩护人在跟家属沟通后，要主动与检察机关办案人联系，提交辩护人相关手续。

2. 提交辩护人相关手续

(1)《委托书》。这是当事人向律师事务所具体承办律师授予代理权的法律文书。

(2)《律师事务所公函》。这是律师事务所接受当事人委托后向司法机关发出的正式公函。

(3)《律师执业证》。这是证明承办律师属于符合法律规定的法律工作人员的证件。

《委托书》原件和《律师事务所公函》原件需要留在办案单位，《律师执业证》提交复印件即可。切记在实际工作中，要在《委托书》上留下辩护律师的联系方式，方便办案单位联系。

3. 复印案件材料

实践中会有办案单位出于各种原因不能积极配合律师的阅卷工作，也有律师在复制案卷材料的时候，为了节省时间和费用，只挑选部分所谓重要材料复印，这都不利于阅卷工作的开展，严重影响辩护的质量和效果。

阅卷的首要前提是，案卷材料一定要全面、完整。只要是与案件有关的材料，一页都不能少，全部都要复制。如果遇到办案单位因各种原因不提供完整的案卷的情况，辩护律师应当与办案人员交涉，维护法定的阅卷权利。

尤其需要注意的一点是，所复印的案卷材料(或者办案机关提供的含有案卷材料内容的数据光盘等)属于依法应该保密的内容，不能泄露给当事人家属或其他无关人员，否则会承担不必要的法律责任。

（二）阅卷的注意事项

刑事案件的侦查卷宗主要由两个部分组成：一是法律文书部分，即诉讼文书卷，该卷宗包括立案、拘留、逮捕等强制措施手续、起诉意见书等法律文书，这些法律文书绝大部分为制式文书；二是诉讼证据部分，即诉讼证据卷，这部分包括《刑事诉讼法》规定的各类形式的证据，如：物证，书证，对证人、被害人的询问笔录，对犯罪嫌疑人及同案犯的讯问笔录，鉴定意见等。正因为刑事侦查卷宗包含了大量的证据，我们在阅卷时要掌握一定的规律和方法，这样才能提高效率，更全面地了解案情，为确定辩护方向和策略打下坚实基础。

《刑事诉讼法》规定："辩护律师自人民检察院对案件审查起诉之日起，可以查阅、摘抄、复制本案的案卷材料。"因此，作为辩护律师要时刻关注案件的诉讼进程，如案卷进入审查起诉阶段要在第一时间去复制案卷材料。现今，移送审查起诉到检察院的侦查卷宗一般都会进行电子扫描存档，律师可以在案管中心直接打印或拍照，但也不排除有的检察院或卷宗没有电子扫描文件，特别是补充侦查的证据材料一般是不进行电子扫描的，这种情况下律师就要联系办案人进行拍照或复印，如果需要进行拍照律师要自行准备好拍照设备。为了节约时间，提高效率，律师在去检察院之前，一定要先和案管中心或办案人取得联系，约定好复制时间和复制方式。

（三）阅卷的重点内容

1. 审查管辖权

辩护律师要审查案件管辖是否存在问题。在案件送到案管中心立案时，案管中心的工作人员对是否具备管辖权已经进行了审查，但司法实践中也确实存在移送审查起诉的案件并没有管辖权的情况。比如案发地不在该区，侦查机关在侦查时有侦查管辖，但移送审查起诉时案件没有确认审判管辖。在案件进入审查起诉阶段后，检察机关的办案人很有可能因为案件已经录入系统便认为案件管辖不存在问题，从而忽略对管辖权的审查。所以辩护律师要把管辖权审查放在第一位。一旦在阅卷中发现存在管辖权问题，一定要向办案检察官提出。

2. 审查案件来源及到案经过

案件来源及到案经过，综合了立案及破案的简要过程，审阅的目的是要通过到案经过了解犯罪嫌疑人是否具有自首、立功等法定的从轻减轻情节。律师一旦通过会见掌握了犯罪嫌疑人可能存在自首、立功等情节的，一定要在出具的法律意见中向办案检察官提出，以便办案机关及时对该情节进行核实。

3. 审查时间

在审查到案经过时要注意到案经过记载的到案时间，是否与拘留时间有差距。对于法律文书的审查，主要审查时间，即立案时间、拘留时间、逮捕时间。通过时间上的对应审查，可以判断在异地抓获时是否有临时羁押材料、是否存在非法羁押或超期羁押等情况。

4. 审查取保候审材料

如果针对犯罪嫌疑人的强制措施是取保候审，要审查一下取保候审决定书，是否存在保证人和保证金同时适用的情况。

5. 审查身份材料

审查犯罪嫌疑人的户籍证明及现实表现时,要注意一下犯罪嫌疑人的出生日期,判断其是否属于未成年人;另外对于犯罪嫌疑人是残疾人的,卷宗中要附有残疾证;对于与职务行为相关的犯罪如职务侵占、玩忽职守、滥用职权等犯罪,要有单位出具的证明其职责的文件。

关于认定犯罪事实的证据部分,是卷宗审阅的重点部分。按照一般情况,卷宗装订的顺序,首先是犯罪嫌疑人(被告人)的讯问笔录,然后是对被害人的询问笔录,之后是对证人的询问笔录。言词证据在诸多案件中起着举足轻重的作用,甚至个别情况下可以通过言词证据否定物证和书证。在我国的司法实践中,侦查机关更倾向于对言词证据的收集,所以我们审阅的重中之重也就在于言词证据。

6. 审查犯罪嫌疑人、被告人的供述及辩解①

对于犯罪嫌疑人的讯问,正常情况下至少会有三次笔录,当然对于复杂案件会有更多次的讯问,通过审阅其多次的讯问笔录,可以大致掌握案件的基本事实。在审阅其他证据时要进行归类,哪些是有罪证据,哪些是无罪或罪轻证据,要分别列出。对于犯罪嫌疑人的讯问笔录,审阅时要注重以下几个方面:

(1)我们俗称的笔录头部分记载了讯问的开始和结束时间,讯问的地点,参与讯问的侦查员姓名和单位。在这一部分,我们要审查讯问持续时间,虽然目前关于如何界定疲劳审讯的标准并未出台相关的规定,但我们一般认为连续审讯的时间不能超过 24 小时,其间要保证犯罪嫌疑人必要的休息时间。第一次的讯问笔录通常都是在派出所或公安机关的审讯室进行,之后犯罪嫌疑人会被送交看守所羁押,根据法律规定,对送交看守所羁押以后的犯罪嫌疑人不得在看守所以外的场所进行讯问。

(2)在讯问开始时,有一个地方需要注意:对于自动投案的,一般在笔录最开始会有类似于"你到公安机关做什么"这样的问话。对于讯问的问题及犯罪嫌疑人的回答要逐字逐句、认真反复地看,找出关键问题。尤其是犯罪嫌疑人的辩解。司法实践中普遍存在一种情况是侦查人员并不将犯罪嫌疑人的辩解记录在案,也就是说只注重搜集有罪证据而忽略无罪或罪轻证据,所以我们在会见犯罪嫌疑人的时候要详细询问并记录其辩解,问清其是否能提供证明其辩解的线索。

(3)注意查阅同步录音、录像。法律规定一般刑事案件中,侦查人员可以选择执行对讯问过程的录音录像措施。但对于可能判处无期徒刑、死刑的案件或者其他重大犯罪案件,应当对讯问过程进行录音或者录像,且录音或者录像应当全程进行,保持完整性。对于提供了同步录音、录像的,辩护律师要查阅,尤其是犯罪嫌疑人对讯问过程提出质疑的,比如说的不记、记的和说的不符、有刑讯逼供情况的,等等。

(4)是否存在笔录"拷贝"现象。如果多名犯罪嫌疑人的供述高度一致,或在将犯罪嫌疑人的讯问笔录与被害人、证人的询问笔录进行交叉比对时,发现犯罪嫌疑人的供述与被害人、证人的陈述高度一致,同一人所作的前后陈述高度一致时,那么这种情况肯定是不符合逻辑的,因为不同人对同一问题的回答很难在遣词造句和语句顺序上完全一致,即使

---

① 肖瑞红:《前资深公诉人详谈:刑事案件侦查卷宗的阅卷技巧》,https://www.lawtime.cn/article/lll1238748721238799660o555594。

是串供也难以达到如此高度的一致。很显然，这种言词证据可能就是侦查机关将其中一个人的陈述复制粘贴后让其他人再签字画押的结果。要将该问题在法律意见中提出并提交给办案检察官。

（5）笔录的形式要件是否合法，也就是要看笔录是否有两名侦查员签字，讯问聋哑人、不通晓当地语言文字的犯罪嫌疑人是否有相应的翻译人员，讯问未成年人是否有法定代理人在场，笔录是否经犯罪嫌疑人进行核对签字。需要特别注意的是，有些犯罪嫌疑人由于文化水平的原因不能独立阅读笔录，这时就需要由侦查人员向其宣读，但在司法实践中，存在直接让犯罪嫌疑人进行签字，而没有进行宣读的情况。还有就是嫌疑人的签名是否存在异样，编者曾经遇到过笔迹明显不同的，这些都是刑辩律师应该注意的点。

根据《刑事诉讼法》的规定，上述任何一项出现问题，均属于收集程序、方式存在瑕疵，需要经过补正或者作出合理解释。不能补正或者作出合理解释的，不得作为定案的依据。

7. 审查对被害人的询问笔录

被害人的陈述同样要审查形式要件，此处不再赘述，编者主要谈一下对于被害人陈述重点要注意些什么。被害人由于与犯罪嫌疑人和案件处理结果具有直接的利害关系，因此对于被害人陈述的内容要结合其他证据进行甄别，审查判断其陈述是否真实。比如在有些涉财案件中被害人会夸大损失，如果没有其他证据证实，仅在一对一的证据情况下，公诉机关很多时候会采信被害人，这就要求我们通过找到其陈述的矛盾点和不符常理处来论证被害人陈述的不真实性。

8. 审查对证人的询问笔录

《刑事诉讼法》第六十二条规定："凡是知道案件情况的人，都有作证的义务。生理上、精神上有缺陷或者年幼，不能辨别是非、不能正确表达的人，不能作证人。"需要注意的是，处于明显醉酒、麻醉品中毒或者精神药物麻醉状态，以致不能正确表达的人，不具备证人资格。尤其是对吸毒人员所做的询问笔录，我们要特别注意这一点，看其作证时的状态是否为刚刚吸食过毒品，如果是这种情况，该证人证言是否能够采用有待商榷，理论上是无法作为证据使用的。对于证人的询问笔录，也要进行形式要件的审查，此处不再赘述，我们主要强调一下对证人的询问应当个别进行，即要注意比对多名证人的询问笔录时间和侦查员是否存在重合，是否存在拷贝笔录的情况。在证人较多、场面比较混乱的案件中，对各证人所处位置可以绘制图画，再结合其陈述的内容来找出陈述的矛盾点。

对于以上言词证据还要注意的一点是，笔录中存在修改的地方是否有被讯问人、被询问人的确认。通常修改内容需要有被讯问人、被询问人按捺手印进行确认，尤其是在表达意思差异很大的情况下。

9. 审查物证①

从物证排在《刑事诉讼法》证据的第一项就可以看出，物证在证明案件事实的过程中发挥着无可替代的重要作用。在目前大多数的侦查卷宗中，物证均是以照片、录像或者复

---

① 肖瑞红：《前资深公诉人详谈：刑事案件侦查卷宗的阅卷技巧》，https://www.lawtime.cn/article/lll1238748721238799966oo555594。

制品形式呈现，而不是随卷移交物证原物。我们要清楚地认识到在刑事诉讼中，证明案件事实的并非照片、录像或者复制品本身，而是照片、录像或者复制品所保全和固定下来的原物。所以对于固定和保全物证法律有着严格的要求，故而对于以照片等形式出现在卷宗中的物证，我们要重点审查以下内容：

（1）物证是否为原物，物证的照片、录像或者复制品与原物是否相符；物证是否经过辨认、鉴定；物证的照片、录像或者复制品是否由二人以上制作，有无制作人关于制作过程及原物存在于何处的文字说明及签名。司法实践中，侦查机关对于刑事案件中的物证进行拍照附卷的比例最高，在基层检察院办理的刑事案件中，几乎所有的涉案物证均以照片形式体现。而大部分的物证照片不作是否与原物相符的说明，很多没有经过辨认，不记载照片的制作过程及原物存放的文字说明及签名，这是基层侦查最容易忽视的方面。针对侦查机关容易忽视的问题，辩护律师要特别重视。

（2）律师同时要注意审查物证的收集程序、方式是否符合法律及有关规定；经勘验、检查、搜查提取、扣押的物证，是否附有相关笔录或者清单；笔录或者清单是否有侦查人员、物品持有人、见证人的签名，没有物品持有人签名的，是否注明原因；对物品的特征、数量、质量、名称等注明是否清楚。这里要注意的是毒品案件，对于毒品案件中涉案毒品的数量、特征、质量等一定要审查其是否注明清楚，因为这涉及最后鉴定时毒品的种类、重量等一系列对定罪量刑有关的情节。如果一个毒品案件关键的物证因为提取等相关程序存在不能补正或作出合理解释的瑕疵而予以排除，那么这个案件最后的走向可能会更有利于被告人。所以说对于物证的审查关键在于物证的提取、扣押等程序性的审查。

（3）物证在收集、保管及鉴定过程中是否受到破坏或者改变。

（4）物证与案件事实有无关联，对现场遗留与犯罪有关的具备检验鉴定条件的血迹、指纹、毛发、体液等生物物证，痕迹，物品，是否通过 DNA 鉴定、指纹鉴定等鉴定方式与被告人或者被害人的相应生物检材、生物特征、物品等作同一认定。

（5）此外对于具备辨认条件的物证，应当交由当事人或者证人进行辨认，必要时应当进行鉴定。司法实践中有好多案件对这一程序是缺失的，比如说对于搜集扣押的凶器没有让当事人或者证人进行辨认。

10. 审查书证

同物证一样，书证具有较强的稳定性，而且书证所表达的内容较为明确，与物证不用，书证具有直接性的特点，能够直接证明案件的主要或者部分事实。对书证的审查要注意：

（1）书证是否为原件，书证的副本、复制件与原件是否相符，书证是否经过辨认、鉴定，书证的副本、复制件是否由二人以上制作，有无制作人关于制作过程及原件存在于何处的文字说明及签名。

（2）书证的收集程序、方式是否符合法律及有关规定，经勘验、检查、搜查提取、扣押的书证，是否附有相关笔录或者清单，笔录或者清单是否有侦查人员、物品持有人、见证人的签名，没有物品持有人签名的，是否注明原因。实践中出现最多的是侦查机关直接将被害人提交的银行交易明细附卷，并未注明来源，所以对于这类证据要注意。

（3）书证在收集、保管及鉴定过程中是否受到破坏或者改变。

（4）书证与案件事实有无关联。

（5）与案件事实有关联的书证是否已全面收集。对于具备辨认条件的书证，应当交由当事人或者证人进行辨认，必要时应当进行鉴定。实践中需要鉴定的一般都是当事人对书证的真实性有异议的，比如辩称书证记载内容有改动、名字非本人签署的等。

11. 审查辨认笔录

审查的重点在签字上，要注意观察见证人的签字是否为本人签字，因为存在大量侦查人员代替见证人签字的情形。

（四）案卷审阅后的处理

阅卷完成后，如果在审阅的过程中发现严重问题，需要将可能严重影响定罪量刑的问题以法律意见书的形式提交给检察机关。

在撰写法律意见书时，要注意以下五个方面的问题。

第一，法律意见书标题要醒目，要写清是犯罪嫌疑人某某涉嫌某罪的法律意见书。如果你的观点容易表达，就把观点也写进标题中。一般公诉机关的审查报告或案件汇报材料的标题都会写清这些内容。这么做的好处是不会让你提交的法律意见书埋没在检察官或法官案头众多的材料中。

第二，在法律意见书中，首先用简短的语言说明你的观点，然后说明支持你观点的事实依据和法律依据即可，做到层次分明，逻辑严谨，有理有据，不要添加过多的修饰性词语，不需要加入你的辩护意见。

第三，注意提交法律意见书的时间，及时提交，不要等到办案机关已经形成了明确的意见或者进入下一个程序时再提出。这就要求我们要时刻关注案件进程，第一时间阅卷，第一时间形成观点提交，因为目前基层检察机关普遍存在案多人少的情况，这在短期内无法得到解决。因为办案检察官往往不能在受案后及时详细地阅卷，所以律师能够比较容易地做到先于检察官一步，在其详细阅卷前形成意见提交。

第四，要注意法律意见书的行文格式，分清大标题、小标题，分出段落，不要一口气从头写到尾，让阅读的人分不出层次，也不要将同样的观点反复说。

第五，如果在阅卷中发现的问题较多，书写的法律意见篇幅较长，建议将对定罪、定性、量刑有决定性影响的问题放在前面进行重点阐述，这样能够引起检察官的重视。

三、会见工作

会见犯罪嫌疑人是律师开展代理、辩护工作的第一步，通过会见犯罪嫌疑人，可以向其提供法律咨询、了解案情、转达亲属的问候。律师应当正确维护犯罪嫌疑人的合法权益，宣传法律知识并促使侦查机关公正执法，稳定犯罪嫌疑人及其亲属的情绪。①

律师持律师执业证、律师事务所证明和委托书要求会见在押的犯罪嫌疑人的，看守所应当及时安排会见，至迟不得超过 48 小时。

---

① 高明：《刑事诉讼律师实务》，法律出版社 2014 年版，第 29～30 页。

（一）会见时需要提交的法律文书

律师到看守所会见犯罪嫌疑人应当向看守所提交的法律文书有：

（1）授权委托书。

（2）律师执业证。

（3）律师会见犯罪嫌疑人、被告人专用介绍信。

（4）办案机关出具的《准予会见在押犯罪嫌疑人决定书》（涉及三种案件）。

（二）制作会见笔录

1. 会见笔录的格式

会见笔录既是记录律师工作的重要证据，又是下一阶段开展工作的基础，还是律师保护自己的重要材料。在会见结束时，律师应当将会见笔录交给犯罪嫌疑人阅读后签字确认并署上日期。

会见笔录的格式要求如下：

（1）首部：标题、会见时间、地点、犯罪嫌疑人身份事项、承办律师。

（2）主文：向犯罪嫌疑人介绍律师的身份、委托人身份并征询其意见，向犯罪嫌疑人了解身份、案件和被羁押后情况，向犯罪嫌疑人提供法律咨询等内容。

（3）尾部：告知阅读并签名、签署会见日期。

2. 会见笔录的主要内容①

（1）向犯罪嫌疑人介绍律师的身份、委托人身份并征询其意见：律师应当告诉犯罪嫌疑人律师的身份、何人委托律师担任其侦查阶段辩护人，并且征询其是否同意聘请本律师。如表示同意，应让其在聘请律师的《授权委托书》上签字确认；如表示不同意，也应记录在案并让其签字确认。

（2）向犯罪嫌疑人了解身份、案件和被羁押后情况。

①犯罪嫌疑人的自然情况。

②是否参与以及怎样参与所涉嫌的案件。

③如果承认有罪，陈述涉及定罪量刑的主要事实和情节。

④如果认为无罪，陈述无罪的辩解。

⑤被采取强制措施的法律手续是否完备，程序是否合法。

⑥被采取强制措施后其人身权利及诉讼权利是否受到侵犯。

⑦其他需要了解的情况。

（3）向犯罪嫌疑人提供法律咨询。

①告知其辩护律师的工作内容和法律责任。

②有关强制措施的条件、期限、适用程序的法律规定。

③告知犯罪嫌疑人应当享有的权利。

④告知犯罪嫌疑人应当遵守的义务。

⑤告知犯罪嫌疑人刑法关于自首、坦白、立功的法律规定。

⑥告知有关刑事案件侦查管辖的法律规定。

---

① 高明：《刑事诉讼律师实务》，法律出版社2014年版，第31~40页。

⑦告知犯罪嫌疑人可能涉及的实体法的罪名和刑事责任。

(4)其他应当询问的内容。

①对本案的辩解意见。

②犯罪嫌疑人如何到案。

③有无自首、坦白、检举行为。

④对本案的认识。

⑤是否需要生活用品、药品或钱之类的物品。

_____阶段会见犯罪嫌疑人谈话记录(第 次)①

会见时间：____年____月____日____午____时____分—____时____分

会见地点：_____看守所

犯罪嫌疑人：_____

承办律师：_____律师

记录人：_____律师

在场人员：_____

告知：我是_____律师事务所的_____律师，根据《中华人民共和国刑事诉讼法》第九十六条的规定，接受你的亲属_____的委托，为你提供辩护，你是否同意？

答：

问：你是否愿意告诉律师你的基本情况？

答：

问：你是否愿意告诉律师你的家庭情况？

答：

问：你以前是否被司法机关处分过？

答：

问：你是否犯有被指控的行为？

答：

问：在律师会见你之前，你是否向侦查机关陈述过案件事实？

答：

---

① 《会见犯罪嫌疑人谈话记录》，https://wenku.baidu.com/view/8302d903ae45b307e87101f69e31 43323968f5dc.html。

问：你是否愿意向律师陈述案件事实？如果愿意的话，请陈述案件的事实，好吗？

答：

问：你是否知道你所做的行为是违法行为？

答：

问：你为什么要这么做？

答：

问：你何时何地被侦查机关刑事拘留、逮捕？

答：

问：侦查机关承办人员是否向你出示证件？

答：

问：侦查机关承办人员是否向你宣布罪名，出示刑事拘留证、逮捕证？

答：

问：律师为你提供法律服务，你对律师工作内容了解吗？

答：

告知：

(1)律师作为辩护人是根据事实和法律，提出证明犯罪嫌疑人(被告人)无罪、罪轻、免除其刑事责任的材料和意见，维护犯罪嫌疑人(被告人)的合法权益。

(2)辩护律师有保密的义务，今天与当事人的谈话内容将会保密。

(3)辩护律师应当全力为当事人提供法律服务。

(4)辩护律师不得帮助犯罪嫌疑人(被告人)隐藏、毁灭、伪造证据或者串供；不得从事其他干扰司法机关诉讼活动的行为。

以上告知的内容是否听清楚了？

答：

问：你了解对你采取的强制措施吗？

答：

告知：

逮捕：逮捕是在一定时期内剥夺犯罪嫌疑人、被告人的人身自由并予以羁押的强制措施。

适用条件：

(1)有证据证明有犯罪事实(①有证据证明发生了犯罪事实。②有证据证明犯罪事实是犯罪嫌疑人实施的。③证明犯罪嫌疑人实施犯罪行为的证据已经查证属实的)。

(2)可能判处有期徒刑以上的刑罚。

(3)采取取保候审、监视居住等方法，尚不足以防止发生社会危险性，而有逮捕必要的。

适用程序：

逮捕犯罪嫌疑人、被告人必须经过人民检察院批准或者人民法院决定，由公安机关执行。

公安机关逮捕犯罪嫌疑人的时候，必须出示逮捕证。逮捕后，除有碍侦查或者无法通知的情形以外，公安机关应当把逮捕原因和羁押场所在二十四小时以内通知被逮捕人的家属或者所在单位。

以上告知的内容是否听清楚了？

答：

问：你对犯罪嫌疑人、被告人的权利义务是否知道？

答：

告知：

1. 犯罪嫌疑人、被告人的权利

(1)使用自己民族文字和语言权：如果你是少数民族的人员，有权用自己民族语言回答司法机关的提问，在少数民族地区，应当用当地通用的语言进行审讯，用当地通用的文字发布判决书、布告和其他法律文件。

(2)身份证件知情权：如果你被传唤到指定的地点或者住处接受讯问，你有权要求公安、检察机关人员出示证明其身份的证件。

(3)申请回避权：你及你的法定代理人认为公安、检察、审判人员有下列情况之一的，有权要求他们回避：

①是本案的当事人或者当事人的近亲属的。

②本人或者他的近亲属与本案有利害关系的。

③担任过本案的证人、鉴定人、辩护人、诉讼代理人的。

④与本案当事人有其他关系的，可能影响公正处理案件的。

你及你的法定代理人对公安、检察机关、人民法院驳回申请回避决定可以申请复议一次。

(4)与本案无关问题拒绝回答权：在接受公安、检察机关、人民法院承办人员讯问时，对于与本案无关的问题，你有权拒绝回答。

(5)核对笔录权：公安、检察机关、人民法院承办人员制作的笔录应当交给你核对，如果你没有阅读能力，应当向你宣读，如果记载有遗漏或者差错的，你可以提出补充或者改正、附加说明，在你认为笔录没有错误后应当签名或者捺印。

(6) 鉴定结论知情权：你应当享有侦查机关将用作证据的鉴定结论告诉你的权利，你可以申请补充鉴定或者重新鉴定。

(7) 获得法律帮助权：从你被公安、检察机关第一次讯问后或者采取强制措施之日起，可以聘请一至二名律师为自己提供法律咨询、代理申诉、控告。

(8) 辩护权：你有权在刑事诉讼中自行辩护，公安、检察、审判机关承办人员应当保障你的辩护权。

(9) 申诉权和控告权：你对公安机关、检察院、法院承办人员侵犯你的诉讼权利或者侵犯你的人身权利的行为，有权提出控告。

(10) 解除强制措施权：你及你的法定代理人、近亲属或者委托的律师，对于公安、检察机关和人民法院采取强制措施超过法定期限的，有权要求解除强制措施。

(11) 申请取保候审权：如果你被羁押，你及你的法定代理人、近亲属和委托的律师有权申请取保候审。

(12) 对不起诉决定申诉的权利：如果你对检察机关依照《刑事诉讼法》第一百四十二条第二款规定作出的不起诉决定不服，可以自收到不起诉决定书后七日内向人民检察院申诉。

(13) 参加法庭调查和法庭辩论权：作为被告人有权参加法庭调查和法庭辩论；就起诉书所指控的犯罪事实作出陈述和辩解；有权辨认或者鉴别证据；可以对证据发表意见；经审判长许可，被告人有权向证人、鉴定人等发问；有权申请新的证人到庭，调取新的物证，申请重新鉴定或者勘验。

(14) 最后陈述权：在审判长宣布法庭辩论结束后，被告人有权发表最后的意见。

(15) 上诉权：对于地方各级人民法院所作的没有发生法律效力的第一审裁定或者判决，被告人有权提出上诉。

(16) 已生效判决、裁定申诉权：对于各级人民法院所作的已经发生法律效力的判决或者裁定，有权提出申诉。

2. 犯罪嫌疑人的义务

(1) 对于侦查、检察和审判人员的讯问，你应当如实回答。

(2) 接受司法机关及其工作人员依法进行的侦查、审查起诉和审判活动，不得逃避。

(3) 不得进行毁灭、伪造证据或者串供，干扰证人作证等妨碍刑事诉讼的行为。

(4) 按时出席法庭审判。

(5) 执行人民法院已经发生法律效力的判决和裁定。

以上告知的内容是否听清楚了？

答：

问：有关自首、立功的法律规定，你是否知道？

答：

告知：

根据《中华人民共和国刑法》第六十七条的规定，自首分为一般自首和特别自首两种。

一般自首是指犯罪分子"犯罪以后自动投案，如实供述自己的罪行的"行为，构成条件是：

(1)自动投案(必须发生在尚未归案之前；必须是基于犯罪分子自己的自愿意志；自行投案有关机关或者个人；承认自己所犯的特定之罪；必须置于有关机关或者个人的控制之下，并且等待交代犯罪事实；接受国家司法机关的审查和裁判)。

(2)如实供述自己的罪行(投案人所供述的必须是客观存在的犯罪事实、主要的犯罪事实和应当自己承担刑事责任的犯罪事实)。

特别自首成立条件：

(1)主体必须是被采取强制措施的犯罪嫌疑人、被告人和正在服刑的罪犯。

(2)必须如实供述司法机关还未掌握的本人其他罪行(本人已经实施但司法机关还不知道、不了解或者尚未掌握的犯罪事实；本人所供述的罪行在犯罪性质或者罪名上与司法机关已经掌握的罪行不同)。

自首和立功的处理：

《刑法》第六十七条规定第一款："……对于自首的犯罪分子，可以从轻或者减轻处罚。其中，犯罪较轻的，可以免除处罚。"

《刑法》第六十八条规定："犯罪分子有揭发他人犯罪行为，查证属实的，或者提供重要线索，从而得以侦破其他案件等立功表现的，可以从轻或者减轻处罚；有重大立功表现的，可以减轻或者免除处罚。"

以上告知的内容是否听清楚了？

答：

问：你对刑事案件侦查管辖的法律规定是否知道？

答：

告知：

有关刑事案件侦查管辖的法律规定：

(1)刑事案件侦查由公安机关进行，法律另有规定的除外。

(2)贪污贿赂犯罪，国家工作人员的渎职犯罪，国家机关工作人员利用职权实施的非法拘禁、刑讯逼供，报复陷害、非法搜查等侵犯公民人身权利的犯罪以及侵犯公民民主权利的犯罪，由人民检察院立案侦查。

(3)自诉案件，由人民法院直接受理。

(4)刑事案件由犯罪地人民法院管辖。如果由被告人居住地的人民法院审判更为适宜的，可以由被告人居住地的人民法院管辖。

以上告知的内容是否听清楚了？

答：

问：对于你涉及的犯罪罪名，你是否知道？

答：

告知：

根据《刑法》第三百三十八条规定，污染环境罪是指"违反国家规定，排放、倾倒或者处置有放射性的废物、含传染病病原体的废物、有毒物质或者其他有害物质，严重污染环境的"行为，应"处三年以下有期徒刑或者拘役，并处或者单处罚金；情节严重的，处三年以上七年以下有期徒刑，并处罚金"。

以上告知的内容是否听清楚了？

答：

问：对于本案你有何辩解意见？

答：

问：你是如何到案的？

答：

问：你在被采取措施以来，是否受到刑讯逼供等侵犯你人身及诉讼权利的情况？

答：

问：你是否有自首的行为？

答：

问：你有无检举他人犯罪事实？

答：

问：你对此事现在有何感想？

答：

问：你是否需要钱、衣服或药品等物品？

答：

告知：

请阅读以上笔录，认为记录没有错误后签字确认。

以上告知的内容是否听清楚了？

答：

犯罪嫌疑人：曲×

年 月 日

项目三　撰写辩护词或者代理意见

一、实训目的

（1）了解辩护工作基本要求。

（2）掌握辩护词和代理意见的撰写思路和要点。

（3）撰写辩护词和代理意见。

二、辩护词的撰写工作①

辩护人为了维护刑事被告人的合法权益，根据事实和法律，提出的证明被告人无罪、罪轻，或者减轻、免除刑事责任的证据和意见被称为辩护，其中的意见就是辩护词。

（一）辩护词的特征

（1）为被告人提供法律帮助，进行辩护。

（2）维护刑事被告人合法权益。

（3）辩护对象是公诉人，或者是自诉人及其代理人，而不是法庭组成人员。

（二）辩护的意义

（1）被告人除自己行使辩护权外，还可委托或者由人民法院指定辩护人为他辩护，从而更好地维护被告人的合法权益。

（2）我国法律上作出辩护制度的规定，反映了我国社会主义文明和民主制度，体现了国家尊重人权。

（3）辩护人与公诉人或自诉人及其代理人进行辩论，使法庭得以"兼听则明"，防止偏听偏信。

（4）辩护人可以从另一个侧面，协助人民法院划清犯罪事实，正确适用法律。

（三）辩护的基本原则

（1）辩护人不应当提出对被告人从严、从重或加重的处理意见，也不应该对被告人进行检举揭发。如果辩护人作出与自己身份不相称的发言，说出对被告人不利的话，必然会引起被告人的不满，被告人有可能中途拒绝辩护人为他辩护，或者另行委托辩护人为他辩护。

（2）辩护人应当依照法律规定为被告人进行辩护，不受被告人的意志左右，对于被告人提出的过高的或者非法的辩护要求，应当严词拒绝。

（3）辩护必须以事实为根据。要站在忠于事实，协助法庭查清事实的立场上为被告人辩护，不能歪曲或者隐瞒事实真相。

（4）辩护也必须以法律为准绳。辩护人除了调查事实、列举证据、论证事实的真实性

---

① 《辩护词的撰写方法及范例》，https://wenku.baidu.com/view/ef3dee8c814d2b160b4e767f5acfa1c7aa0082b8.html。

以外，应着重将被告人的行为对照有关法律规定，来为被告人寻找无罪、罪轻、减轻或免除刑事责任的论据，而不能以自己的感想或个人的看法作为论据。

（四）发表辩护词的时间

《刑事诉讼法》对庭审程序作出了相应规定，在庭审过程中辩护人进行辩护的时间就是辩护人发表辩护词的时间。

（五）辩护词的基本格式与写法

1. 首部

主要包括三个部分，即标题、对审判人员的称呼、前言。

前言部分应当说明的是：

（1）辩护人出庭的合法性，即是受被害人的委托还是受人民法院的指定。在实践中，还需要说明是受律师事务所的指派，因为律师是通过律师事务所执业的。

（2）辩护人在开庭前进行了哪些工作，如查阅案卷、会见被告人、调查了解案情等，以便向法庭表明，自己的辩护意见是有根据的。

（3）可以开门见山地提出关于本案的基本辩护观点，对法庭调查作简要交代。这样可以旗帜鲜明地表明自己的态度，给人留下深刻的印象，为进入正文部分做好准备。

2. 正文

正文包括辩护意见和辩护理由。这一部分是辩护词的核心部分，是辩护人对案件基本观点和看法的全面、系统的论证。需要重点说明和论证所提出的辩护观点，摆事实、讲道理，引用事实和法律来论证自己的观点，反驳起诉书的指控。具体内容因案而异。总的来说，辩护词的具体内容和范围主要包括以下几个方面：

（1）起诉书指控被告人的犯罪事实能否成立；被告人是否已经达到刑事责任年龄，有无不负刑事责任的其他不应当追究刑事责任的情形；起诉书对案件定性和认定的罪名是否准确，法律条文适用是否恰当。

（2）被告人有无法律规定的从轻、减轻或者免予处罚的情节；有无酌定考虑的从轻、减轻或者免于处罚的情节。

（3）证据与证据之间，证据与被告人口供之间是否存在矛盾；被告人主观上是故意还是过失，是否属于意外事件；被告人的行为是否属于正当防卫或者紧急避险。

（4）共同犯罪案件中，对首犯、主犯、从犯、胁从犯的划分是否清楚。

（5）诉讼程序是否合法。

3. 结束语

主要包括两个方面的内容：

（1）对自己的发言作一小结，提出结论性的意见，以加深法庭对自己辩护观点的印象。

（2）对被告人如何定罪量刑，适用刑法的具体条款，向法庭提出意见和建议。

撰写一份好的辩护词，不仅需要良好的法律知识，还需要一定的文笔。当然，辩护词不是抒情散文，它是一份法律文书。对案件情况进行充分了解，为当事人争取最大的权益才是撰写一份辩护词最终的目的。

（六）引例

辩 护 词

尊敬的审判长、审判员：

根据《中华人民共和国刑事诉讼法》和《中华人民共和国律师法》的有关规定，某省××律师事务所依法接受本案被告人曲×的委托，指派我们担任其涉嫌盗窃一案的辩护人参加诉讼活动，根据事实和法律提出如下辩护意见，供合议庭参考：

某市人民检察院刑检公二诉［2017］××号起诉书指控被告曲×构成盗窃罪的认定事实不清，掌握的证据不确实不充分，不能认定曲×的行为构成盗窃罪。以下是对本案法律适用问题的分析。

一、银行本身应当负有主要责任。首先，银行在明知涉案的某市××路××号×市商业银行ATM取款机已经故障的情况下，仅仅以双休日休息为借口，既没有及时停止故障ATM的使用，也没有采取任何有效措施告知储户："该取款机已坏，请勿使用"。银行方面对此事采取放任的态度，表明银行方面对储户利用该故障ATM取款机作出的任何行为都有了完全的心理准备，并采取默示的方式允许顾客的这种行为。基于此，银行完全没有理由在事发后追究被告的责任；其次，我们还应当注意到从第一次到最后一次取款，时间相隔整整23个小时。对银行而言，这不是一个很短的时间。尽管是周末，银行却在明知ATM取款机有故障的情况下，接近一天都没有发现这种情况，也可视为银行默许了这种行为的发生。另外，银行有约在先："钱款当面点清，出门概不负责"，可视为银行与储户的合同条款，双方都得遵守，即无论银行与储户哪方有了损失，都不得向对方追讨。那么银行现在也无权追究此事。

二、对于控方所称"盗窃金融机构"，我们难以认同。ATM取款机只是金融机构营业网点的延伸，而非实质意义上的金融机构，两者有本质的区别。现在银行都是和设备制造商合作，银行负责选址，厂商安装设备，然后银行会把一部分收益返还给制造商。所以说ATM取款机是银行和设备供应商的共有财产，当然不属于金融机构。

三、关于本案应该适用的法律问题。本案发生过程中，各方具体行为的确认：首先是曲×的行为，曲×使用自己的真实身份，使用自己的工资卡公开在ATM取款机取钱。第一次取款后发现：取1000元卡里才扣1元。以后又进行了若干次取款行为。这里要重点提出的是：曲×的171次取款的客观行为没有发生变化。也就是说，曲×第一次取款的客观行为：使用自己的真实身份、使用自己的工资卡、公开在ATM取款机取钱，与第二次及以后的若干次取款的客观行为是一样的。其次是ATM取款机的行为。本应是等值的交换：曲×输入取款1000元的信息，从ATM取款机取走1000元，ATM取款机就从曲×的工资卡上扣除1000元，但，ATM取款机对取走1000元发生了重大误解，误以为是1元而进行记录和信息交换。反映到曲×的工资卡上，就是取1000元卡里才扣1元。曲×使用自己的真实身份、使用自己的工资卡、公开地取款，按照ATM取款机的要求一步一步进行操作，取到了17.5万元。这是跟ATM取款机交易，双方履行合同的结果，是得到了ATM取款机的允许和主动配合，是双方知情下的合意行为，不是单方的窃取。虽然，这里 ATM 取款机有重大误解，但这是 ATM 取款机履行合同有瑕疵，属于民法调整的范畴。

四、对于"盗窃罪"的认定错误。首先根据我国《刑法》的犯罪构成理论，盗窃罪在客观方面表现为以秘密窃取数额较大的公私财物或多次盗窃公私财物的行为。在本案中，被告自始至终都在银行监控录像的监控之下，且没有采取其他方法隐蔽自己的行为。被告是用自己的银行卡，即用实名制的方式，在正常情况下从 ATM 取款机上取走了现金。故被告人的行为不具有秘密的特征。当事人跟所有普通人一样，是正大光明进去取款。在银行全面掌握取款人资料的情形下，这完全不能称之为盗窃。另外从犯罪风险来看，当事人的行为风险非常小，而盗窃罪的风险则非常大。故而不能简单认定为是盗窃罪在主观方面表现为故意。其次，根据大众对盗窃的定义，窃是主动窃取的行为，当事人并没有实施窃的行为，而是正大光明地"拿"，钱是银行柜员机主动给的，而非我当事人趁其不备偷偷拿走的，两者存在本质的区别。

五、我们认为，被告人的行为只是不当得利。被告的行为如同在银行，由于银行职员的失职，而多给了我当事人钱，我当事人只是没有将钱归还，这只是道德上的问题，我国并没有把这种行为为上升到法律地位上，因此，仅使用民法的不当得利返还即可。但银行某部门经理在电话中采取威胁与恐吓的方式要求被告人即刻还款，并表示一定要诉诸法律，致使被告人因不懂法在被恐吓后不敢及时将钱归还。

六、银行的证言与证据互为矛盾。根据某市商业银行提供的《完整的流水记录数据》资料表明，2016 年 4 月 21 日下午 5 时至晚上 9 时 02 分，某市商业银行事发 ATM 取款机的装钞记载是：CASHBOX（100）：hopper2/2000/1998/OK。经咨询银行相关技术人员，该项记载表明：事发当时第一个钞斗中装有两张有 100 元人民币；第二个钞斗中装有 2000 张 100 元人民币；第三个钞斗中装有 1998 张 100 元人民币。三个钞箱共装有 100 元人民币 4000 张，合计 40 万元人民币。但某市商业银行的工作人员的证言却是："2016 年 4 月 21 日下午 5 时许放入该自动柜员机 20 万元人民币……"证言还称，"在案发前几个客户取款属于正常取款。经查账，自动柜员机共短款达 196004元。"虽然《完整的流水记录数据》记载也同样是在取款近 20 万元后，再也未取出款，但此时 ATM 取款机已临近掏空。如果该数据中确实记载的 ATM 取款机共装钞 40 万元人民币，那么另外近 20 万元人民币又去了哪里？如果"2016 年 4 月 21 日下午 5 时许放入该柜员机 20 万元人民币"是真实的。那么某市商业银行提供的《完整的流水记录数据》就应当是虚假记载，某市商业银行为什么要提供虚假信息？目的又何在？况且该 ATM 取款机已经产生故障，那么该机器所记载事项，即被告人取款 17.5 万元的这一事实的可信度值得怀疑。

七、此外，有证据表明，本案发生后，作为"潜在当事人"的 ATM 取款机的供应商——某金融电子股份有限公司已经通过民事和解程序，私下赔付"受害者"某市商业银行近 20 万元。据此，我们是否可以理解为银行也默认了此次事件的主要过错在于 ATM 取款机，而非曲✕。

综上所述，控方提供的证据不清，对事实认定有误，所以辩护人认为被告人曲✕

的行为不构成犯罪。我们请求合议庭能够公正司法。最后请求人民法院依法宣告被告人曲×无罪，还曲×以清白。

　　此致

某某区(县)人民法院

辩护人：××律师事务所　某某律师
年　　月　　日

三、刑事代理以及代理意见的撰写工作①

　　根据我国《刑事诉讼法》的规定，公诉案件的被害人、自诉案件的自诉人、刑事附带民事诉讼中的原告人和被告人，以及刑事申诉案件中的申诉人，依法都可以委托代理人参加诉讼。刑事诉讼中的代理人可以是律师，也可以是律师以外的其他公民。但是，正在被执行刑罚，或者依法被剥夺、限制人身自由的人，不能充当代理人。刑事诉讼中的代理可分为两种：一是法定代理。法定代理是基于法律规定而产生的代理。二是委托代理。委托代理是基于被代理人的委托、授权而产生的代理。不同的诉讼代理，其代理人的范围、权利和义务等也不相同。但他们也有共同点，具体表现为所有代理人都必须在代理权限范围内进行活动；代理人在权限范围内的诉讼行为，与委托人自己的诉讼行为具有同等的法律效力；代理人合法代理的法律后果都由被代理人承担。

　　代理意见(代理词)是代理律师在诉讼中依据事实和法律，在法庭辩论阶段发表的，以维护委托人合法权益为目的的，表明代理人对案件处理意见的诉讼文书。相对于其他诉讼文书，代理词的写法比较灵活，并没有统一的格式，大体上仍然是由首部(引言)、正文和尾部(结论)三部分组成。首部、尾部的写法与辩护词大体相同。下面主要介绍代理意见正文的写作要求。

　　1. 引言

　　写明代理律师代理该项诉讼的法律依据和事实根据，案件的性质和审级。

　　2. 正文

　　第一，叙述被告人的犯罪事实，并运用充分、确实的证据加以证明；第二，引用相关法律条款并运用犯罪构成理论、相关知识论证被告人刑事责任的合法性和必要性；第三，从行为知识背景、心理等方面分析被告人犯罪的动机和原因，向法官、陪审员阐述该被告人的犯罪行为给被害人和社会造成的严重后果与社会危害性。

　　3. 结论和诉讼请求

　　撰写代理意见，应当着重注意下列问题：第一，根据案件具体情况，抓住争执点，鲜明地提出代理意见，并围绕这一观点从多角度、多侧面展开论证。要从事实、证据、法理、逻辑等多方面进行分析。第二，立足于事实和法律，针对实质性委托，进行准确、详尽而深入地剖析，支持其诉讼请求。第三，代理词应当随着诉讼进程不断被修改、充实和完善，注意及时吸收新出现的情况，弥补代理词中的漏洞。第四，代理词的语言应当生

---

　　① 《刑诉法之辩护与代理》，https://wenku.baidu.com/view/a3b0ca45be1e650e52ea99bd.html。

动、简练，论点明确，逻辑性强；客观、全面，重点突出；通俗易懂，用词恰当，又留有余地。

项目四　在审查起诉阶段行使辩护权、代理权

一、实训目的

(1)了解审查起诉阶段辩护工作和代理工作流程。

(2)掌握审查起诉阶段的辩护和代理工作要点。

(3)撰写与审查起诉工作相关的法律文书。

二、辩护人行使辩护权的工作

(一)查阅、摘抄、复制本案的诉讼文书、技术性鉴定材料

刑事案件的诉讼文书主要包括立案决定书、拘留证、批准逮捕决定书、逮捕决定书、逮捕证、搜查证、起诉意见书等为立案、采取强制措施和侦查措施以及提请审查起诉而制作的程序性文书；技术性鉴定材料主要包括法医鉴定、司法精神病鉴定、物证技术鉴定等由有鉴定资格的人员对人身、物品及其他有关证据材料进行鉴定所形成的记载和鉴定结论的文书。所以，刑事案件的诉讼文书和技术性鉴定材料反映了刑事案件的基本情况、案件性质和一些主要证据，是律师了解掌握案情的重要依据。按照法律规定，辩护律师在审查起诉阶段可以查阅、摘抄、复制本案的诉讼文书和技术性鉴定材料，律师以外的其他辩护人经人民检察院许可，也可以查阅、摘抄、复制上述材料。

(二)同在押的犯罪嫌疑人会见和通信

在审查起诉过程中，辩护人为了更好地为犯罪嫌疑人行使辩护权，向犯罪嫌疑人了解有关案件情况是非常必要的，如果犯罪嫌疑人被逮捕羁押，辩护人就有权与犯罪嫌疑人会见或者通信，以便了解案情。辩护律师自人民检察院对案件进行审查起诉之日起，可以同在押的犯罪嫌疑人会见和通信，其他辩护人经人民检察院许可，也可以同在押的犯罪嫌疑人会见和通信。

(三)收集与本案有关的证据材料

辩护律师可以收集与本案有关的材料，也可以申请人民检察院收集、调取证据，这是对刑事诉讼辩护制度的一项重要改革。根据法律规定，这一项权利只能由辩护律师行使，其他辩护人没有这个权利，具体内容如下：

第一，辩护律师经证人或者其他有关单位和个人同意，可以向他们收集与本案有关的材料。也就是说，律师收集证据材料有一个前提，即必须经过提供证据材料的证人或其他有关单位和个人的同意，如果不经证人或有关单位和个人的同意，律师不能强制性地要求证人或有关单位和个人提供证据，这一点与司法机关的调查取证有明显的不同。司法机关调查取证具有法律的强制性，即除了采用询问的方式外，还可以使用搜查、扣押等强制性方法，而律师是不能使用法律规定的搜查、扣押等强制性方法的。第二，辩护律师经人民检察院许可，并且经被害人或者其近亲属、被害人提供的证人同意，可以向他们收集与本

57

案有关的材料。第三，当辩护律师在上述情况下仍无法取得有关的证据材料时，可以申请人民检察院去收集、调取证据，关于这一点，决定权在人民检察院，律师只有申请权，人民检察院是否去收集、调取证据，由人民检察院根据案件的具体情况判断决定，对于人民检察院决定去收集、调取证据的，应当由人民检察院去收集、调取证据，而不是由律师去收集、调取。

三、刑事代理工作[①]

(一)被害人的附带民事诉讼代理

1. 接受委托，提供咨询

律师可以接受公诉案件被害人(包括公民、法人和其他组织)、已死亡被害人的近亲属，无行为能力或限制行为能力被害人的法定代理人的委托，担任其诉讼代理人。律师接受委托后，应向委托人提供法律咨询和其他法律帮助。

2. 按时出庭

公诉案件被害人和代理律师在开庭前三日内收到出庭通知的，代理律师有权要求法院更改开庭日期。

法院已决定开庭而不通知被害人及其代理律师出庭的，代理律师有权要求法院依法通知，保证被害人及其代理律师出庭。

3. 协助当事人行使诉讼权利

代理律师应在开庭前向人民法院了解案件是否公开审理。如果案件涉及被害人的隐私，可以要求人民法院不公开审理。

代理律师应告知被害人有权对合议庭组成人员、书记员、公诉人、鉴定人和翻译人员申请回避，并协助被害人行使此项权利。

在法庭审理过程中，代理律师应依法指导、协助或代理委托人行使以下诉讼权利：

(1)陈述案件事实。

(2)出示、宣读有关证据。

(3)请求法庭通知未到庭的证人、鉴定人和勘验、检查笔录制作人出庭作证。

(4)经审判长许可，向被告人、证人、鉴定人、勘验检查笔录制作人发问。

(5)对各项证据发表意见。

(6)对被告人及其辩护人向被害人提出的威胁性、诱导性或与本案无关的发问提出异议。

(7)申请通知新的证人到庭，调取新的证据，申请重新鉴定或者勘验。

(8)必要时，请求法庭延期审理。

4. 出席法庭，参加辩论

法庭审理中，代理律师应与公诉人互相配合，依法行使控诉职能，与被告人及其辩护人展开辩论。代理意见与公诉意见不一致的，代理律师应从维护被害人的合法权益出发，

---

① 中华全国律师协会：《律师办理刑事案件规范》，https://www.beijinglawyers.org.cn/cac/1506664893521.htm。

独立发表代理意见，可与公诉人展开辩论。

(二)自诉人的代理

1. 接受委托

代理律师可以接受自诉人及其法定代理人的委托，担任其诉讼代理人。接受委托前，应审查案件是否符合法定自诉案件范围和立案条件。

2. 撰写刑事起诉状和附带民事起诉状

代理律师应帮助自诉人分析案情，确定被告人和管辖法院，调查、了解有关事实和证据，代写刑事起诉状。起诉状应包括以下主要内容：

(1)自诉人、被告人的姓名、年龄、民族、籍贯、出生地、文化程度、职业、工作单位、住址等自然情况。

(2)被告人的犯罪事实，包括犯罪时间、地点、手段、危害后果等。

(3)被告人行为所触犯的罪名。

(4)具体的诉讼请求。

(5)致送人民法院的名称和具状时间。

(6)证人的姓名、住址。

(7)证据的名称、件数、来源等。

被告人是二人以上的，应按被告人的人数提供起诉的副本。

自诉人同时要求民事赔偿的，代理律师可协助其制作刑事附带民事起诉状，写明被告人犯罪行为所造成的损害，具体的赔偿请求及计算依据。附带民事诉讼代理应办理相应委托手续。

3. 代理起诉

律师代理提起自诉时，应携带下列材料和文件：

(1)自诉人身份证件。

(2)刑事起诉状。

(3)证据材料及目录。

(4)授权委托书。

(5)律师事务所介绍信。

(6)律师执业证。

同时提起附带民事诉讼的，应提交刑事附带民事起诉状。民事部分单独起诉的，应单独提交附带民事起诉状。

人民法院对自诉案件进行审查后，要求自诉人补充证据或撤回自诉的，律师应协助自诉人做好补充证据工作或与自诉人协商是否撤回自诉。

人民法院对自诉案件作出不予立案的，律师可以代理自诉人向人民法院申请复议。

4. 出庭

人民法院决定开庭的，代理律师应做好开庭前准备工作。对于自己无法取得的证据，可申请人民法院依法调查取证。

刑事自诉案件中，被告人提起反诉的，代理律师可接受自诉人委托，担任其反诉辩护人，但应办理相应委托手续。

代理律师应向自诉人告知有关自诉案件开庭的法律规定，避免因自诉人拒不到庭或擅自中途退庭导致法院按自动撤诉处理的法律后果。自诉人因故不能出庭委托代理律师出庭的，代理律师应按时出庭履行职责。

自诉案件法庭辩论结束后，代理律师可以根据委托人授权参加法庭调解。

代理律师应协助自诉人在法院宣告判决前决定是否与被告人和解或者撤回自诉。

（三）申诉的代理

1. 接受委托

律师可以接受案件当事人及其法定代理人、近亲属的委托，对已经发生法律效力的判决、裁定向人民法院或者人民检察院提出申诉。

2. 提起再审申请

律师有理由认为申诉符合《刑事诉讼法》规定的下列情形之一的，可以依法要求人民法院重新审判，也可依法提请人民检察院抗诉：

（1）有新的证据证明原判决、裁定认定的事实确有错误，可能影响定罪量刑的。

（2）据以定罪量刑的证据不确实、不充分、依法应当予以排除，或者证明案件事实的主要证据之间存在矛盾的。

（3）原判决、裁定适用法律确有错误的。

（4）违反法律规定的诉讼程序，可能影响公正审判的。

（5）审判人员在审理该案件的时候，有贪污受贿，徇私舞弊，枉法裁判行为的。

人民法院对申诉案件决定再审的，律师按照原审程序进行辩护或代理，但应另行办理委托手续。

项目五　刑事案件一审开庭

一、实训目的

（1）了解刑事案件一审开庭流程。

（2）掌握开庭前的材料准备工作。

（3）完成与庭审有关的法律文书的撰写。

二、开庭前准备[①]

律师在审判阶段接受委托，或者在侦查或审查起诉阶段即接受委托权限到审判阶段的，应该在律师事务所准备相关手续，提交给人民法院，并做好开庭准备工作。

（一）收案

律师事务所可以接受被告或其亲友的委托，指派律师担任被告人的辩护人。律师事务所与委托人办理委托手续。

律师事务所可以接受人民法院的指定，指派律师为被告人进行辩护，律师事务所与委

---

① 　高明：《刑事诉讼律师实务》，法律出版社 2014 年版，第 109~110 页。

托人办理委托手续参照有关规定进行。

（二）庭前会议

1. 申请召开庭前会议

律师认为案中存在案件管辖异议，需要有关人员回避，需要申请调取侦查机关、人民检察院已经收集但未随案移送的证明被告人无罪或者罪轻的证据材料，需要提供新证据，对出庭证人、鉴定人、专家证人名单存在异议，申请排除非法证据，申请不公开审理等情形的，应当与审判人员进行沟通，建议召开庭前会议。

2. 参加庭前会议

在法庭组织的庭前会议上，律师可以就以下内容进行沟通：

（1）本案管辖是否正确。

（2）法庭组成人员是否需要回避。

（3）是否申请调取在侦查、审查起诉阶段公安、检察机关收集的但未随案移送的证明被告人无罪或罪轻的证据。

（4）控辩双方有无新的证据。

（5）是否需要启动非法证据排除程序。

（6）是否申请不公开审理问题。

（7）向法庭介绍律师的辩护思路。

（8）了解庭审可能持续的时间。

（9）了解法庭是否当庭进行宣判。

（10）其他与审判相关的问题。

（三）管辖审查

律师接受委托后，应注意审查该案是否属于受案法院管辖。如发现法院管辖不当、侦查机关管辖不当等情形，应及时以书面方式向法院提出，请求退案和移送。

（四）查阅、摘抄、复制案件材料

律师应当认真查阅案件材料，了解分析案件。案件材料应当包括起诉书、证据目录、证人名单和主要证据的复印件或者照片。缺少上述材料的，律师可以申请人民法院通知人民检察院补充。

审判阶段的律师认为必要时可向侦查及审查起诉阶段的承办律师了解案件有关情况，请求提供有关材料，侦查及审查起诉阶段的律师应予配合。

律师查阅、摘抄、复制案件材料，应当记明查阅、摘抄、复制案件材料的时间、地点，并应注明案卷页数，证据材料形成的时间、地点及制作证据的人员。

律师查阅案件材料应当着重了解以下事项：

（1）被告人的自然情况。

（2）被告人被指控犯罪的时间、地点、动机、目的、手段、后果及其他可能影响定罪量刑的法定、酌定情节等。

（3）被告人无罪、罪轻的事实和材料。

（4）证人、鉴定人、勘验检查笔录制作人的自然情况。

（5）被害人的基本情况。

（6）侦查、审查起诉阶段的各种法律手续和诉讼文书是否合法、齐备。

（7）技术性鉴定材料的来源、鉴定人是否具有鉴定资格、鉴定结论及其理由等。

（8）同案被告人的有关情况。

（9）有关证据的客观性、关联性和合法性，证据之间及证据本身的矛盾和疑点。

（10）相关证据能否证明起诉书所指控的犯罪事实及情况，有无矛盾与疑点。

（11）其他与案件有关的材料。

（五）审判阶段会见被告人

律师会见在押被告人，应当携带人民检察院的起诉书副本、授权委托书、律师事务所会见被告人专用证明和律师执业证。

律师会见被告人，应事先准备会见提纲。会见时，应认真听取被告人的陈述和辩解，发现、核实、澄清案件事实和证据材料中的矛盾和疑点，重点了解以下情况：

（1）被告人的身份及其收到起诉书的时间。

（2）被告人是否承认起诉书所指控的罪名。

（3）指控的事实、情节、动机、目的是否清楚、准确。

（4）起诉书指控的从重情节是否存在。

（5）被告人关于无罪辩解的理由。

（6）有无从轻、减轻、免予处罚的事实、情节和线索。

（7）是否有立功表现。

（8）是否存在超期羁押及合法权益受到伤害等情况。

律师应向被告人介绍法庭审理程序，告知被告人在庭审中的诉讼权利、义务及应注意的事项。

（六）调查和收集证据

（1）在审判阶段，律师可以根据实际情况依法调查、收集与案件有关的证据材料。

（2）律师向证人调查、收集证据，证人不同意作证的，律师可以申请人民法院通知其出庭作证。

（3）律师根据案件需要可以申请人民法院收集、调取证据。人民法院收集、调取证据时，律师可以参加。

（4）开庭前，律师应将收集的证据材料进行复制，举证时将原件提交法庭。

（七）出庭准备

1. 证据提交事宜

（1）律师申请人民法院通知证人、鉴定人、勘验检查笔录制作人出庭作证的，应制作上述人员名单，注明身份、住址、通讯处等，并说明拟证明的事实，在开庭前提交人民法院。

（2）律师拟当庭宣读、出示的证据，应制作目录并说明所要证明的事实，在开庭前提交人民法院。

2. 延期申请注意事项

律师接到开庭通知书后应按时出庭，因下列情形之一不能出庭的，应及时与法院联系，申请延期开庭：

（1）律师收到两个以上开庭的通知，只能按时参加其中之一的。

（2）庭审前律师发现重大证据线索，需进一步调查取证或申请新的证人出庭作证的。

（3）由于客观原因律师无法按时出庭的。

（4）律师在开庭前三日内才收到出庭通知的，有权要求法院更改开庭日期。

3. 其他事项

开庭前律师应向法庭了解通知证人、鉴定人、勘验检查笔录制作人出庭作证情况。如发现有未予通知或未通知到的情况，应及时与法庭协商解决。

律师应了解公诉人、法庭组成人员情况，协助被告人确定有无申请回避的事由及是否提出回避的申请。

三、一审开庭①

庭审是刑事辩护过程中最为重要的和核心的工作场景，辩护律师的工作成果都要在庭审过程中展示，通过庭审要让人民法院对案件有更为完整和客观的了解。这也是刑事辩护律师的主要战场。

（一）法庭调查

律师出庭应当遵守法庭规则和法庭秩序，听从法庭指挥。

要注意审判长宣布开庭后，是否核对被告人身份事项、案由，是否宣布法庭组成人员名单，是否告知诉讼参与人诉讼权利，是否申请回避，是否告知诉讼参与人有权申请通知新证人到庭、调取新的物证、申请重新鉴定或者勘验等内容。如果审判长在宣布开庭后遗漏以上内容，律师应当及时提出异议，要求法庭改正。

1. 公诉人讯问

在法庭调查开始后，公诉人宣读起诉书以后可以讯问被告人。讯问内容应当在以下范围之内：

（1）被告人身份事项。

（2）所指控的犯罪事实是否是被告人所为。

（3）实施犯罪行为的时间、地点、方法、手段、结果以及被告人犯罪后的表现。

（4）犯罪人集团或者其他共同犯罪案件中参与犯罪人员的各自地位和应负的责任。

（5）被告人有无刑事责任能力，有无故意或者过失行为的动机、目的。

（6）有无依法不应当追究刑事责任的情况，有无法定从重或者从轻、减轻以及免除处罚的情节。

（7）犯罪对象、作案工具的主要特征，与犯罪有关的财物来源、数量以及去向。

（8）被告人全部或者部分否认起诉书指控的犯罪事实的，否认的根据和理由能否成立。

（9）与定罪、量刑有关的其他事实。

律师应该认真听取公诉人发问内容是否在以上范围，如果发现其讯问的内容与案件事实无关、重复讯问、明显具有诱导性或威胁引诱被告人且被告人无法正面回答、明显对被

---

① 高明：《刑事诉讼律师实务》，法律出版社 2014 年版，第 111~115 页。

告人进行攻击、阻止被告人辩解情况的，应当立即向法庭提出反对意见，要求法庭制止公诉人不当的讯问并不采纳此项被告人的陈述。

2. 律师发问

（1）发问目的。让法官通过认真倾听律师与被告人的发问与回答，全面了解案件情况，引起法官对被告人陈述的重视，扭转法官对被告人的不利印象，为律师的辩护铺平道路。法庭中律师发问就要围绕这个根本目的来进行。不要为了迎合被告人、家属为发问而发问，或者问一些不痛不痒、莫名其妙、无法回答或者帮倒忙的问题。

（2）发问内容。向被告人发问要围绕为被告人辩护无罪、罪轻、减轻处罚或者免除处罚的信息，以及案件中疑点的解释展开。要围绕定罪、量刑和辩护观点发问，不要偏题。

（3）发问方式。法庭发问方式通常有三种：开放式发问、诱导式发问和引导式发问。律师应当采用第三种发问方式，既可以避免开放式发问导致的被告人漫无目标的回答，削弱发问的作用，又可以避免诱导式发问可能引发的被控方和法庭制止导致的律师丧失发问机会。

公诉人向被告人提出威逼性、诱导性或与本案无关问题的，辩护律师有权提出反对意见。法庭驳回反对意见的，应尊重法庭决定。

公诉人对律师的发问提出反对意见的，律师可进行争辩。法庭支持公诉人反对意见的，律师应尊重法庭的决定，改变发问内容或方式。

（4）发问注意事项。发问注意事项有以下三点。

①充分准备，明知故问地发问。律师通过发问和被告人的回答把案件中对被告人有利的事实和情节展示在法庭之上，或者把指控事实中虚假的事实和情节在法庭上抖搂出来。所以律师要吃透案情，明知故问，给审判人员以强烈的印象。

②通俗易懂、简明扼要地发问。许多刑事被告人由于文化水平不高，长期的羁押使得他们与人的交往产生了障碍，沟通能力大大下降。加上第一次上法庭，其紧张、恐惧程度不亚于碰见了狮子和老虎，其人体的基本生理机能会产生紊乱。因此，律师在发问时要采用简单句，一个问题一个句子，一个句子包容一个简单的问题，不要使用递进、转折等复杂的句式，这样可使被告人听懂、容易回答。

③要用亲近语气、缓和的表情发问。在法庭调查过程中，公诉人一般采用严肃的态度来向被告人发问，也有可能用凌厉的攻击方式向被告人发问，气势汹汹，步步紧逼，寸步不让，使得被告人高度紧张，丧失招架之力，心理防线崩溃。当律师发问的时候，应当采用亲近语气、缓和的表情进行发问，使其紧张的精神状态放松下来，使被告人恢复思考能力和语言能力，从而正确回答律师的提问。让被告人讲清楚案件的事实以及对自己有利的情节，从而澄清事实，恢复被公诉人搞乱的事实真相。

3. 律师对控方的质证

（1）对控诉方的出庭证人，应注意从以下方面进行质证：

①证人与案件事实的关系。

②证人与被告人、被害人的关系。

③证言与其他证据的关系。

④证言的内容及其来源。

⑤证人感知案件事实时的环境、条件和精神状态。

⑥证人的感知力、记忆力和表达力。

⑦证人作证是否受到外界的干扰或影响。

⑧证人的年龄以及生理上、精神上是否有缺陷。

⑨证言前后是否矛盾。

辩护律师应综合以上方面，对证人证言的可信性及时发表意见并阐明理由，如有异议，应与控诉方展开辩论。

对于公诉机关提出证人名单以外的证人出庭作证的，辩护律师有权建议法庭不予采信或要求法庭延期审理。律师发问人民警察，出庭接受作证的人民警察实际属于证人，向其发问等同于向证人发问。

（2）对出庭的鉴定人和鉴定结论，应注意从以下方面质证：

①鉴定人与案件的关系。

②鉴定人与被告人、被害人的关系。

③鉴定人的资格。

④鉴定人是否受到外界的干扰和影响。

⑤鉴定的依据和材料。

⑥鉴定的设备和方法。

⑦鉴定结论与其他证据的关系。

⑧鉴定结论是否有科学依据。

辩护律师应综合以上方面，对鉴定结论的可信性及时发表意见并阐明理由，如有异议，应与控诉方展开辩论。律师发问专家证人相当于发问鉴定人。

（3）对控诉方出示的物证，应注意从以下方面质证：

①物证的真伪。

②物证与本案的联系。

③物证与其他证据的联系。

④物证要证明的问题。

⑤取得物证的程序是否合法。

辩护律师应综合以上方面，对物证的可信性及时发表意见并阐明理由，如有异议，应与控诉方展开辩论。

公诉方出示证据目录以外的物证，辩护律师有权建议法庭不予采信或要求法庭延期审理。

（4）对控诉方出示的书证，应注意从以下方面质证：

①书证的来源及是否为原件。

②书证的真伪。

③书证与本案的联系。

④书证与其他证据的联系。

⑤书证的内容及所要证明的问题。

⑥取得书证的程序是否合法。

辩护律师应综合以上方面，对书证的可信性及时发表意见并阐明理由，如有异议，应与控诉方展开辩论。

对于控诉方出示的证据目录以外的书证，辩护律师有权建议法庭不予采信或要求法庭延期审理。

(5)控诉方宣读的未出庭证人的书面证言，应注意从以下方面质证：

①证人不能出庭作证的原因及对本案的影响。

②证人证言的形式和来源是否合法，内容是否完整、准确。

辩护律师应综合以上方面，对未出庭证人证言的可信性及时发表意见并阐明理由，如有异议，应与控诉方展开辩论。必要时，有权建议法庭不予采信或要求法庭延期审理，通知证人出庭作证。

控诉方宣读证据目录以外的证人证言，辩护律师有权建议法庭不予采信或要求法庭延期审理，通知证人出庭作证。

(6)对控诉方宣读的鉴定结论，应注意从以下方面质证：

①鉴定人不能出庭的原因及对本案的影响。

②鉴定结论的形式和来源是否合法，内容是否完整、准确。

辩护律师应综合以上方面，对鉴定结论的可信性及时发表意见并阐明理由，如有异议，应与控诉方展开辩论。必要时，辩护律师有权建议法庭不予采信或者要求法庭延期审理，通知鉴定人出庭接受质证，也可以申请人民法院补充鉴定或者重新鉴定。

控诉方宣读证据目录以外的鉴定结论，辩护律师有权建议法庭不予采信或要求法庭延期审理，通知鉴定人出庭接受质证，也可以申请人民法院补充鉴定或者重新鉴定。

(7)对控诉方提供并播放的视听资料，应从以下方面质证：

①视听资料的形成及时间、地点和周围的环境。

②视听资料收集的程序是否合法。

③播放视听资料的设备。

④视听资料的内容和所要证明的问题。

⑤视听资料是否伪造、变造。

⑥与其他证据的联系。

辩护律师在视听资料播放后，通过上述各方面的质证如发现材料不真实，或者与本案没有关系，或者其内容不是被告人自愿所为等，应提出不予采信的建议和理由，控辩双方可以就此展开辩论，辩护律师有权要求法庭调查核实。

控诉方提供证据目录以外的视听资料，辩护律师有权建议法庭不予采信或要求延期审理。

在控诉方举证完毕后，辩护律师应向法庭申请对本方证据进行举证。

(二)法庭举证、质证

1. 律师质证

控方指出证据是为了证明被告人的犯罪事实，控方在法庭上出示的系列证据，有物证、书证、证人证言、被害人证言、鉴定意见、视听资料等。律师应当对所有证据提出质证意见。

2. 律师举证

(1)律师举证的目的。证据无论是由律师通过调查取证得来的，还是通过阅读案件卷宗材料得来的，举证的目的都是支持律师的辩护观点，维护被告人的合法权益。

(2)律师举证的内容。主要包括以下几个方面。

①犯罪主体方面。被告人的身份不是控方所指控的行为人。

②犯罪行为方面。被告人无犯罪行为，犯罪行为不是被告人所为和被告人不在犯罪现场。

③犯罪客观方面。不存在被告人实施犯罪行为的时间、地点、方法、手段、结果等。

④犯罪主观方面。被告人主观上不存在犯罪故意，无犯罪目的和动机等。

⑤刑事责任方面。被告人无刑事责任能力，依法不应当追究刑事责任的情况等。

⑥量刑方面。被告人有法定、酌定从轻处罚方面的情节等。

(3)律师举证的方式。证人出庭作证由辩方向法庭提出证人出庭作证申请，经同意后在法庭上作证。由于法庭是一个激烈的战场，面对威严的国家审判机关和公诉机关，证人在法庭上替被告人作证的心理压力极大，在公诉人的咄咄逼问之下，除非证人心理素质较好，否则很可能招架不住，导致其所作证的证言可靠性较差，还有可能弄巧成拙反成为控方的证人，律师一般慎重采用此种举证方法。

提交物证、书面的证人证言是另一种举证方式。此方法只要律师向法庭阐明证据的来源、真实性、关联性和合法性及证明的目的，法庭一般不会对律师的举证产生怀疑，经法庭调查核实后，如果能够证明律师的主张，法庭也会采纳此种类证据。

(4)举证的注意事项。举证时，应向法庭说明证据的形式、内容、来源以及所要证明的问题，并特别注意以下方面：

①物证、书证、视听资料来源的合法性。

②证人证言、被告人陈述、鉴定结论取得程序的合法性。

③证据内容的真实性。

④证据与案件以及证据之间的联系。

对本方的举证，控诉方提出异议的，辩护律师应当有针对性地进行辩论，维护本方证据的可信性。

(三)法庭辩论

法庭辩论是一审案件审理中的第二个阶段，在审判长的主持下，由控辩双方就本案的犯罪事实、证据的确实充分、适用法律等方面进行辩论。法庭辩论的目的是使控、辩双方有充分机会阐明自己的观点，充分阐述理由和根据，在程序上保障被告人和诉讼参与人的合法权益，使法庭作出公正的裁决。

1. 法庭辩论的要求

(1)事先做好充分的准备。律师在法庭上发表辩护意见必须打有把握之仗，事先做好充分的准备，既包括在开庭以前的准备也包括在开庭后到辩论之前的准备。特别是开庭以后的情况可能与开庭之前的准备不同，不能照搬预想的情况，要根据实际变化来进行调整，有的放矢地进行辩论。

(2)提纲挈领，抓住要点。刑事案件有许多方面的要点，在法庭上不可能面面俱到、全面论证。律师的法庭辩护要重点突出，围绕案件中的定罪、量刑的法律事实、法律适用以及控辩双方分歧的关键点进行辩论。不要四面出击，眉毛胡子一把抓，导致辩论效果不佳。也不要与控方纠缠某些枝节问题，与控方形成盘根错节的对峙状态，导致辩论跑题。

（3）明确辩论的目的。法庭辩论倾听的对象是法庭的合议庭组成人员，而不是公诉人和下面旁听的观众。法庭辩论的目的就是说服法官采纳律师的辩护观点，然后通过各种证据的列举和理由的阐述，力争辩护观点被法庭采纳。只有紧紧围绕目标进行法庭辩论，才会取得良好的辩护效果。

（4）注意发言方式。律师辩论时的发言要用普通话，不能用方言；要声音洪亮，口齿清楚，给人以美感，声音不能太小，使人听不清楚发言内容；发言内容要简洁明了、干净利索，用词准确、恰当；切忌发言啰唆重复，用词含糊晦涩、模棱两可，让听者听得莫名其妙，不能理解。如果辩论让法官感到厌烦、不舒服，律师再好的辩论意见法官也难听进去。

2. 法庭辩论的特别注意事项

（1）无罪辩护，应主要从以下方面进行：

①控诉方指控的证据不足，不能认定被告人有罪。

②控诉方或辩护方提供的证据，能证明属于下述情况的，依据法律应当认定被告人无罪：被告人行为情节显著轻微，危害不大，不认为是犯罪；被告人行为系合法行为；被告人没有实施控诉方指控的犯罪行为。

③其他依法认定被告人无罪的情况。

（2）常规辩护，要注意以下内容：

①应着重从案件定性和对被告人从轻、减轻或者免除刑罚等方面进行。

②应围绕与定罪量刑有关的问题进行，抓住要害，重点突出，不在枝节问题上纠缠。

③发表辩护意见所引用的证据、法条一定要清楚准确，核对无误。

④辩护发言应观点、论据充分，论证有力，逻辑严谨，用词准确，语言简洁。

⑤辩护人应向法庭陈述自己的意见和观点，以期得到采纳，不应以旁听人员为发言对象，哗众取宠。

⑥发表辩护意见应当以理服人，尊重法庭，尊重对方，不得讽刺、挖苦、谩骂、嘲笑他人。

⑦多次辩护发言应避免重复，突出重点，着重针对控诉方的新问题、新观点及时提出新的辩护意见。

（3）特殊情况的处理。

①在法庭辩论和被告人的最后陈述中，律师如发现有新的或遗漏的事实、证据需要查证的，可以申请恢复法庭调查。

②在法庭审理过程中，被告人当庭提出拒绝或更换律师的，应依法与之解除委托关系。

③在法庭审理过程中，出现律师拒绝辩护的法定事由，可以请求休庭。

④在庭审过程中如发现审判程序违法，律师应当向法庭指出并要求纠正。

四、庭后事务处理

一审法庭审理结束后，律师的工作还没有结束。律师应当对辩护工作负责到底，做好休庭后的工作。

（一）向法庭提交辩护词

辩护词是律师辩护意见的书面表现形式，是律师通过法庭审理对案件事实、证据采纳、法律适用、量刑意见的全面陈述，也是法庭承办人员非常重视的材料。律师在法庭审理结束后，应该尽快根据庭审的情况，整理好辩护词送交案件承办人员。

（二）参与法庭宣判

法庭在案件宣判前，会通知辩护人告知案件宣判日期并要求辩护人通知家属。律师应当以电话、短信等方式通知被告人家属，并按时参加法庭宣判。宣判后应立即向法庭获取判决书。审查一审判决书认定事实是否准确、采纳证据是否妥当、适用法律是否正确、量刑是否得当等情况。

（三）最后会见被告人

律师应当在一审判决后未生效的 10 日内到看守所会见被告人，询问其对一审判决的意见，问清楚是否要提起上诉。如果一审被告人不服一审判决的，律师应当为其书写上诉状，由被告人签字后立即制作上诉状 5 份，正本 1 本，副本 3 份提交一审法院，被告人和律师正本留底各 1 份，并将会见过程制作成会见笔录。同时将一审被告人是否要提起上诉或不上诉的情况，以电话或者书面的形式通知被告人的家属。

实训单元四　律师承办民事诉讼业务

一、本单元引文

《中华人民共和国宪法》(以下简称《宪法》)及相关法律规定了公民、法人、非法人组织享有广泛人身权、财产权等民事权利。在社会生活中，当民事合法权利与他人发生争议或者受到不法侵害时，人们会请求司法保护从而引发民事诉讼。因权利主体不了解法律，没有诉讼专业知识和技巧，或因种种原因，人们不能亲自到庭参加诉讼活动，自然就会委托律师作为代理人参加诉讼。律师作为提供法律服务的专业人员，在接受当事人的委托后，根据案件具体情况，结合当事人在诉讼中的地位，应当认真、仔细地研究案情，收集各种证据，分析对当事人有利或不利的证据，代书起诉状或答辩状，进行举证、质证，完成庭审法庭调查和法庭辩论，提交代理词等，在出庭参加民事诉讼活动时，应当在授权范围内最大限度地帮助当事人行使诉讼权利，维护当事人的合法权益。律师代理民事案件，参与民事诉讼活动，进行调查取证，针对诉争焦点提出证据材料和发表相应意见，有利于审判人员得到更全面的案件信息，正确地认定事实和适用法律，提高办案质量。律师不仅要具备丰富的法律知识，而且要有多角度思考问题的能力。律师在民事诉讼的过程中，要把具体案件与实体法、程序法有机联系在一起，进行有理、有据、有节地阐述与辩驳，充分发挥律师在民事诉讼中的作用。民事案件在法院审判中是重头戏，案件多样而复杂。因此律师代理民事案件必须具备一系列能力，典型的职业能力就是法律文书制作、举证、质证、辩论等能力。

二、实训目的

民事诉讼中的律师业务主要体现在代理业务上。在代理过程中，除了办理必需的代理手续外，还要在一审、二审、再审程序中对法律文书进行撰写，如起诉状、答辩状、上诉状、再审申请书、保全申请书，以及进行举证、质证、提出辩论意见等。通过实训，让学生掌握《民事诉讼法》中关于案件审理过程中的规范程序，以案件为基础起草起诉状、答辩状、上诉状、再审申请书，完成证据目录制作与编排，锻炼质证思维与技巧，全面提高律师职业能力，实现专业培养目标。

三、实训任务

本单元实训任务包括三个部分：一审诉讼中的律师业务训练；二审中的律师业务训练；再审案件中的律师业务训练。针对以上三个部分本书重点突出以下内容：一审诉讼中案件证据的收集，举证、质证，起诉状、答辩状的撰写，代理词的要求；二审诉讼中上诉状的撰写；再审程序中再审申请书的撰写等。

项目一　研习案例

一、实训目的

本书通过选定不同类型的研习案例，为案件事实整理、证据运用、诉讼文书写作、诉讼阶段律师工作等方面提供学习素材，学生可根据兴趣、理解程度自主选择案件类别学习，以提高实务性和职业能力。

二、实训任务

按照案例要求，完成规定的实训任务。

三、研习案例1：李某、孙某离婚后财产纠纷案

(一)案情概况

孙某和李某原本是夫妻，两人于2004年因感情不和协议离婚，双方在协议中约定：婚生子孙小某离婚后由女方抚养，孙某定期给付李某抚养费和教育费；现住公房及房屋内所有物品归女方所有；现金、存款上双方不存在共同财产，离婚时互不干涉，不需再分割；男方经营的公司、所有的汽车等财产，离婚后属男方。2014年，李某在作为孙小某的法定代理人依据"离婚协议"要求孙某付抚养费时，发现孙某现住房是其与李某婚姻关系存续期间购买的，孙某在离婚时对该房屋进行了隐瞒。故李某以此为由起诉到法院要求判决涉案房屋全部归自己所有。

孙某辩称，李某的起诉期早已超过两年的诉讼时效，而且当时双方因为感情不和，从2001年便已经开始分居。涉案的房屋是其在分居期间完全用个人的财产购买的，应属于个人财产。同时，离婚协议中的公房在离婚时已经取得完全产权，与公房相比，现住房在离婚时价值较小，而且购买此房也告诉过李某，故对于该房屋完全没有隐藏的动机和必要。况且，双方在离婚协议中明确约定"所有的汽车等财产，离婚后属男方"，自己的现住房理应属于个人财产。

(二)本案争点

(三)实训任务

(1)梳理案件事实，对案例进行相应扩充，以满足实训需要。

(2)查找涉及案件的法律规定，为起诉、答辩准备法律依据。

(3)为原告确定举证的范围，编排证据目录。

(4)准备被告对原告证据的质证意见。

四、研习案例2：民间借贷纠纷案

(一)案情概况

2014年3月18日，杨某与重庆某建材有限公司签订借款合同，约定重庆某建材有

限公司向杨某借款1000万元，每月按借款金额的2%支付借款利息，同时每月按借款金额的2%支付综合服务费；借款到期未偿还则每日按借款金额的5‰支付违约金；王某为借款提供保证担保。签订合同当日，杨某向王某账户转账支付借款500万元。2014年4月10日和4月17日，杨某与重庆某建材有限公司再次签订借款合同，金额为500万元，合同其他条款内容与2014年3月18日借款合同相同。杨某分别于合同签订当日向王某账户转账支付借款200万元和300万元。同日，王某向案外人陈某账户转账支付28万元。2014年4月18日至7月17日，王某又陆续向案外人陈某账户转账支付共计132万元。杨某认可陈某账户收到王某支付的所有款项为利息。2014年12月29日，杨某起诉至法院要求判决重庆某建材有限公司、王某连带偿还借款本金1000万元及相应利息、综合服务费等。

（二）本案争点

（三）实训任务

（1）梳理案件事实，对案例进行相应扩充，以满足实训操作需要。

（2）查询法律依据，为原告撰写起诉状。

（3）为原告确定举证的范围。

五、研习案例3：交通事故人身损害赔偿纠纷案

（一）案情概况

2017年7月21日11时25分许，刘某驾驶无号牌三轮电动车，沿X046线自南向北行至与S307线交叉路口处，遇张某驾驶"豫H×××××"号牌重型自卸半挂车沿S307线自东向西行至交叉路口，刘某驾车向左避让时三轮电动车失控侧翻，三轮电动车在侧翻过程中与重型自卸半挂车发生碰撞，造成刘某受伤并两车损坏的交通事故。该起事故经辉县公安局交通管理大队认定，刘某负事故的同等责任，张某负事故的同等责任。

刘某受伤后被送到蚌埠市某医院住院治疗，诊断为：右上肢开放性骨折，右上肢创面，住院31天，其住院花费的医疗费、住院伙食补助费、交通费共计36243.68元。2017年10月22日，刘某再次入苏州市某医院住院，住院5天，花费医疗费12135.40元，无医嘱、无病历。刘某委托某司法鉴定所于2018年2月7日出具司法鉴定意见书，鉴定意见为：（1）刘某1右肱骨骨骺粉碎性骨折构成九级伤残。（2）刘某1右肱骨骨骺粉碎性骨折、右尺骨骨折右上肢软组织挫伤的护理期为90日，营养期为90日，鉴定费1300元。

张某驾驶的"豫H×××××"号牌重型自卸半挂车，登记车主为某汽运公司，该车在某财险河南分公司投保了机动车交通事故责任强制保险和100万元不计免赔的商业第三者责任保险，本次事故发生在保险期限内。

（二）本案争点

（三）实训任务

（1）梳理案件事实，并对案例进行相应扩充。

（2）为原告制作证据目录。

（3）为原告代书起诉状。

（4）为被告准备质证意见。

六、研习案例 4：物权纠纷案

（一）案情概况

原告文某与第三人陈某于 1992 年 10 月 2 日登记结婚，是合法的夫妻关系，被告何某与第三人陈某是母子关系。2015 年 3 月，文某与陈某夫妻共同（双方自认）以 48 万元的价格向黄某购买争议房屋。2015 年 6 月 9 日，陈某申请将该房产变更登记为陈某与何某共同财产。2018 年 4 月，文某起诉与陈某离婚，经法院判决不准离婚后，文某前往房管局对该楼房登记情况进行查询时，发现陈某已于 2016 年 12 月 9 日将该房产变更登记为陈某与其母亲何某共同共有。

文某以该变更登记行为其本人不知情为由，于 2018 年 12 月 12 日向房管局申请对该房产进行更正登记，房管局对文某的更正登记未果。2019 年 7 月 18 日，文某向人民法院起诉，请求：确认其和陈某是×字第×号房屋的共同共有人。

另查，陈某到房管局办理房屋的有关过户手续时，为了减少税收而以该房屋系原卖主赠与办理过户为陈某的名下。后陈某向房管所申请将该房变更登记为其本人与何某共有财产。

（二）本案争点

（三）实训任务

（1）梳理案件事实情节并进行适当扩充，以满足实训需要。

（2）查找涉及物权登记变更的法律规定。

（3）为原告代书一份起诉状。

（4）为原告编排证据目录。

七、研习案例 5：劳动争议纠纷案

（一）案情概况

某公司与赵某于 2019 年 6 月 19 日签订赔偿调解协议，内容载明：赵某于 2019 年 1 月 20 日至某公司处担任搬运临时工，工作期间因赵某疏忽导致货物压伤脚部，经住院医疗，医疗机构断定为脚骨骨折，经休养至 2019 年 6 月 19 日康复。经双方友好协商，达成补偿方案，由某公司承担赵某受伤的医疗费用 26000 元，2019 年 1 月 20 日至 2019 年 6 月 19 日工资 9100 元，营养费、交通费、陪护费等所有费用 7000 元。另约定，赵某自愿解除与某公司的劳动关系，在支付上述费用后，某公司不再承担其他赔偿责任。

2019 年 11 月 27 日，某公司向劳动人事争议仲裁委员会申请仲裁，请求确认某公司、赵某自 2019 年 1 月 8 日至 2019 年 6 月 19 日期间不存在劳动关系。仲裁委裁决后，某公司不服向法院起诉，请求认定与赵某之间不存在劳动关系。

（二）本案争点

（三）实训任务

（1）梳理案件事实，进行事实扩充以满足实训操作需要。

（2）查找涉及案件的法律依据，为起诉、答辩做准备。

（3）为原告代书起诉状，为原告编排证据目录。

(4) 为被告撰写质证意见。

八、研习案例6：公共场所管理责任纠纷案

（一）案情概况

某景区为国家 AAA 级旅游景区，不设门票。广东省花都区梯面镇某村村民委员会（以下简称某村村民委员会）系景区内情人堤河道旁杨梅树的所有人，其未向村民或游客提供免费采摘杨梅的活动。2017 年 5 月 19 日下午，吴某私自上树采摘杨梅不慎从树上跌落受伤。随后，有村民将吴某送该村医务室，但当时医务室没有人员。有村民拨打 120 电话，但 120 救护车迟迟未到。后该村村民李某自行开车送吴某到广州市花都区梯面镇某医院治疗。吴某于当天转至广州市某医院治疗，后因抢救无效于当天死亡。

某村曾于 2014 年 1 月 26 日召开会议表决通过《某村村规民约》，该村规民约第二条规定：每位村民要自觉维护村集体的各项财产利益，每个村民要督促自己的子女自觉维护村内的各项公共设施和绿化树木，如有村民故意破坏或损坏公共设施，要负责赔偿一切费用。

吴某系某村村民，于 1957 年出生。李某系吴某的配偶，李某向法院起诉，主张某村村民委员会未尽到安全保障义务，被告未采取及时和必要的救助措施，应对吴某的死亡承担责任。请求判令被告承担 70% 的人身损害赔偿责任 631346.31 元。

（二）本案争点

（三）实训任务

(1) 梳理案件事实，对案例进行相应扩充，以满足起诉、答辩、举证需要。

(2) 查找案件涉及的法律依据。

(3) 为原告代书起诉状、证据目录。

(4) 作为被告律师起草代理词。

九、研习案例7：继承纠纷案件

（一）案情概况

原告、被告之父早已病故，其母王某于 2012 年 4 月与莒县某镇村民委员会签订拆迁安置协议，约定王某搬出搬迁区，村委给予安置楼房一套，并给予相应补贴。2013 年 12 月 22 日，村委会将该村 10 号楼 1 单元 201 室安置给王某。王某于 2018 年 12 月至 2019 年 2 月因病在北京住院治疗，谷某进行了陪护，除已经报销的费用外，谷某还为母亲支付了部分医疗费。2019 年 3 月 5 日，王某病故，遗留涉案房产一套，该房产现尚未办理产权登记手续。谷某与其妹妹均认可涉案房屋价值 22 万元。通过对王某名下的数个银行账户进行查询，发现账户余额均未超过 25 元。王某曾于 2013 年 12 月 23 日支取过 17800 元安置补助款。谷某以妹妹不赡养、虐待母亲为由主张妹妹不能继承。妹妹主张自己是法定继承人，应当平分涉案房产。协商不成，诉至法院。

（二）本案争点

（三）实训任务

(1) 梳理案件事实，对案例进行相应扩充以满足实训任务需要。

(2) 查找案件涉及法律依据。

(3)为谷某妹妹代书起诉状、证据目录。

(4)为谷某代书答辩状或代理词。

十、研习案例 8：商品房买卖合同纠纷案

(一)案情概况

2015 年 8 月 6 日，原告(买受人)与被告(出卖人)签订商品房买卖合同一份，约定原告购买被告开发建设的位于沈阳市和平区房屋，建筑面积为 81.17 平方米，总房款 831045 元。其中第十五条为关于产权登记的约定："出卖人应当在商品房交付使用后 730 日内，将办理权属登记需由出卖人提供的资料报产权登记机关备案。如因出卖人的责任，买受人不能在规定期限内取得房地产权属证书的，双方同意按下列第 3 项处理：按补充协议执行。"其中合同补充协议第 11.6 项约定，"如因出卖人未能及时提供资料备案，从而导致延误买受人办理产权证期限的，由出卖人按已付房价款百分之一支付违约金给买受人，合同继续履行。"合同签订后，原告支付了全部房款，被告于 2015 年 8 月 19 日为原告开具了金额为 831045 元的销售不动产统一发票，并于 2016 年 9 月 21 日为原告开具房屋准住通知单，载明入住时间为 2016 年 9 月 23 日。

另查明，诉争房屋仍未下发初始登记批复，不具备办理房产证条件。

(二)本案争点

(三)实训任务

(1)梳理案件事实，并对案例进行扩充，以满足实训任务需要。

(2)查找案件涉及的法律依据。

(3)为原告起草起诉状。

(4)为被告起草答辩状或代理词。

项目二　一审、二审、再审程序诉讼文书制作

一、实训目的

通过对具体民事案件裁判文书进行分析，使学生掌握一审诉讼中原告起诉状、被告答辩状如何撰写及应用，二审程序中上诉状、答辩状如何撰写及应用。在撰写起诉状、上诉状、答辩状过程中，通过实训让学生了解和掌握有关知识，根据民事诉讼审级不同、当事人身份不同，诉讼文书的写法不同，把证据知识应用到具体案件中，通过辩证思维判断证据效力及诉讼主张，培养和提高文书写作能力。

二、引例

(一)案情概况

(该案例摘录于裁判文书网)

河北省高级人民法院
民事判决书

(2017)冀民终 275 号

上诉人(原审被告)：福建某有限公司，住所地福建省福清市龙江路×××号。

法定代表人：薛某，该公司董事长。

诉讼代理人：刘某，北京市某律师事务所律师。

被上诉人(原审原告)：河北某有限公司，住所地河北省井陉县秀林镇××庄。

法定代表人：张某，该公司董事长。

委托诉讼代理人：马某，河北某律师事务所律师。

上诉人福建某有限公司与被上诉人河北某有限公司因申请诉中财产保全损害责任纠纷一案，不服石家庄市中级人民法院(2016)冀 01 民初 130 号民事判决，向本院提起上诉。本院于 2017 年 3 月 29 日立案后，依法组成合议庭公开开庭进行了审理。上诉人福建某有限公司委托诉讼代理人刘某，被上诉人河北某有限公司委托诉讼代理人马某到庭参加诉讼。本案现已审理终结。

福建某有限公司上诉请求：一、撤销石家庄市中级人民法院(2016)冀 01 民初 130 号民事判决；二、改判驳回河北某有限公司全部诉讼请求；三、河北某有限公司承担本案一审、二审诉讼费用。事实和理由：一、一审判决认定事实错误。河北某有限公司已于 2015 年 6 月 26 日收取全部执行款 58987775 元，且执行法院已经依据民事诉讼法及相关司法解释加倍计算了自 2015 年 5 月 6 日至 2015 年 6 月 25 日期间的利息。2016 年 1 月 6 日，河北高院判决维持了石家庄中院(2015)石民三初字第 00075 号判决。在此情况下，河北某有限公司何时申请解除被保全的财产(土地)，一审法院何时解除该财产(土地)，均不是福建某有限公司所能控制的，也与福建某有限公司无关。河北某有限公司在 2015 年 6 月 25 日获得全额执行款后，再无任何证据证明存在任何损失，其提供的第三方名下的土地也不存在任何损失。一审判决以 58987775 元执行款数额为基数，计算河北某有限公司直至 2016 年 1 月 21 日的利息损失，无事实和法律依据。二、一审法院超范围审理，应予纠正。河北某有限公司起诉请求：1. 判决赔偿因错误保全造成的经济损失 101 万元；2. 赔偿间接经济损失 300 万元及律师费。河北某有限公司的计算方法是因福建某有限公司的诉讼保全导致唐山中院延迟向其发放执行款 67 日，按同期银行贷款利率两倍计算的被冻结期间利息损失 101 万元。一审法院判令福建某有限公司承担自 2015 年 5 月 5 日至 2016 年 1 月 21 日期间的利息损失，已超出河北某有限公司诉请。三、一审判决关于河北某有限公司提供的证据不能证明其向石家庄某成品油销售有限公司支付了 300 万元担保使用费的认定正确。四、福建某有限公司在申请诉讼保全时，担保人在担保书中明确，如申请错误，担保的范围为被申请人的直接损失，并不包括被申请人的间接损失。五、石家庄中院于 2016 年 1 月 27 日已裁定解除对担保人担保房产的查封。

河北某有限公司辩称：一、一审判决认定事实清楚，证据充分。本案是福建某有限公司在诉讼中错误申请保全给河北某有限公司造成财产损失所致。2016 年 1 月 6 日，河北高院作出(2015)冀民二终字第 156 号民事判决，维持了石家庄中院(2015)

石民三初字第00075号民事判决，一、二审法院均依法驳回了福建某有限公司的诉讼请求。该案中，福建某有限公司错误申请保全，法院冻结了本应支付给河北某有限公司的6000万元执行款。尽管河北某有限公司后来通过置换保全财产的方式得到了被冻结的款项，但为此又提供了价值7000万元的土地使用权作为被保全的财产，这同样是因为福建某有限公司错误申请保全所致。该价值7000万元的土地使用权查封期间的财产损失，以福建某有限公司保全冻结金额及时间来认定，符合客观实际。二、福建某有限公司以执行法院给付了河北某有限公司执行款来对抗本案错误申请保全的赔偿，不能成立。福建某有限公司之所以起诉进而申请保全，目的就是为了延缓法院支付河北某有限公司执行款，执行案件本身与本案没有任何关系，福建某有限公司的败诉已经印证了这一点。执行法院执行福建某有限公司的款项，法律依据明确，事实清楚，并无不当。三、一审判决符合法定程序，不存在超范围审理的问题。河北某有限公司起诉请求的是因错误申请保全而造成的直接、间接损失400余万元，一审判决认定的损失计算依据和标准，没有超出河北某有限公司诉请范围。四、一审判决适用法律得当。一审判决依据民事诉讼法有关规定，对福建某有限公司错误申请保全给河北某有限公司造成的损失进行判决，依法有据。福建某有限公司称错误申请保全导致的损失仅是直接损失，没有事实和法律依据。

河北某有限公司向一审法院起诉请求：1. 赔偿河北某有限公司因错误保全造成的经济损失101万元；2. 赔偿河北某有限公司间接经济损失300万元及律师费(金额按照判决确定赔偿数额的10%计算)；3. 诉讼费用由福建某有限公司承担。

一审法院认定事实：福建某有限公司诉河北某有限公司债权转让合同纠纷一案，经石家庄市中级人民法院作出(2015)石民三初字第00075号民事判决，"驳回原告福建某有限公司的诉讼请求"。判后，福建某有限公司不服，向河北省高级人民法院提出上诉，河北省高级人民法院作出(2015)冀民二终字第156号民事判决，"驳回上诉，维持原判"。

在石家庄市中级法院审理福建某有限公司与河北某有限公司债权转让合同纠纷一案中，福建某有限公司于2015年4月8日向石家庄市中级人民法院申请财产保全，要求冻结河北某有限公司60354984.4元。石家庄市中级人民法院2015年4月20日作出(2015)石民三初字第00075号民事裁定书，裁定冻结河北某有限公司的银行存款60354984.4元或查封同等价值的其他财产。因河北某有限公司与福建某有限公司公司解散纠纷一案的生效判决，即(2014)沧民再终字第19号民事判决，判令"福建某有限公司于判决生效之日起十日内给付河北某有限公司43800000元及利息"，河北省高级人民法院指令唐山市中级人民法院对该案进行执行。对于(2015)石民三初字第00075号民事裁定书中冻结河北某有限公司财产60354984.4元的执行，石家庄市中级人民法院委托唐山市中级人民法院协助对(2014)沧民再终字第19号判决执行款停止向河北某有限公司支付，故唐山市中级人民法院于2015年5月5日扣划福建某有限公司3830000元和5430000元，2015年5月6日扣划福建某有限公司50740000元，共计6000万元执行款至唐山市中级人民法院账户，未向河北某有限公司支付。

石家庄市中级人民法院冻结6000万元执行款后，河北某有限公司向石家庄市中级人民法院提出以石家庄某成品油销售有限公司的位于河北省井陉县的207097.31平方米土地作担保，要求解除对执行款项的查封，石家庄市中级人民法院2015年6月18日作出(2015)石民三初字第00075-1号民事裁定书，查封了石家庄某成品油销售有限公司的位于河北省井陉县的207097.31平方米土地，并解除了对6000万元执行款的查封。此后，唐山市中级人民法院于2015年6月25日、26日分六笔将5898777.5元的执行款支付河北某有限公司。

福建某有限公司与河北某有限公司的债权转让合同纠纷案终审审结后，石家庄市中级人民法院于2016年1月18日作出(2015)石民三初字第00075-3号民事裁定书解除对石家庄某成品油销售有限公司土地的查封，并于2016年1月21日向井陉县国土资源局、河北某有限公司送达了协助执行通知书解除查封。

对双方有争议的事实，原审法院认定如下：1. 河北某有限公司称其为置换被查封的执行款6000万元，使用石家庄某成品油销售有限公司的土地而支出的使用费300万元，要求福建某有限公司承担该损失。河北某有限公司出示的《协议书》签订于2015年6月8日，但河北某有限公司出示的《河北某实业集团统一记账凭证》《某银行业务回单》显示的打款时间为2015年8月14日，且记账凭证上记载"摘要：转成品油款""会计科目：其他应付款"，以上并不能证明该300万元是河北某有限公司支付石家庄某成品油销售有限公司的使用费。2. 河北某有限公司主张的律师费损失一项，因其出示的《律师风险代理合同》并不能证明河北某有限公司实际支出了律师费及数额，因此该诉讼请求不明确，不应支持。3. 福建某有限公司称唐山中院在扣划执行款时计算错误，认为河北某有限公司多收取执行款2749140元。因执行款的数额是案件执行过程中的问题，福建某有限公司如对执行数额有异议，应向案件执行法院提出，该争议不属于本案的审理范围。4. 福建某有限公司称已对双方的债权转让合同纠纷向最高院提起再审申请，并出示了自行打印的立案信息，但该份证据不能证明最高院已对双方的债权转让合同纠纷启动再审程序，福建某有限公司的主张不成立。

一审法院认为，福建某有限公司在与河北某有限公司债权转让合同纠纷一案中，申请法院对河北某有限公司的财产进行查封，法院据此对河北某有限公司应得的执行款进行了查封，但因债权转让合同一案的判决结果驳回了福建某有限公司的诉讼请求，故其申请保全错误。由于该保全错误，导致河北某有限公司本应于2015年5月5日收到的执行款58987775元延期支取。根据《中华人民共和国民事诉讼法》第一百零五条规定，申请有错误的，申请人应当赔偿被申请人因保全所遭受的损失。故本案中，福建某有限公司应当支付河北某有限公司执行款延期支取期间的利息。延期支取的期间应当自2015年5月5日起，考虑到河北某有限公司用石家庄某成品油销售有限公司的土地进行了置换，虽然使用费证据不足，但若河北某有限公司不用此土地置换，执行款将仍被查封，故延期支取期间应截止到石家庄市中级人民法院对石家庄某成品油销售有限公司土地解除查封日即2016年1月21日止。利率按照中国人民银行同期贷款利率计算。河北某有限公司主张双倍利息无法律依据，不予支持。

河北某有限公司主张的使用费及律师费损失证据不足，不予支持。

综上，一审法院依照《中华人民共和国民事诉讼法》第一百零五条的规定，判决：

一、福建某有限公司赔偿因错误申请保全河北某有限公司58987775元给河北某有限公司造成的利息损失(利率按中国人民银行同期贷款利率计算2015年5月5日至2016年1月21日止);二、驳回河北某有限公司的其他诉讼请求。一审案件受理费38880元,由河北某有限公司负担9720元,福建某有限公司负担29160元。

二审中,福建某有限公司为支持其主张,提交了新证据。唐山市中级人民法院执行局《关于发放执行款一事的情况说明》证明执行法院已就2015年5月6日至2015年6月25日期间的执行款利息加倍计付。

本院二审查明的其他事实与原审一致。

本院认为:福建某有限公司在诉河北某有限公司债权转让合同纠纷(2015)石民三初字第00075号一案中,申请对河北某有限公司财产予以保全。石家庄市中级人民法院于2015年5月5日委托唐山市中级人民法院冻结了河北某有限公司另案执行款6000万元未予给付。后河北某有限公司请求变更保全标的物。石家庄市中级人民法院于2015年6月18日变更保全标的物为石家庄某成品油销售有限公司207097.31平方米国有土地使用权。2015年6月25日,唐山市中级人民法院将先前冻结的另案执行款支付河北某有限公司。对该债权转让合同纠纷,河北省高级人民法院于2016年1月6日作出(2015)冀民二终字第156号民事判决,驳回了福建某有限公司的诉讼请求。石家庄市中级人民法院于2016年1月21日解除了对河北某有限公司保全标的物的查封。根据河北省高级人民法院(2015)冀民二终字第156号民事判决结果,福建某有限公司在其与河北某有限公司的债权转让合同纠纷一案中错误申请保全,福建某有限公司应赔偿河北某有限公司因保全所遭受的损失。原审中,河北某有限公司提交了其与石家庄某成品油销售有限公司的协议、银行付款凭证等证据主张其损失数额,原审法院未予采纳,以福建某有限公司应当支付河北某有限公司的执行款延期支取期间的利息认定为河北某有限公司的损失,河北某有限公司对此未提出上诉,本院予以维持。但根据唐山市中级人民法院执行局《关于发放执行款一事的情况说明》记载,2015年5月6日至2015年6月25日期间河北某有限公司的执行款利息,执行法院已加倍计算并支付给河北某有限公司。因该执行款系因福建某有限公司申请保全而冻结,河北某有限公司已双倍受偿冻结期间的利息,对其损失已予弥补,故本院对河北某有限公司2015年5月6日至6月25日执行款冻结期间的损失主张,不再支持。

综上,依照《中华人民共和国民事诉讼法》第一百七十条第一款第(二)项之规定,判决如下:

一、撤销石家庄市中级人民法院(2016)冀01民初130号民事判决第一项、第二项,维持第三项;

二、福建某有限公司以58987775元为基数,自2015年6月26日起至2016年1月21日止,按中国人民银行同期贷款利率计算,赔偿河北某有限公司因错误申请保全造成的损失;

一审案件受理费负担不变。二审案件受理费29160元,由福建某有限公司负担。

本判决为终审判决。

（二）本案争点

诉讼保全错误造成权利人损失是否应当赔偿？

（三）实训任务

1. 一审原告起诉状

民事起诉状

原告：河北某有限公司，住所地河北省井陉县秀林镇××庄。

法定代表人：张某，该公司董事长。

被告：福建某有限公司，住所地福建省福清市龙江路×××号。

法定代表人：薛某，该公司董事长。

诉讼代理人：刘某，北京市某律师事务所律师。

诉讼请求

一、赔偿河北某有限公司因错误保全造成的经济损失 101 万元；

二、赔偿河北某有限公司间接经济损失 300 万元及律师费（金额按照判决确定赔偿数额的 10% 计算）；

三、诉讼费用由福建某有限公司承担。

事实和理由

福建某有限公司诉河北某有限公司债权转让合同纠纷一案，经石家庄市中级人民法院作出（2015）石民三初字第 00075 号民事判决，"驳回原告福建某有限公司的诉讼请求"。福建某有限公司不服，向河北省高级人民法院提出上诉，河北省高级人民法院作出（2015）冀民二终字第 156 号民事判决，"驳回上诉，维持原判"。

福建某有限公司于 2015 年 4 月 8 日向石家庄市中级人民申请财产保全，要求冻结河北某有限公司 60354984.4 元。石家庄市中级人民法院 2015 年 4 月 20 日作出（2015）石民三初字第 00075 号民事裁定书，裁定冻结河北某有限公司的银行存款 60354984.4 元或查封同等价值的其他财产。石家庄市中级人民法院委托唐山市中级人民法院协助对（2014）沧民再终字第 19 号判决执行款停止向河北某有限公司支付，故唐山市中级人民法院于 2015 年 5 月 6 日扣划福建某有限公司 6000 万元执行款至唐山市中级人民法院账户，未向河北某有限公司支付。河北某有限公司为解决资金压力，以石家庄某成品油销售有限公司的位于河北省井陉县的 207097.31 平方米土地作担保，石家庄市中级人民法院查封了石家庄某成品油销售有限公司的位于河北省井陉县的 207097.31 平方米土地，并解除了对 6000 万元执行款的查封。此后，唐山市中级人民法院于 2015 年 6 月 25 日、26 日分六笔将 5898777.5 元的执行款支付河北某有限公司。

被告的行为，滥用诉权，错误申请保全措施给原告造成巨大经济损失，根据民诉法规定应当予以赔偿，请贵院依法支持原告诉讼请求。

此致

石家庄市中级人民法院

具状人：河北某有限公司

2016 年 11 月 6 日

2. 答辩状

民事答辩状

答辩人：福建某有限公司，住所地福建省福清市龙江路×××号。

法定代表人：薛某，该公司董事长。

被答辩人（原审原告）：河北某有限公司，住所地河北省井陉县秀林镇××庄。

法定代表人：张某，该公司董事长。

因原告即被答辩人河北某有限公司诉保全措施错误一案，其诉讼请求和事实理由不能成立，特作答辩意见如下：

一、河北某有限公司称其为置换被查封的执行款6000万元，使用石家庄某成品油销售有限公司的土地而支出的使用费300万元，时间先后矛盾，用途不是担保费，不能成立。河北某有限公司主张所依据的《协议书》《河北某实业集团统一记账凭证》《某银行业务回单》显示的打款时间为2015年8月14日，且记账凭证上记载摘要："转成品油款"，以上并不能证明该300万元是河北某有限公司支付石家庄某成品油销售有限公司的担保使用费。

二、河北某有限公司主张的律师费损失，《律师风险代理合同》并不能证明河北某有限公司实际支出了律师费及数额。

三、唐山中院在扣划执行款时计算错误，河北某有限公司多收取执行款2749140元。应当予以退还答辩人。

四、福建某有限公司已对双方的债权转让合同纠纷向最高院提起再审申请，原一审、二审判决存有严重错误。

综上所述，河北某有限公司诉讼标的额严重超出实际损失，且在执行中多收取执行款项，生效的债权转让合同纠纷已经申请再审，请贵院依法中止审理，或在查清事实基础上予以判决。

此致

石家庄市中级人民法院

答辩人：福建某有限公司

2016年12月24日

3. 二审上诉状

民事上诉状

上诉人（原审被告）：福建某有限公司，住所地福建省福清市龙江路×××号。

法定代表人：薛某，该公司董事长。

被上诉人（原审原告）：河北某有限公司，住所地河北省井陉县秀林镇××庄。

法定代表人：张某，该公司董事长。

上诉人福建某有限公司因与被上诉人河北某有限公司因申请诉中财产保全损害责任纠纷一案，不服石家庄市中级人民法院（2016）冀01民初130号民事判决，依法提起上诉。

上诉请求

一、撤销石家庄市中级人民法院(2016)冀01民初130号民事判决;

二、改判驳回河北某有限公司全部诉讼请求;

三、河北某有限公司承担本案一审、二审诉讼费用。

事实和理由

一、一审判决认定事实错误。

河北某有限公司已于2015年6月26日收取全部执行款58987775元,且执行法院已经依据民事诉讼法及相关司法解释加倍计算了自2015年5月6日至2015年6月25日期间的利息。2016年1月6日,河北高院判决维持了石家庄中院(2015)石民三初字第00075号判决。在此情况下,河北某有限公司何时申请解除被保全的财产(土地),一审法院何时解除该财产(土地),均不是福建某有限公司所能控制的,也与福建某有限公司无关。河北某有限公司在2015年6月25日获得全额执行款后,再无任何证据证明存在任何损失,其提供的第三方名下的土地也不存在任何损失。一审判决以58987775元执行款数额为基数,计算河北某有限公司直至2016年1月21日的利息损失,无事实和法律依据。

二、一审法院超范围审理,应予纠正。

河北某有限公司起诉请求:1. 判决赔偿因错误保全造成的经济损失101万元;2. 赔偿间接经济损失300万元及律师费。河北某有限公司的计算方法是因福建某有限公司的诉讼保全导致唐山中院延迟向其发放执行款67日,按同期银行贷款利率两倍计算的被冻结期间利息损失101万元。一审法院判令福建某有限公司承担自2015年5月5日至2016年1月21日期间的利息损失,已超出河北某有限公司诉请。

三、一审判决关于河北某有限公司提供的证据不能证明其向石家庄某成品油销售有限公司支付了300万元担保使用费的认定正确。

四、福建某有限公司在申请诉讼保全时,担保人在担保书中明确,如申请错误,担保的范围为被申请人的直接损失,并不包括被申请人的间接损失。

五、石家庄中院于2016年1月27日已裁定解除对担保人担保房产的查封。

综上,一审判决认定事实不清,证据不足,存有严重错误,应依法予以撤销,请支持上诉人上诉请求。

此致

河北省高级人民法院

上诉人:福建某有限公司

2017年1月20日

4. 二审答辩状

上诉答辩状

答辩人:河北某有限公司,住所地河北省井陉县秀林镇××庄。

法定代表人:张某,该公司董事长。

被答辩人：福建某有限公司，住所地福建省福清市龙江路×××号。

法定代表人：薛某，该公司董事长。

因申请保全错误赔偿纠纷一案，上诉人不服一审判决提起上诉，答辩人认为上诉请求不能成立，提出以下意见：

一、一审判决认定事实清楚，证据充分。本案是福建某有限公司在诉讼中错误申请保全给河北某有限公司造成财产损失所致。2016 年 1 月 6 日，河北高院作出 (2015)冀民二终字第 156 号民事判决，维持了石家庄中院(2015)石民三初字第 00075 号民事判决，一、二审法院均依法驳回了福建某有限公司的诉讼请求。该案中，福建某有限公司错误申请保全，法院冻结了本应支付给河北某有限公司的 6000 万元执行款。尽管河北某有限公司后来通过置换保全财产的方式得到了被冻结的款项，但为此又提供了价值 7000 万元的土地使用权作为被保全的财产，这同样是因为福建某有限公司错误申请保全所致。该价值 7000 万元的土地使用权查封期间的财产损失，以福建某有限公司保全冻结金额及时间来认定，符合客观实际。

二、福建某有限公司以执行法院给付了河北某有限公司执行款来对抗本案错误申请保全的赔偿，不能成立。福建某有限公司之所以起诉进而申请保全，目的就是为了延缓法院支付河北某有限公司执行款，执行案件本身与本案没有任何关系，福建某有限公司的败诉已经印证了这一点。执行法院执行福建某有限公司的款项，法律依据明确，事实清楚，并无不当。

三、一审判决符合法定程序，不存在超范围审理的问题。河北某有限公司起诉请求的是因错误申请保全而造成的直接、间接损失 400 余万元，一审判决认定的损失计算依据和标准，没有超出河北某有限公司诉请范围。

四、一审判决适用法律得当。一审判决依据民事诉讼法有关规定，对福建某有限公司错误申请保全给河北某有限公司造成的损失进行判决，依法有据。福建某有限公司称错误申请保全导致的损失仅是直接损失，没有事实和法律依据。保全担保人应对错误申请保全给权利人造成的损失承担赔偿责任。

此致
河北省高级人民法院

答辩人：河北某有限公司

2017 年 1 月 9 日

三、如何撰写起诉状、答辩状

(一)如何撰写民事起诉状

1. 民事起诉状的基本内容

民事起诉状应包含下列内容：

(1)原告、被告基本情况。民事诉讼状的内容一般包含：原告、被告基本情况，诉讼请求，事实与理由，署名与时间。只要写清楚这四项内容就好了！

①自然人。原告、被告是自然人的，应写明姓名、性别、出生年月日、民族、工作单

位、户籍所在地或者经常居住地等基本情况。为便于联系，应要求当事人提供联系地址和电话，原告应当填写法律文书送达地址确认书。

个体工商户以营业执照上登记的业主为诉讼当事人。有字号的，应在诉状中注明字号。营业执照登记的业主与实际经营者不一致的，以业主和实际经营者为共同诉讼当事人。

劳动者与起有字号的个体工商户产生的劳动争议诉讼，以营业执照上登记的字号为当事人，但应同时注明该字号业主的自然情况。

个人合伙组织以全体合伙人为共同诉讼人，有字号的，应在诉状中注明字号。

原告明知被告下落不明的，应当在诉状中注明该情况，并尽可能提供被告的信息以及原户籍地。

原告明知被告被监禁、被劳动教养的，应当在诉状中注明该情况，并尽可能提供被监禁、被劳动教养的处所以及被告原户籍地。

②法人和其他组织。原告、被告是法人的，应写明单位名称、住所地。实际营业地与注册地不一致的，还应提供实际营业地址。

法人非法设立的分支机构，或者虽依法设立，但没有领取营业执照的分支机构，以设立该分支机构的法人为当事人。

法人依法设立并领取营业执照的分支机构或分公司属于《民事诉讼法》规定的"其他组织"，具备诉讼主体资格。

（2）诉讼请求。诉讼请求是民事纠纷当事人通过人民法院向对方当事人所主张的具体权利，在起诉状中表现为原告请求法院审理的具体事项。诉讼请求的提出应当明确、合法、具体，应根据事实和法律，慎重、周密地提出请求，切忌含糊、笼统，更不可无视事实和法律提出无理或非法的要求。

（3）事实与理由。事实和理由是民事起诉状的核心部分，是请求人民法院裁决当事人之间权益纠纷和争议的重要依据。首先，应针对诉讼请求，全面、客观、详细地阐明当事人双方争议的事实或被告侵权的事实。主要写清当事人之间的法律关系，双方纠纷的发生和发展情况，当事人之间争执的主要焦点和双方对民事权益争执的具体内容，与案件有直接关联的客观情况和实质性分歧意见。然后，依据事实，分析出双方纠纷的性质，被告所应承担的责任；根据有关法律规定阐明理由，分清是非责任，以论证其诉讼请求的合情、合理、合法。

（4）署名与时间。诉讼应由原告签名或盖章，并签署时间。

原告授权他人代为起诉的，必须有明确的代为起诉的授权，但诉状上仍需有原告的署名。

诉讼上签署的时间与实际递交诉状时间不一致的，原告应注明实际递交的时间，以实际递交诉状的时间为正式起诉时间。

2. 民事起诉状的基本格式

民事起诉状

原告：姓名，性别，出生年月，民族，住址（具体到省市县小区楼号单元房号），身份证号码，联系电话。

被告：姓名，性别，出生年月，民族，住址（具体到省市县小区楼号单元房号），身份证号码，联系电话。

第三人：姓名，性别，出生年月，民族，住址（具体到省市县小区楼号单元房号），身份证号码，联系电话。

诉讼请求：（根据司法请求保护内容要具体）

一、……

二、……

三、……

事实与理由：

层次分配：已存在民事法律关系基本情况；

发生权益争议的事实情况；

说明理由和依据；

此致

××人民法院

具状人：

年　月　日

（二）如何撰写答辩状

1. 答辩状的写法

答辩状篇幅不必过长，但必须抓住重点，特别是抓住起诉状中那些与事实不符、证据不足、缺少法律依据的内容，进行系统辩驳，以利于法院在审理时判明原告诉讼请求是否符合事实，是否有法律依据，从而作出正确的裁判。

2. 答辩状的格式

<h3 align="center">民事答辩状</h3>

答辩人：姓名，性别，出生年月，民族，住址（具体到省市县小区楼号单元房号），身份证号码，联系电话。

如果答辩人是法人：

被答辩人名称：　　　　　住所地：　　　　　统一信用代码：

法定代表人姓名：　　　　职务：　　　　　电话：

答辩人因×××纠纷一案，因原告（被答辩人）起诉事实理由和诉讼请求与客观实际不符，提出答辩如下：

……（针对原告起诉状内容有针对性地答辩）

……（案件的客观事实是什么，有无起诉状中没有的可以作为答辩的内容）

此致

××人民法院

答辩人：

时间：　年　月　日

（三）研习案例

1. 案情概况

秦某（女，汉族，某年某月某日生，住某市某区某路某号某房），2011年4月经人介绍与陈某（男，汉族，某年某月某日生，住某市某区某路某号某房）相识，见过一面后，印象不错，在亲朋好友的撮合下，于同年5月8日确定恋爱关系，2011年11月6日登记结婚。2012年10月9日生下儿子。结婚后，二人与陈某父母一起居住，秦某与婆婆关系一般，后经常吵架，每遇到这种情况，陈某就打骂秦某，秦某也借此带儿子回娘家居住。2013年12月陈某调动到了郊县公司工作，回家次数减少，除了回家看看儿子，夫妻间也少了亲近。2018年5月，陈某计划买房子，秦某到娘家借款10万，两人凑了40万元交了首付，购买了位于市区某小区1栋2单元301室，每月按揭还款2610元。2018年12月，夫妻二人搬到新房与陈某父母分开居住。但是陈某工作越来越忙，经常加班不回家。秦某虽然与婆婆关系逐渐改善，但与陈某夫妻关系日趋冷淡。秦某听人说陈某经常和一女子在一起，心里不是滋味，有时跟踪陈某，翻看陈某手机。陈某知道后很生气，就打了秦某，夫妻关系恶化。秦某一心抚养儿子，陈某借口在单位居住，长年不归家，夫妻冷战。秦某一日感冒发烧，打电话给陈某，陈某不接电话，后由邻居送至医院，诊断为肺炎，秦某妹妹陪床住院治疗，一周后出院。秦某决心与陈某离婚。

2. 本案争点

秦某与陈某夫妻感情是否破裂？诉讼请求是什么？

3. 实训任务

（1）请你为秦某代书一份离婚起诉状。

（2）请你为陈某针对秦某起诉状代书答辩状。

四、管辖权异议

管辖权异议是指人民法院受理案件以后，当事人认为该法院对本案没有管辖权，向受理的法院提出的不服管辖的意见，请求将案件移交有管辖权的人民法院审理的行为。

《民事诉讼法》规定："人民法院受理案件后，当事人对管辖权有异议的，应当在提交答辩状期间提出。人民法院对当事人提出的异议，应当审查。异议成立的，裁定将案件移送有管辖权的人民法院；异议不成立的，裁定驳回。"

在民、商事纠纷案件中，管辖权异议的案件不断增多，管辖权异议案件处理对保护当事人的合法权益，维护人民法院公正司法意义重大。

（一）管辖权异议的条件

（1）管辖权异议必须由当事人提出。一般情况下，提出管辖权异议的当事人是被告。由于受诉法院是原告起诉时选定的，因而原告提出管辖权异议的情况一般不存在。被告参加诉讼受法院通知，故管辖权异议由被告提出。

（2）管辖权异议必须在提交答辩状期间提出。《民事诉讼法》规定，当事人对管辖权有异议的，应当在提交答辩状期间提出。被告提出管辖权异议期间，是被告收到应诉通知书之日起十五日内，超过此期限，被告不提出管辖权异议的，应视为无异议或放弃异议权。

（3）辖权异议只能在第一审中提出。一审期间，当事人没有提出管辖权异议，就等于放弃了这种权利，在案件实体审理完毕后，二审再提出管辖权异议，会造成司法资源的浪费，影响审判效率。

(4)提出管辖权异议方式。当事人提出管辖权异议的方式，一般为书面形式。

受诉人民法院接受当事人异议后，应当停止对案件的实体审理，依法对当事人提出的异议进行审查。对人民法院就管辖权异议所作的裁定，当事人可以提出上诉。

(二)引例

1. 案情概况

2018年2月，某机械设备有限公司与某铁合金有限公司签订一份供货合同，约定某机械设备有限公司向某铁合金有限公司提供一套价值80万元的机器设备，交货地为乙方公司，交货时间为2018年6月底，某铁合金有限公司在收到机器设备后10日内付清货款。如双方在合同履行中发生纠纷，可向各自所在地法院起诉。

合同签订后，某机械设备有限公司向某铁合金有限公司提供机器设备比合同约定时间晚了2个月，某铁合金有限公司以某机械设备有限公司违约为由拒付货款。某机械设备有限公司遂依据合同约定，向某机械设备有限公司所在地法院提起诉讼，要求某铁合金有限公司支付货款及违约金。某铁合金有限公司在对甲法院提出管辖权异议的同时，向某铁合金有限公司所在地法院提起诉讼，要求某机械设备有限公司赔偿因迟延供货造成某铁合金有限公司不能及时投产而带来的经济损失。某机械设备有限公司以乙法院立案在后为由，向乙法院提出管辖权异议，要求乙法院将案件移送到甲法院合并审理。

2. 本案争点

某机械设备有限公司所在地法院对本案有无管辖权？

3. 实训任务

撰写管辖权异议申请书。

管辖权异议申请书

申请人：某铁合金有限公司，住所地故城县××街×号。

法定代表人：李某，该公司总经理。

被申请人：某机械设备有限公司，住所地清江县××商厦×楼。

法定代表人：张某，该公司执行董事。

申请事项

甲法院对被申请人起诉申请人合同纠纷案件无管辖权，依法将本案移送乙法院审理。

事实和理由

一、申请人与被申请人公司在合同中约定各自法院管辖的约定无效。法律规定："合同的双方当事人选择管辖的协议不明确或者选择民事诉讼法第三十四条规定的人民法院中的两个以上人民法院管辖的，选择管辖的协议无效"。合同的双方当事人可以在书面合同中协议选择被告住所地、合同履行地、合同签订地、原告住所地、标的物所在地人民法院管辖。协议管辖选择是唯一的，当事人约定选择两个以上人民法院管辖的无效，故合同约定对双方当事人没有约束力。

二、根据《民事诉讼法》第二十三条规定："因合同纠纷提起的诉讼，由被告住所地或者合同履行地人民法院管辖。"本案中，甲、乙公司因合同纠纷发生诉讼，申请人公司作为合同约定的交货地，依法应认定为合同的履行地，又是被申请人公司所提诉讼的被告住所地，甲法院行使管辖权依法有据。特申请贵院将本案移送甲法院。

此致
乙法院

申请人：某机械设备有限公司

2018 年 11 月 5 日

（三）研习案例

1. 案情概况

2014 年 11 月 11 日，南京市江宁区市民柳文（化名）利用电商"光棍节"促销机会，在某电商平台一家店铺购得一双鞋子。位于上海市宝山区的网店的经营公司（以下简称"上海公司"）通过快递方式将鞋子寄送至柳文位于南京市江宁区将军大道某小区的家中。

柳文签收后，打开包裹一看，发现鞋子严重脱胶，质量低劣，于是要求退货。可是上海公司认为柳文已经对货物予以签收，拒不退货。于是，柳文以上海公司出售假冒及不合格商品为由将其诉至南京市江宁区法院，要求法院判令上海公司退付货款并支付三倍货款赔偿金和交通费、误工费、通信费等各项费用。柳文同时要求，被告某网络有限公司（某电商平台的实际经营者）对此承担连带责任。

某网络有限公司、上海公司在向南京市江宁区法院递交答辩状时，对此案提出了管辖权异议。

2. 本案争点

3. 实训任务

请你为某网络有限公司起草一份管辖权异议申请书。

五、如何撰写再审申请书

（一）引例

民事再审申请书

再审申请人（一审被告、二审被上诉人）：河北省灵寿县某村委会，住所地灵寿县××村××街×排×号。

法定代表人：刘某，该村委会主任。

被申请人（一审原告、二审上诉人）：罗某，女，1958 年 12 月 9 日出生，汉族，住灵寿县某村。

因不当得利纠纷一案，申请人灵寿县某村委会不服石家庄市中级人民法院（2020）01 民终 285 号民事判决书，依法申请再审。

再审请求事项

一、决定对石家庄市中级人民法院（2020）01 民终 285 号民事判决书再审

二、撤销石家庄市中级人民法院(2020)冀01民终285号民事判决书，改判维持灵寿县人民法院(2019)冀0126民初924号民事判决书

三、诉讼费用由被申请人承担

事实和理由

一、石家庄市中级人民法院(2020)冀01民终285号民事判决书认定的基本事实缺乏证据证明

该终审判决认定当事人之间纠纷是合同履行纠纷，进而错误地将没有确权的宅迁安置补偿不当得利纠纷以合同纠纷案件进行审理，在没有证据证明情况下，简单认定合同履行性质，无视当事人争议实质，进而判决申请人赔偿1126540元，实属错误。

(一)被申请人在一审诉讼请求以不当得利请求申请人返还财产，所提供的证据只能证明其作为申请人村民，在拆迁安置补偿中应得利益的事实，被申请人对其一审诉讼请求没有提供权属证据加以证明，一审判决予以驳回，正确无误。二审判决将当事人诉讼请求及事实进行改变，否定基础法律关系事实，将该案件确定为合同履行纠纷，判决错误。本案的事实是申请人作为村集体的管理组织，配合县政府的棚户区改造，对拆迁范围内的集体土地上的住宅或者适用范围内的宅基地进行拆迁安置补偿，征收主体是县政府，安置补偿费也是征收实施主体进行，申请人没有取得任何征收利益。被申请人作为申请人村民，在案件中以不当得利主张其宅基地拆迁补偿权益，其提交的证据均包含宅基地发放和使用事实，根据宅基地管理规定，村集体保证村民宅基地使用权有严格的程序和要求，凡涉及村民宅基地确权属于行政确权范畴，该终审判决将没有确权的所谓空闲地一块作为合同履行标的物加以认定，同时认定被申请人母亲生前使用的村内空闲地为宅基地性质，进而确定为被申请人的财产权，没有法律依据。

(二)被申请人在一、二审诉讼中主张的180平方米宅基地及1126540万元没有证据证明。该终审判决以合同履行纠纷审理此案已经错误，判决申请人赔偿更加荒唐。被申请人提交，同时被终审判决认定为"承诺书""三方协议"的材料，竟然在判决中被进行了证据名称更换。首先1989年3月16日加盖申请人村公章的材料，没有也不存在"承诺书"字样，请问终审判决如何得出该材料名称为"承诺书"？其次该材料中仅说明"房西圈坑一个"和"宅基东边空地一块"，没有说明具体面积。该证据材料明确将该集体土地使用权收回，进而说明为被申请人母子安排新宅基一处，没有其他内容。这仅是一份集体土地使用权收回及新宅基地安排的意向，具体落实按照村内规划进行，关于宅基地发放是村民利益保护的问题，绝对不是简单的合同关系。不仅如此，该证据材料中没有具体的约定面积、位置等内容，根本无法履行。事实上，被申请人主张的圈坑所占土地，在2018年某区拆迁时，依被申请人罗某之夫申请，经灵寿县灵寿镇人民政府、灵寿县国土资源局审核，后由灵寿县人民政府征收，并对其进行了安置补偿。事实上1989年3月16日证据材料涉及的圈坑及空闲地等也未收回村集体。

(三)该终审判决以1994年灵寿县人民法院(1994)年灵行再字第1号行政判决认

定本案 1989 年 3 月 16 日申请人加盖公章的证据材料，作为本案认定事实错误。首先这份行政判决不是关于被申请人宅基地行政确权的认定，是因为被申请人与他人发生矛盾进而行政机关在行政处罚决定中对违法建筑行为进行的认定。同时该判决中也没有所谓"承诺书"的称谓，也不能证明被申请人请求的宅基地就是涉案集体土地，实际上该行政判决书中争议的土地使用权根本不在本案争议土地范围之内，该终审判决采信该证据就是在混淆事实。

（四）2005 年 11 月 30 日"三方认定书"，是在村民宅基地调整及方便村民的情况下制定的，目的是对被申请人范某宅基地交旧换新，解决罗某一家出行不方便的问题。事实上对于范某地基交旧换新，"三方认定书"里设定了明确的条件，"村委只要有了地基优先给其安排两处"是申请人为其安排新宅基的条件，同时该认定书中其他事项已完成。该终审判决认定三方认定书是合同，且合法有效是错误的。事实上，三方认定书为解决罗某一家出行困难，经范某同意已经进行了落实。而在这次拆迁安置补偿中，范某名义下的宅基地补偿均已补偿被申请人。如果按照该终审判决认定此证据为合同的话，也应该判决申请人履行合同才合情合理。

（五）该终审判决认定 181.7 平方米及赔偿 1126540 元没有证据证明。民事判决认定事实应当有证据证明，对于本案中被申请人主张 181.7 平方米宅基地使用权面积没有证据证明，更没有任何行政机关确权认定，申请人也从未确定过该土地面积。被申请人在诉讼中主张他人已经确权宅基地应得拆迁安置补偿费，更是无法理解。那么该终审判决又是如何得出被申请人所谓宅基地面积的呢？同时，该终审判决认定给付赔偿款数额更无证据证明，每平方米 6200 元价格依据是什么，从何而来，如何认定，均没有判断认定依据。面积和价格确定是案件的主要事实，却没有证据证明，该终审判决认定错误不可避免。

（六）该终审判决认定村集体为村民交换、安排宅基地是等价交换是混淆了法律关系及性质，同时认定申请人村已经拆迁，没有证据证明。对于村民取得宅基地保障是村民的一项权益，不是按照宅基地价值衡量的，因为集体宅基地对村民是保障，既不能单纯买卖，也不能单纯继承，该判决把村民宅基地发放及交旧换新认定为等价交换，没有任何事实和法律依据。同时申请人村被列入棚户区改造区域只是老村区的一部分，申请人仍然有大量集体土地和村落存在，该终审判决错误认定的这一事实不存在。

二、石家庄市中级人民法院（2020）冀 01 民终 285 号民事判决书错误认定案件性质，混淆法律关系

该终审判决以合同履行纠纷进行审理并据此判决，是对法律关系的错误理解。首先从被申请人的身份来看，他们均是已故母亲范某的女儿。从其诉讼请求分析，他们是以其母亲生前是否应分得宅基地的权利为基础进行权利主张的。从其提供的证据看，所提供的证据均是其母亲与村委会及其他村民关于宅基地交旧换新的事实材料，被申请人均不是该证据材料载明权利的相对人，也没有涉及被申请人的民事权利，事实上所谓承诺书还是三方认定书，申请人均未落实收回被申请人母亲范某使用的集体空闲地。由此得出结论，被申请人实质上是以继承人身份主张母亲生前遗留的财产权

利。但是证据证明案涉宅基地均属空闲地，即便认定宅基地也因为其母亲去世不再使用，应当收回集体，单纯的宅基地不能作为遗产进行继承，且在该空闲地上没有任何建筑物，被申请人诉讼请求没有事实和法律依据。该终审判决把案件性质混淆为合同关系，进而认定合同权利义务关系，是错误的，而根据合同相对性以及合同标的物的可继承性，该判决同样是错误的。

三、石家庄市中级人民法院(2020)冀01民终285号民事判决书超出当事人诉讼请求

被申请人一审诉讼请求为"判决被告将划转给第三人罗某和罗某1的两块宅基地收回返还原告；如果无法收回则根据每平方米6200元的标准向原告支付补偿金1126540元"。而该终审判决申请人给付被申请人1126540元，没有说明款项性质，故意混淆。该诉讼请求在诉讼过程中从未变更过。而该终审判决却将两块宅基地使用权属作为商品判决认定，把约定交旧换新认定为等价交换，把证据材料中申请人交旧换新后安排新宅基地的意思表示和条件进行篡改，肆意改变。审理中不核实被申请人母亲范某是否履行交旧换新的事实。该证据内容涉及宅基地使用条件，宅基地使用权的权利主体是村集体组织成员，具有村民的人身属性，所有权属于村集体。被申请人母亲范某在世时，涉案第二块土地是村集体空闲地，但范某于2006年7月12日去世前，从未取得该土地为其宅基地确权。

被申请人母亲范某是不是涉案空闲地使用权人，也因其死后不能再享有，更不能作为可继承遗产处理。实际上在某区拆迁时，涉案第一块地经灵寿县人民政府依法征收，确权在罗某名下，且按照安置补偿方案进行了安置补偿，权属明确。涉案第二块地，范某一直没有交回村集体，交旧换新没有进行，被申请人已经取得该涉案土地补偿的相关权益。

四、石家庄市中级人民法院(2020)冀01民终285号民事判决书认定事实的主要证据未经质证

在被申请人没有提供任何权属证明的情况下，错误认定申请人收回了被申请人母亲的空闲地，即本案诉争的180平方米宅基地。事实上被申请人在一、二审庭审过程中，未提交其享有集体土地面积的证据，也未提交补偿价格的证据。如果被申请人在二审期间提交了所谓证据，二审法院也未在庭审时进行质证。而终审判决在没有证据证明，也未进行质证的情况下，将本案主要事实主观认定，严重违反了未经质证的证据不得作为定案依据的法律规定。该终审判决主观认定宅基地面积181.7平方米、价格每平方米6200元的赔偿标准，严重违反法定程序。

五、石家庄市中级人民法院(2020)冀01民终285号民事判决书适用法律确有错误

本案的发生是申请人村部分区域棚户区改造产生拆迁安置补偿所导致，被申请人以村民拥有的宅基地使用权请求补偿，是明显的宅基地拆迁补偿权益纠纷。本案中，被申请人主张依据是没有经过确权的集体空闲地，提供的证据均证明了被申请人的母亲范某是申请人村的村民，其生前是否得到了宅基地并在该宅基地上修建住房，是否在棚户区改造土地范围内存有自己住房，才是确定法律关系的基础。对于已经去世的

村民是否在生前应当分得宅基地，根本不是继承人应当主张的主要权益。该终审判决混淆法律关系和性质，以合同法认定已经去世村民生前是否应得宅基地权益，进而对继承人继承合同权利进行判决，实属适用法律错误。

综上，石家庄市中级人民法院(2020)冀01民终285号民事判决书认定主要事实无证据证明，违反法定程序，适用法律错误，严重违反法律严肃与公正，特此申请，请贵院决定再审并依法撤销该判决，改判维持灵寿县人民法院(2019)冀0126民初924号民事判决。

此致
河北省高级人民法院

申请人：河北省某村委会

(二)实训任务

再审申请书的写法和技巧？

项目三 质 证

一、实训目的

质证是民事诉讼中必不可少的环节和程序，《民事诉讼法》规定，未经质证的证据，不得作为定案的依据。在民事诉讼中如何提高证据的判断能力，是司法实务的重要任务。本节实训主要通过对质证的一般规则运用，特别是对对方当事人提供的证据进行证明力有无、大小的判断，确定证据证明的案件事实是否真实存在。通过实训，让学生了解如何进行证据质证程序把握以及证据评价判断，提高在民事诉讼中的证据运用能力。

二、如何质证

(一)质证的顺序

最高人民法院发布了《最高人民法院关于加强和规范裁判文书释法说理的指导意见》(法发〔2018〕10号)，提到"裁判文书中对证据的认定，应当结合诉讼各方举证质证以及法庭调查核实证据等情况，根据证据规则，运用逻辑推理和经验法则，必要时使用推定和司法认知等方法，围绕证据的关联性、合法性和真实性进行全面、客观、公正的审查判断，阐明证据采纳和采信的理由。"可见，在质证中，关联性排在首位，其次是合法性，最后是真实性。对于当事人提供或者法庭调取的证据，在质证中，首先应当分析证据与待证事实是否相关，如果不具有关联性，则提出异议；其次进一步分析证据是否具有合法性，如果不具有合法性，则提出这方面的异议；最后进一步分析证据是否具有真实性。关联性放在首位，是因为关联性是证据的首要资格条件，将无关联的证据予以排除，可缩小法庭调查的范围，保证诉讼效率。

证据能力的判断涉及证据的关联性、合法性，证明力的判断涉及证据的真实性、相关性。故而，我们在发表质证意见时，也应当按照关联性、合法性、真实性这样的次序展开。

除了对证据的"三性"质证外，还需要对证据证明力进行质证。《最高人民法院关于适用〈中华人民共和国民事诉讼法〉的解释》（以下简称《民诉法解释》）第一百零四条第一款："人民法院应当组织当事人围绕证据的真实性、合法性以及与待证事实的关联性进行质证，并针对证据有无证明力和证明力大小进行说明和辩论。"当事人要对证据证明力进行质证，这是司法解释的要求。

证据的关联性、合法性和真实性是证据的属性和特征，是证据作为认定案件事实依据的基础，是证据质证首先需要解决的问题。在诉讼材料符合证据属性要求的前提下，能否真正发挥对待证事实的证明作用，法庭需要对证据的证明力进行考察，律师质证能起到提示、引导的效果。

（二）质证的内容

质证的内容是指质证主体即当事人对证据进行质证时所涉及的范围，实际是质疑和辩驳证据能力和证明力问题。对于不具备关联性、合法性的证据，应当通过质证排除其证据资格；对于具备关联性、合法性的证据，还应当从证据的真实性、相关性两个方面通过质证动摇其证明力。

质证意见常见表达类型如下：

（1）无异议，对证据的真实性、合法性与关联性均没有争议。

（2）是否属于新的证据异议，认为证据的提供超过了举证期限，是失权证据。

（3）真实性异议，认为证据非原件、原物或与原件、原物不符。

（4）关联性异议，认为待证事实与本案争议的事实不相关。

（5）合法性异议，认为证据的形式、来源不符合法律规定或者认为证人、向当事人提供证据的人与该当事人存在利害关系等。

（6）证明力异议，认为对方提供的证据没有证明效力，不能证明对方的证明目的或者证明力较弱。

（三）质证的方式

质证是指当事人、诉讼代理人及第三人在法庭的主持下，对对方当事人及第三人提出的证据就其关联性、合法性、真实性及证明力大小予以说明和质辩的过程。质证是在开庭审理的法庭调查阶段，一方当事人在法庭上出示证据，另一方当事人进行质证的过程。

在法庭审理前的准备阶段，特别是证据交换时，对另一方提交的证据发表过质证意见的，视为已经质证。

质证的方式如同证人作证的方式，适用直接言词原则。直接原则是指法官必须与诉讼参与人直接接触，直接审查有关案件事实材料和证据；言词原则是指法庭审理必须以口头陈述的方式进行，法官以口头的形式进行询问、调查，当事人、诉讼代理人及其他诉讼参与人也需口头陈述、质辩。

质证意见务必做到观点明确、语气利落、表达简练。对对方所出示的证据有无异议、哪方面有异议，不能含糊不清；语气要干脆利落，不能犹犹豫豫，语言应言简意赅。

三、引例

（一）案情概况

2018 年开始，张某陆续向某板材厂送板皮，货款由孙某支付。2019 年 4 月 1 日张某又送来板皮，孙某兄弟孙某 1 出具了收货条，载明夹心皮货款 236000 元。2019 年 4 月 1 日、同年 9 月 7 日，孙某向张某银行卡存款 55000 元、9000 元。张某只认可 9000 元是偿付的货款，认为另 55000 元是偿付以前的货款。2020 年 4 月 7 日，张某诉至法院，要求两被告支付所欠货款 227000 元及利息。

（二）本案争点

55000 元是否用于偿还涉案货款？

（三）实训任务

对孙某证据提出质证意见。

原告方：

银行存款凭条是银行向存款人出具的证明银行与存款人之间双方发生交易的业务凭据，不是由张某向被上诉人孙某出具的收款条，该存款凭条只能证明存款人孙某于 2019 年 4 月 1 日向张某银行卡存款 55000 元的事实，不能证明该笔存款的用途即是否用于偿还货款，更不能证明该笔存款是用于偿还哪笔货款中的欠款，即银行存款凭条本身不能证明与本案中的货款存在关联性，孙某在提供银行存款凭条后，仍需继续提供证据证实该银行存款凭条与本案货款存在关联性。举证责任不发生转移，即不应由上诉人举证证明之前发生了业务，此存款是偿还之前的货款，从而要求张某提供之前的债权凭证，因此时之前的债权凭证因偿付完货款而销毁。诉讼期间，孙某仅提供了银行存款凭条，未能继续举证该银行存款凭条与本案货款存在关联性，故该证据不符合民事诉讼证据的客观性、合法性、关联性中关联性的要求。另外，孙某认可与张某在 2016 年开始发生了多次买卖板皮业务关系，存在本次银行存款是偿付之前货款的可能性，孙某采用银行汇款只取得银行出具的存款凭条，未更改其与张某之间的债权凭证这种交易方式，应自行负担法律后果。

被告方：

首先，关于证据的关联性。证据只要存在证明待证事实的可能，就足以构成具有关联性的理由，法律并不要求这一证据有较大的证明力。银行存款凭条具有证明支付涉案货款的可能，至少无法排除这种可能，故不能说银行存款凭条不具有关联性。

其次，关于证据的证明力。本案中，被告并未认可之前尚有货款拖欠原告，在原告没有提供证据证明之前尚有货款未了结的情况下，根据一般社会生活经验判断，被告提供银行存款凭条证明该款用于支付涉案货款，具有证明力，而且能够证明待证事实的存在。

如果被告认可还拖欠原告之前货款，或原告能够提供证据证实，则被告的证据虽具有关联性，但与待证事实之间相关性很弱，证明力不足。按照法理规则，在债务人对同一债权人负有数笔债务的情况下，应当按照债务到期的先后顺序抵充。

四、研习案例

请你选择综合研习案例中任何一个案件，编制证据目录并拟写出质证意见。

项目四　代　理　词

一、实训目的

《民事诉讼法》依法保护当事人的辩论权，要求律师在代理民事诉讼中在庭审按照法定程序，针对法庭调查中的案件事实、诉讼请求、证据、法律依据等发表辩论意见以维护当事人的合法权益，为法官审理查明事实、适用法律提供参考，有效限制自由裁量权。律师在庭审结束后要向合议庭提交书面代理词，使庭审辩论意见书面化固定化。因此代理词撰写就成为了律师业务中的重要组成部分。本单元通过实训培养学生书写能力和综合运用证据能力，使学生能够结合庭审调查的证据和争议焦点，系统阐述观点和主张，以及提高辩驳、判断和表述能力。

二、代理词格式

代理词由首部、前言、代理意见和尾部四部分组成。

1. 首部

包括标题、称谓，在文书上部正中写明"代理词"，另起一行顶格写"审判长、审判员（人民陪审员）"。文书名称比正文字体大一号。

2. 前言

简要说明担任代理人的法律依据，即受单位指派或受何人委托担任本案何方当事人的诉讼代理人，代理权限，开庭前所作的调查工作，表明对本案的基本看法和代理意见要点。

3. 代理意见

这是代理词的重点。代理意见是被代理人意图的真实反映，是对其诉状或答辩书内容的补充和完善。基本写法是根据被代理人的合法行为或合法权益事实，利用证据和援引民事实体法、法规、政策或《民事诉讼法》的有关规定，对当事人双方产生纠纷的原因、争执焦点进行具体、深入分析；在分清是非和责任的基础上，向法庭提出请求，以维护被代理人的正当权益。要求论点鲜明，论据充分，论证严密，语言朴实、生动。从表达方式上看，应采用议论的方式，分点论述，每段的第一句应为本段的中心论点，也应为整个代理词的分论点。

4. 尾部

包括结束语、致送法院名称、诉讼代理人签名或盖章。结束语应总括归纳正文的观点，重申诉讼请求。

三、引例

代　理　词

尊敬的审判长、审判员、人民陪审员：

根据法律规定，××律师事务所接受 S 化工科技有限公司的委托，并指派我担任诉讼代理人，对于本案双方争议的事实和请求，在法庭调查中基本上能够明确。本着实事求是原则，现就合议庭确定的焦点问题发表辩论意见如下：

一、关于本案争议的基础"合同"的性质

在原告本诉中主张工程款项依据的是双方签订的 PC 合同，对于该 PC 合同需要明确，这是当事人为了实施已经签订的 EPC 协议，按照原告的指示进行了形式上的分拆结果，该合同只是形式上，不是双方真实实施履行的合同。2016 年 6 月，原告 G 化工股份有限责任公司向 S 化工科技有限公司推介该化工项目，该项目技术是 G 化工股份有限责任公司大力推广的技术，其具有上市公司背景和技术优势，双方签订了 20 万吨煤焦油加氢升级改造项目 EPC 框架协议，原告作为该升级项目总承包。在具体实施该项目时，原告对该项目的投资数额进行加大，因为该项目技术是由原告负责的，原告要求将项目分为两部分，仍由其管理负责。原告将该项目的 E 部分即涉及部分交给其利益关联公司承担，自己承担 PC 部分即采购、安装工程。S 化工科技有限公司按照 G 化工股份有限责任公司要求和指示在其做好的合同书上盖章签字。事实上，G 化工股份有限责任公司依然按照原 EPC 约定对项目进行管理并收取管理费，而该工程由最初承诺投资额 7 千万元，逐渐追加到 2.5 亿元。项目中交后，原告根本无法实现其技术的许诺。在这里需要说明，原告的代理人一直强调双方签订了 PC 合同，其他合同与其无关，而事实上在形式上确实存在这份 PC 合同，也显示出原 EPC 合同失效字样，这也恰恰说明原告分拆 EPC 合同的形式与本诉原告目的。本代理人仔细查阅了承担本案项目设计单位股东及股权结构，以及 G 化工股份有限责任公司的股东及股权，设计公司法定代表人或持股人，也是 G 化工股份有限责任公司法人股东公司的法定代表人，这也就是说，G 化工股份有限责任公司将 EPC 合同通过关联公司的运作进行了分拆，为了该升级项目改造，在 G 化工股份有限责任公司的安排下，S 化工科技有限公司进行了全面的配合履行形式上的合同改变。在 S 化工科技有限公司提供的证据以及 G 化工股份有限责任公司提供的证据中，特别是来往信件、邮件中，G 化工股份有限责任公司也经常明确本案项目的 EPC 性质。同时在 2016 年、2018 年的 G 化工股份有限责任公司的公开年报中，都明确了与 S 化工科技有限公司合作实施的是 EPC 项目，这不是误写，而是 G 化工股份有限责任公司对该项目性质和形式上的确认。在 G 化工股份有限责任公司的诉讼请求中的 2.6% 管理费，实质上在 EPC 合同中也有明确约定，如果不是总承包的 EPC 合同，就不可能在 PC 中体现出来。因此形式上的 PC 合同不能否定实质上的 EPC 合同。

二、当事人双方没有进行结算，没有确定最终工程款数额，S 化工科技有限公司没有违约行为，不承担违约责任

本诉原告以 PC 合同条款主张违约责任，虽然该合同中有相应约定，但是其主张的工程款一直没有进行结算，在工程中交以后，因涉及土建部分的工程一致存在重大争议，在 G 化工股份有限责任公司向 S 化工科技有限公司寄送结算报告后，S 化工科技有限公司表示异议，并三次通过邮件通知 G 化工股份有限责任公司派人到项目现

场地点核实工程量并结算工程款，但是 G 化工股份有限责任公司一直拒绝共同结算，没有结算工程款的情况，S 化工科技有限公司也一直在不断支付部分工程款，就在原告起诉后，S 化工科技有限公司没有得到法院送达的起诉状副本前依然支付了 G 化工股份有限责任公司 130 万元。不仅如此，合同约定了在工程验收或正式投产后 6 个月或 3 个月，支付工程款的时间、比例约定。但是因本工程没有进行竣工验收，也没有正式投产。因此迟延支付工程的违约条件没有达成，自然也就不构成违约，违约金请求不成立。假如存在违约行为的话，G 化工股份有限责任公司在主张工程款利息的情况下，违约金数额过高了，因为违约金具有对经济损失的弥补补偿性质，按照最高院司法解释规定，应当以经济损失的 30% 计算，才合情合理。

三、G 化工股份有限责任公司工程严重延误工期，导致 S 化工科技有限公司不能正常投产，造成经济损失。

双方自 2016 年 6 月 28 日签订 EPC 合同后，又于 2016 年 12 月按照 G 化工股份有限责任公司安排签订了形式上分拆合同，直到 2018 年 12 月，G 化工股份有限责任公司才完成中交，时间延期一年多之久，不仅如此，在中交完成后，工程不能进行竣工验收，试运行更是时断时续。工程质量存在严重问题，导致投产工期一延再延，经核算因 G 化工股份有限责任公司原因导致工期延误 150 余天，按照每天生产 380 吨计算，利润每吨 656 元，日总收入减去原料、人员、电耗、资产折旧等计算，S 化工科技有限公司因此造成损失达 3750 万元。

四、G 化工股份有限责任公司工程质量存在严重问题，至今不能解决

在工程施工过程中，G 化工股份有限责任公司的卡兰设备安装出现严重问题，且不及时维修，导致工期延误外，S 化工科技有限公司不得已自行委托第三方维修并支付维修款，虽然进行过维修，但卡兰仍存在质量问题无法解决。工程中的重要设备出现氢闪爆问题，至今不能解决，严重影响了 S 化工科技有限公司的生产并给其造成了经济损失。

综上，本诉原告的诉讼请求证据不充分，双方本着实事求是的原则，公平对账，确定工程款数额。反诉被告给反诉原告造成的经济损失予以赔偿，以上意见请合议庭评议时充分考虑。

××律师事务所某律师

2020 年 7 月 8 日

四、研习案例

（一）案情概况

请从本书提供的综合研习案例中任选一个。

（二）本案争点

（三）实训任务

请根据案情以被告律师身份撰写一份代理词。

项目五　民事案件一审开庭

一、实训目的

通过实训，了解和掌握一审开庭前的准备以及庭审中、庭审后工作流程、主要工作内容，提高实务操作能力，履行律师职责，维护当事人合法权益。

二、民事诉讼一审审判程序

书记员首先入庭(站立)：现宣布法庭纪律。

书记员(宣告完毕)：全体起立，请审判长、审判员入庭。

(审判长一行依次入庭就座)

书记员(清点当事人及其代理人)：报告审判长，本案当事人及诉讼代理人已全部到庭，请开庭。

审判长：坐下。

审判长：现在核对当事人及其诉讼代理人的身份。原告，你的姓名，性别，年龄，民族，职业，住所地。

原告：(如实回答)

审判长：原告委托代理人的姓名，职业，年龄，你与原告的关系？

原告代理人：(如实回答，略)

审判长：被告，你的姓名，性别，年龄，民族，职业，住所地。

被告：(如实回答)

审判长：被告委托代理人的姓名，职业，年龄，你与被告的关系？

被告代理人：(如实回答)

审判长：现在宣读授权委托书(先原告后被告，由陪审员宣读)。

审判长：原告，你对对方出庭人员有无异议？

原告：无异议。

审判长：被告，你对对方出庭人员有无异议？

被告：无异议。

审判长：经审查当事人及其诉讼代理人参加诉讼符合法律规定，本庭准许参加本案诉讼。

审判长：_____一案，今天依法公开开庭进行审理，根据《中华人民共和国民事诉讼法》第四十条，第一百二十八条，第一百三十条的规定，本庭依法适用普通程序由_____组成合议庭，由_____担任审判长，由书记员_____任庭审记录。根据《中华人民共和国民事诉讼法》第四十五条，第五十条，第五十一条，第五十二条，第六十四条第一款的规定，当事人有权委托诉讼代理人，提出回避申请，收集提供证据，进行辩论，请求调解，提出上诉，申请执行，原告可以放弃或者变更诉讼请求，被告可以承认或者反驳诉讼请求，有权提出反诉，双方当事人可以自行和解，当事人可以按最高人民法院规定查阅、复制本案庭审材料，当事人对自己的主张有责任提供证据予以证实，当事人必须依行使诉讼权利，遵守诉讼次序，自觉履行发生法律效力的判决书、裁定书和调解书，以上告知了审判人员的姓名，职务，当事人的诉讼权利，双方当事人听清楚没有。

审判长问原告：原告你听清了吗？

原告：听清楚了。

审判长问被告：被告，听清楚没有？

被告：听清楚了。

审判长：如果双方当事人对本案合议庭人员、书记员，认为有下列情况之一的，可以提出理由申请回避：一是本案当事人或者当事人诉讼代理人的近亲属的；二与本案有利害关系；三与本案当事人有其他关系，可能影响案件公正审理的。

审判长：原告，你是否申请回避？

原告：不申请。

审判长：被告，你是否申请回避？

被告：不申请。

审判长：根据《中华人民共和国民事诉讼法》第一百二十四条规定，现在进行法庭调查。现在由原告_____宣读起诉状。

原告：（宣读起诉书）

审判长：原告对起诉状所述外，有无补充陈述。

原告：没有(或有，补充)。

审判长：现在由被告宣读答辩状。

被告：（宣读答辩状）

审判长：被告对答辩状外，有无补充陈述。

被告：没有(或有，补充)。

审判长：由原告向法庭提供证据材料。

原告代理人：（略）

注：法庭上都是由法警从原告代理人处接过证据材料，拿给书记员记录，再从书记员处拿给审判长、审判员传阅，再拿给被告方，最后交回审判长处。

审判长：被告，你对原告所提证据有无异议？

被告代理人：无异议(或有，提出异议)。

审判长：原告有无证人到庭作证？

原告代理人：有。

审判长：传证人到庭。

审判长(对证人询问)：证人姓名，性别，年龄，职业，住所地，你与原告关系？

证人：（如实回答）

审判长(申明必须如实作证，以及作伪证的法律责任)：根据《中华人民共和国民事诉讼法》第七十条，第一百零二条规定，凡是知道案件真实情况的单位和个人，都有义务出庭作证。伪造，隐藏，毁灭证据或者作伪证的，要承担法律责任。证人听清楚没有？

证人：听清楚了。

（审判长就作证问题提问，当事人律师如果发现提问不当，可以举手反对）

审判长：原告你是否需要向证人提问？

原告代理人：需要（提问）。

原告代理人提问结束。

审判长：被告你是否需要向证人提问？

被告代理人：需要（提问）。

被告代理人提问结束。

审判长：证人，你刚才回答是否属实？

证人：属实。

审判长：证人退庭（证人不允许旁听）。

审判长：被告有无证人到庭作证？

被告代理人：有。

审判长：传证人到庭。

审判长：证人姓名，性别，年龄，职业，住所地，你与被告关系？

证人：（如实回答）

审判长：根据《中华人民共和国民事诉讼法》第七十条、第一百零二条规定，凡是知道案件真实情况的单位和个人，都有义务出庭作证。伪造，隐藏，毁灭证据或者作伪证的，要承担法律责任。证人听清楚没有？

证人：听清楚了。

审判长：（提问）

审判长：原告你是否需要向证人提问？

原告代理人：需要（提问略）。

原告代理人提问结束。

审判长：被告你是否需要向证人提问？

被告代理人：需要（提问略）。

被告代理人提问结束。

审判长：证人，你刚才回答是否属实？

证人：属实。

审判长：证人退庭（证人不允许旁听）。

审判长：原告有无其他证据向法庭提供？

原告代理人：有（出示调查笔录）。

（开始质证式的提问）

审判长：被告有无其他证据向法庭提供？

被告代理人：没有（或有再提供，一般都有举证期限，庭审前就已提交完毕）。

审判长：现在法庭调查结束。

审判长：根据《中华人民共和国民事诉讼法》第一百二十七条规定，现在进行法庭辩论。

原告由其诉讼代理人发言。

原告代理人：(宣读代理词略)

审判长：原告对代理意见有无补充?

原告：没有。

审判长：被告及其诉讼代理人发言?

被告代理人：(读代理词)

审判长：被告，你对代理意见有无补充?

被告：无(或有补充)。

审判长：现在辩论终结，各方陈述最后意见。

原告：(略)

原告代理人：(略)

审判长：被告陈述最后意见。

被告代理人：(陈述意见略)

审判长：现在法庭辩论终结，根据《中华人民共和国民事诉讼法》第八十五条规定，现在进行调解。

审判长：原告，你愿意接受调解吗?

原告：我不愿意。

审判长：被告，你愿意接受调解吗?

被告：我愿意。

审判长：调解失败，现在休庭20分钟。

审判长：现在重新开庭。进行法庭判决。

书记员：全体起立。

审判长：(读判决书略)

书记员：请审判长、审判员退庭。

双方当事人及诉讼参与人签字确认。

三、实训任务

(一)开庭准备

原告代理律师出庭前需要准备起诉状，与起诉状对应的证据材料，代理词。同时需要注意以下几点：

(1)把握法律事实与客观事实的差异。以侦查思维、逻辑推理而来的事实为法律事实，不要忽略客观事实，有的客观事实在法律事实中没有，但对量刑又有价值，比如品格证据。同时我们要把法律事实研究清楚。

(2)可以用思维导图来阅卷，审查判断各种证据。

(3)穷尽相关法律依据。

(4)充实与本案相关的跨专业知识。

(5)为法庭发问准备提纲。

(6)制定诉讼策略。调取证据申请书、证人出庭申请书。

被告代理律师出庭前应准备以下材料：根据原告的诉讼请求，以及提交的相关证据，做一份书面的答辩意见，并收集对自己有利的证据，用于支持自己的主张，反驳对方的请求；庭审中，法院会要求被告陈述答辩意见，以及就案件事实部分进行补充说明。被告在原告举证结束后，需要就原告的证据提出质证意见。

（二）参加开庭

开庭前要对庭审要求进行再审查，保证代理工作顺利进行，具体工作包括：

（1）检查所函、授权委托书是否已经交给法院，或者准备好，当庭递交。

（2）再次审查本案的诉讼时效、举证期限是否有问题。

（3）带上己方的证据原件。不建议律师保管原件，以免丢失。让当事人对照证据清单将原件整理好，在开庭前将证据原件和当事人身份证原件带上。

（4）确定己方事实和理由、诉讼请求是否与诉状一致，有无变更或补充说明。

（5）确定有无补充证据，如有，份数要备足。

（6）确定证据的证明内容，除了证据清单上写的，有无补充变更或说明。

（7）确定有无向法院提交的申请，比如调查申请、评估申请、鉴定申请等。如已提交，开庭时留意法官对申请的处理。

（8）确定诉讼请求的法律依据，列明具体的法律条文，打印出来并带上。

（9）归纳本案争议的焦点，针对焦点来陈述和举证。

（10）列出法官会提出的问题，即本案基本事实和争议焦点，对证据不能反映的事实，要在庭前向当事人核实清楚并做记录。

（11）搜集对己方有利的相关案例，打印出来，提供给法官。

（12）写答辩意见（被告），提交书面答辩状或者当庭口头答辩。

（13）写好质证意见。

（14）开庭时带上卷宗、律师证、白纸和笔，如果合议庭通知着律师服出庭，还要备好律师服套装。

（15）保证按照出庭通知书规定的时间、地点及时到庭参加诉讼。听从审判长指挥，依据法律和审理程序宣读起诉状或答辩状，举证出示证据，质证，进行法庭辩论，最后陈述，根据当事人意愿参加调解。

（16）核对笔录，尤其是对书记员记录与自己陈述不一致的主要内容进行修改，尽可能复制庭审笔录。

（三）律师出庭

（1）律师出庭要精神饱满，行动举止得体，语言精练，逻辑判断合理有据，不卑不亢。

（2）庭上发言时要脱稿，如不脱稿，法官们会觉得反正庭后会提交代理词或辩护词，可能会松懈下来，不会全神贯注地听，这样一来，法官们就可能出现交头接耳或低头翻看其他案卷的情况，这样就很难当庭对法官产生影响，也会给你的委托人留下你的发言不受法庭重视的印象。

（3）有些话可以写代说，遇到司法机关程序不正当等问题，不要当庭指责司法机关，应当写进你的代理词或辩护词，而不应当当庭讲出，更不应当不写入代理词或辩护词，仅仅是庭上发言。一般情况下，书记员是不会记入笔录的。如果你只写不说，法官会对你的意见很重视，一是你没有当面指责，给了法官面子，二是你的书面材料中有，将来有案可查。

（4）庭上发言不要用套话。辩护词的开头那一段话都大同小异，无非是说明你这次出庭是合法的，这就是套话，这是内行不愿听、外行听不懂的话，因为辩护词中有写，因此可以一上来就直奔主题，节省时间，也防止大家因为你的套话而走神。

（5）不要给法官上法律课。在庭上发言时难免会引用到法律条文，在讲解法律的时候，眼睛不要看着法官，法官会觉得你在给他上课，会认为你认为法官不懂，而你只是想向法官强调，结果是影响法官心情，一般情况下，讲法律条文的时候应当看着旁听席上人员或者对方当事人。

（6）注意形体动作，增加发言的可信度。在法庭上不可以东翻西找，不发言时怎么乱都不过分，但发言时一定不能手忙脚乱，无论拿着什么都没有关系，没人会要求看，这样会给人以言之有据的感觉。

（7）不要搞人身攻击。在法庭上切忌人身攻击。手指不可以指着对方并用语言攻击对方，更不可以拿笔尖对着对方说话，这种攻击性会让被指的人和旁观的人感到不悦。

（8）如果法官指责你发言重复，你应当感到高兴。一个律师因为法官指责自己发言重复而应该感到高兴，因为法官对你以前的发言有印象了，不然就不会发现你的重复，有时候应当用这种方法来看你的观点给法官留下了多深的印象，但是，不可以完全重复，同样观点可用不同的方式阐述。

（9）听从审判长指挥，遵守法庭纪律。

（四）庭后工作

1. 回顾庭审准备及庭审情况

代理工作中，回顾与总结是庭审结束后的首要工作。律师应总结庭审准备的缺失点，法官对案件的关注点，及时补漏和调整代理思路，将庭审得失提炼成日后办案的宝贵经验。律师应对庭审过程进行以下几方面的回顾：

（1）庭前准备是否充分。律师开庭需要携带的材料既有重要的如卷宗材料、证据原件、委托书等，也有容易忽略的如电子光盘等，建议准备一份可反复使用的出庭装备清单，在庭审准备时用以核对，防止遗漏，再根据庭后复盘不断完善补充；根据庭审前需准备的内容，把握案件事实和法律适用，形成完整的庭审提纲。根据庭审情况反思，是否存在庭前未核实清楚的事实问题，举证质证要点是否存在缺漏，等等。

（2）庭前预判是否准确，是否准确预判争议焦点，围绕争议焦点确定立论和驳论的观点思路是否对路，回顾探究法庭归纳的争议焦点、对方提出反驳的观点、双方的争辩思路以及法官关注的事实。

（3）庭审表现如何。在表达上，语速是否适中，语言是否流畅等；在表达的内容和效果上，表达是否清楚，是否准确；对法官双方发问、回答是否准确以及完整，是否还有更佳的回应方式；在庭审表现如礼仪、情绪上，对待法官和对方律师是否做到有礼有节等。

2. 向委托人汇报代理工作

律师的代理工作是为当事人的利益和诉求服务，而案件结果是当事人时刻所关注的。为使当事人对律师的代理工作感到后顾无忧，应及时向当事人汇报庭审情况。既能使当事人及时了解案件进展，向当事人提示风险，又可以体现律师为案件付出的努力和价值。

（1）庭前准备。当事人能够看到的律师工作可能只是一次开庭或者一份法律文书。但是作为代理律师搜集了证据材料，梳理了海量文件，组织了多次讨论，检索了大量案例，等等，要让当事人知晓律师付出的努力。

（2）庭审情况。重点展示举证质证内容、案件争议事实或焦点及双方各自的表态、合议庭特别关注或者强调的内容等。可按照庭审阶段的进展展开，切勿事无巨细。

（3）风险提示。在庭审中对方当事人指出了己方当事人未披露，或者与我方当事人所述不一致的事实。庭后应明确指出，说明可能存在的后果。如该事实可能影响裁判结果的，应调整当事人对案件结果的预期，降低执业风险。

将下一步工作计划告知当事人，使其了解和配合代理工作。同时根据案件具体情况，提出要向当事人说明的问题。

3. 补充案件材料及合议庭关注资料

在庭后尽可能丰满证据材料和充实完善观点，并提交给法官。此举旨在强化论证，增强说服力，尤其是当法官在庭审过程中对我方观点或主张存在疑虑时，更需以此来最大程度地打消法官的疑虑，以巩固庭审优势或回旋庭审劣势。针对庭审情况，律师应于庭后及时补充提交证据或者其他材料。对于法官通知或者自己承诺在某时间内提交的，如确实无法取得该材料，则应及时告知法官并给出合理解释。合议庭强调或者特别询问的问题，应当高度重视。合议庭看似随意的一个问题，亦要多加留心，推敲是否与其审判思路有关，思量是否需要提交相应材料。

法官可能将代理意见作为其撰写裁判文书时的重要参考，如错过代理意见的提交，将错失一次说服裁判者作出有利于己方当事人裁判的良机。而代理意见的撰写应以法庭总结的争议焦点为核心，就重点问题进行系统化论证。针对庭审中法官提及的内容，或是代理意见中需着重分析的法律问题，律师可以在庭后研究并整理形成学理及案例研究报告，与代理意见一并提交给法官。

4. 关注案件审理进展

在庭审结束后适时联系法官或法官助理，询问法官是否对案件事实或律师提交的法律意见存有疑问，及时提供解答；视情况表达己方观点；反映案件现实状况。沟通以上内容时，通过委婉的方式询问裁判文书制作进度，在沟通过程中，可以根据法官的反馈，及时补充材料和意见。

实训单元五　律师承办仲裁业务

一、本单元引文

仲裁是指发生争议的双方当事人，根据其在争议发生前或争议发生后所达成的协议，自愿将该争议提交中立的第三者进行裁判的争议解决制度和方式。

仲裁具有以下特点：

1. 自愿性

当事人的自愿性是仲裁最突出的特点。仲裁以双方当事人的自愿为前提，即双方当事人是否提交仲裁，交与谁仲裁，仲裁庭如何组成，由谁组成，以及仲裁的审理方式，开庭形式等，都是在当事人自愿的基础上，由双方当事人协商确定的。因此，仲裁是最能够充分体现当事人意思自治原则的一种争议解决方式。

2. 专业性

民商事纠纷往往涉及特殊的知识领域，仲裁中会遇到许多复杂的法律、经济贸易和有关的技术性问题，故专家裁判更能体现专业的权威性。因此，由具有一定专业水平和能力的专家担任仲裁员，对当事人之间的纠纷进行裁决，是仲裁公正性的重要保障。

3. 灵活性

由于仲裁充分体现出当事人的意思自治，仲裁中的诸多具体程序都可以由双方当事人自愿协商确定与选择。因此，与诉讼相比，仲裁程序更加灵活，更具有弹性。

4. 保密性

仲裁以不公开审理为原则。有关的仲裁法律和仲裁规则同时规定了仲裁员及仲裁秘书人员的保密义务。因此当事人的商业秘密和贸易活动不会因仲裁活动而泄露。仲裁由此表现出极强的保密性。

5. 快捷性

仲裁实行一裁终局制，仲裁裁决一经仲裁庭作出即产生法律效力，当事人不得再提起诉讼或者再申请仲裁。这使得当事人之间的纠纷能够迅速得以解决。

6. 经济性

仲裁的经济性主要表现在：第一，时间上的快捷性使得仲裁所需费用相对减少；第二，仲裁无须多审级收费，使得仲裁费用往往低于诉讼费用；第三，仲裁的自愿性、保密性使当事人之间通常没有激烈的对抗，且商业秘密不必公之于众，对当事人之间今后的商业机会影响较小。

7. 独立性

仲裁机构独立于行政机构，仲裁机构之间也无隶属关系。在仲裁过程中，仲裁庭独立进行仲裁，不受任何机关、社会团体和个人的干涉，亦不受仲裁机构的干涉，显示出最充分的独立性。

根据我国目前相关法律规定，我国的仲裁可以分为民商事仲裁、劳动争议仲裁和农业承包合同纠纷仲裁，本书所讲的仲裁仅指民商事仲裁。

律师仲裁业务可分为广狭两义。狭义的律师仲裁业务仅指律师代理仲裁案件；广义的律师仲裁业务不仅指律师代理仲裁案件，还包括律师作为仲裁员审理仲裁案件。本单元以律师代理仲裁案件为主要内容，同时兼顾律师作为仲裁员审理仲裁案件。

二、实训目的

根据理论与实践相结合的原则，本单元通过对真实案例进行研习和模拟开庭，使学生能够灵活运用仲裁法以及仲裁规则的基本原理和制度，熟悉和了解仲裁程序的规则和特点，掌握办理仲裁业务的实际操作方法和步骤，提高学生办理仲裁业务的实践能力，培养学生的职业意识和职业道德，培育和践行以自由、平等、公正、法治、诚信、敬业为主要内容的社会主义核心价值观。

三、实训任务

(1)熟悉仲裁程序和仲裁规则。
(2)撰写仲裁法律文书。
(3)掌握律师代理仲裁案件的方法和步骤。
(4)模拟仲裁庭开庭。

项目一 研 习 案 例

一、研习案例1：上海××工程杭州有限公司与杭州××机电公司买卖合同纠纷案[①]

(一)案情概况

1. 双方当事人身份事项

申请人：上海××工程杭州有限公司，住所地：××市××区××路×号××大厦。

被申请人：杭州××机电公司，住所地：杭州市××区××广场×幢×室。

2. 申请人述称

2009年2月7日，申请人与被申请人签订《产品购销合同》一份，合同约定被申请人向申请人购买低压开关柜4台及高压开关柜5台，合同总价款184450元，付款方式及期限为：预付货款的50%为订金，货到工地30天内一次付清。双方还约定解决合同纠纷的方式为提交杭州仲裁委员会仲裁。合同签订后，申请人依约履行，但是被申请人收到全部

---

① 案例参见杭州仲裁委员会主编：《仲裁案例评析》，浙江大学出版社2015年版，第206~209页，第239~240页。

货物 30 天后仅支付合同款 142000 元，经申请人多次催讨，被申请人以各种理由拖延，直至 2010 年 8 月 18 日被申请人才又支付 10000 元合同款，此后至今，被申请人尚欠申请人合同余款 32450 元仍未支付。

据此，申请人提出仲裁请求如下：

（1）被申请人支付申请人购销合同余款 32450 元。

（2）被申请人支付逾期付款利息 8504.5 元（自 2009 年 4 月 1 日起至裁决书实际履行之日，暂计至 2012 年 8 月 31 日）。

（3）被申请人支付律师费 2500 元。

（4）被申请人支付全部仲裁及保全费用。

3. 被申请人辩称

本案所涉货物的实际订购方是杭州××汽车零部件有限公司（以下简称××公司）。因××公司建设 800KVA 变电所的需要，被申请人根据××公司的要求向申请人购买变电所的主要设备低压开关柜和高压开关柜，申请人需按照××公司提供的图纸进行生产，并将货物直接运送到××公司工地。本案中，申请人运送给××公司的设备未按照图纸生产，且存在迟延交付情形，致使××公司拒绝向被申请人支付剩余货款。被申请人只得向杭州市××区人民法院起诉主张权利。在该案中，××公司对被申请人提起反诉，要求赔偿损失。最终被申请人在花费了近万元诉讼费、律师费和鉴定费的情况下，只从××公司处取得货款 166500 元，该款项尚不足以支付涉案合同的合同金额，因为被申请人提供给××公司的货物不仅包括涉案合同所涉的设备，还包括自行购置的其他价值 13898.5 元的材料。被申请人为此遭受了巨大损失，而该损失正是因申请人的违约行为造成的。根据涉案合同约定，申请人需按图纸生产，否则经济损失由申请人负责。因此，被申请人遭受的经济损失应当由申请人承担，被申请人有权将相关损失从货款中扣除，故不需要再向申请人支付剩余货款及利息。

4. 举证

申请人为证明其主张，向仲裁庭提交了如下证据：

（1）上海××工程杭州有限公司产品购销合同及其合同附表。拟证明申请人与被申请人之间订立产品购销合同的事实。

（2）上海××工程杭州有限公司送货清单。拟证明申请人已履行产品购销合同义务的事实。

（3）浙江增值税专用发票。拟证明申请人已履行产品购销合同义务的事实。

（4）银行进账单。拟证明被申请人尚欠申请人产品购销合同余款 32450 元的事实。

（5）委托代理合同及发票。拟证明申请人支付律师代理费 2500 元的事实。

被申请人为支持其抗辩理由，向仲裁庭提交了如下证据：

（1）民事起诉状。

（2）（2010）杭××商初字第 584 号受理案件通知书。

证据（1）（2）拟证明因××公司不肯支付被申请人合同价款，被申请人不得已向杭州市某区人民法院起诉主张权利的事实。

（3）民事答辩状。

（4）产品图纸。

（5）杭州某电力设计咨询有限公司出具的《证明函》。

证据（3）（4）（5）拟证明图纸上要求的进线柜是带双刀隔离开关的进线柜，而申请人交付给××公司的进线柜带的是单刀开关，与图纸不符。单刀开关价格低于双刀，且使用不便。××公司以此为由，认为被申请人未提供符合要求的产品，拒不支付货款。

（6）民事反诉状及部分证据复印件（浙江省政府非税收入统一票据一张、浙江增值税专用发票三张、××公司反诉被申请人工程施工合同纠纷一案反诉人提交的证据目录清单）。结合申请人提交的送货清单，拟证明申请人未按期交付产品，××公司以此为由要求被申请人赔偿损失。××公司也以被申请人提供的电感器、电容器在质保期内有质量问题为由，要求被申请人承担更换费用这一事实。

（7）（2010）杭××商初字第584号民事调解书。拟证明因申请人的违约行为，致使被申请人最终只从××公司处取得共计166550元的货款，该款项远低于被申请人向××公司实际提供货物的价值，因而被申请人蒙受了巨大损失，该损失应由申请人承担。

（8）鉴定报告。拟证明被申请人除向××公司提供涉案合同所涉的设备外，还自行购置了其他材料。

（二）本案争点

（1）申请人是否迟延交货？

（2）申请人是否因货物质量与合同不符而构成违约？

（3）律师费用应如何承担？

（三）实训内容及要求

（1）认真研读上述案例，全面把握案件事实和证据。

（2）查找相关法律规定，为申请仲裁或答辩准备法律依据。

（3）准备证据并制作证据目录。

二、研习案例2：仇××与张×房屋转让合同纠纷案①

（一）案情概况

1. 双方当事人身份事项

申请人：仇××，女，汉族，1976年3月14日出生，住所地：××省××市××镇××街×号。

被申请人：张×，男，汉族，1980年12月1日出生，住所地：××市××小区×幢×单元×室。

2. 申请人述称

2010年4月13日，申请人、被申请人和××市×房产中介有限公司（以下简称"中介公司"）就坐落于××小区10幢1单元502室房屋转让事宜签订房屋转让居间协议，其中约定总房款为165万元；房款支付方式为首付四成，其余商业按揭；协议还约定了三方的

———————

① 案例参见杭州仲裁委员会主编：《仲裁案例评析》，浙江大学出版社2015年版，第206~209页，第239~240页。

其他权利义务。协议签订后，申请人向中介公司支付了 10 万元，并由中介公司支付给了被申请人。2010 年 4 月 17 日，国务院发布《国务院关于坚决遏制部分城市房价过快上涨的通知》，通知中明确"对不能提供 1 年以上当地纳税证明或社会保险缴纳证明的非本地居民暂停发放购买住房贷款"。根据该通知，申请人无法进行商业按揭，从而无法继续进行房屋交易。随后申请人立即将上述情况通知被申请人，无法在协议约定的时间与被申请人签订房屋转让协议，并提出解除合同和要求被申请人退还已收的 10 万元。被申请人同意解除合同，但至今被申请人只退还了申请人 72000 元，尚余 28000 元未退还给申请人。申请人认为，被申请人应当将余款退还给申请人，被申请人拒绝退还是没有任何法律依据的。故特向杭州仲裁委员会申请仲裁，请求依法支持申请人的仲裁请求。

为此，申请人提出仲裁请求如下：

(1)请求依法裁决被申请人立即退还申请人人民币 28000 元。

(2)本案的仲裁费用由被申请人承担。

3. 举证

申请人为证明其主张，向仲裁庭提交了如下证据：

(1)房屋转让居间协议，证明申请人和被申请人就××小区 1 单元 502 室房屋转让事宜签订了协议，其中约定首付四成，其余商业按揭；协议对双方的其他权利义务也作了约定。

(2)收条。证明申请人支付了 10 万元。

(3)通知。证明因国家政策导致申请人无法进行商业按揭，无法与被申请人签订房屋转让协议。

被申请人为支持其抗辩理由，向仲裁庭提交了如下证据：

(1)被申请人张×配偶朱×与中介公司业务员方××的通话录音。证明被申请人与申请人之间的房屋买卖纠纷已达成一致意见。

(2)房产三证。证明被申请人合法享有房屋的处置权；三证原件现在被申请人处，是在协议解除基础上由中介公司退还给被申请人的。

(3)通知。证明国家政策是允许外地居民贷款的。

(二)本案争点

(1)双方签订的居间合同是否有效？

(2)本案中是否存在合同的法定解除情形？

(3)本案合同不履行的责任应如何确定？

(三)实训内容及要求

(1)认真研读上述案例，全面把握案件事实和证据。

(2)查找相关法律规定，为申请仲裁或答辩准备法律依据。

(3)准备证据并制作证据目录。

项目二　撰写仲裁法律文书

仲裁文书是仲裁机构和仲裁当事人依据仲裁法和仲裁规则制定的具有法律意义和法律

效力的法律文书。根据制作主体的不同，仲裁文书可分为当事人制作的仲裁文书和仲裁机构制作的仲裁文书。当事人制作的文书包括仲裁协议书、仲裁申请书、仲裁反请求申请书、仲裁裁答书、仲裁申请执行书等；仲裁机构制作的文书包括仲裁裁决书、仲裁调解书以及受理或不受理仲裁申请通知书等。本节重点介绍仲裁申请书、仲裁反请求申请书、仲裁答辩书、仲裁裁决书和仲裁调解书的写作要求及参考格式。

一、仲裁申请书

仲裁申请书，是指仲裁申请人根据仲裁协议将已经发生的争议提请仲裁机构进行审理和裁决，以保护其合法权益的法律文书。仲裁申请书分为首部、正文、尾部（含附项）三部分。

（一）仲裁申请书的写法

仲裁申请书的撰写格式和要求如下：

1. 首部

（1）标题。在上部正中写"仲裁申请书"。

（2）当事人的基本情况。申请人的身份事项，包括申请人的姓名、性别、民族、出生年月日和住所等。

申请人为自然人的，应写明姓名、性别、民族、出生日期、住所地、邮编等联系方式；申请人为法人或者其他组织的，应当写明名称、住所地、邮编等联系方式，并另起一行写明法定代表人或者代表人姓名、职务。

被申请人的身份事项，与申请人的各项写法相同。

如果仲裁申请人或被申请人为两人以上的，应依照上述内容逐一书写清楚。

2. 正文

这是仲裁申请书的主体部分，包括仲裁请求和所根据的事实、理由。

（1）仲裁请求。仲裁请求是指申请人请求仲裁委员会解决民事权益纠纷的具体事项，即申请人的要求。仲裁请求应当具体明确、合理合法、言简意赅，不要漏项。

（2）事实和理由。这里所指的事实是指双方争议的事实或被申请人侵权的事实及其证据，申请事实的具体内容主要有：

①当事人之间的法律关系。

②纠纷发生和发展的过程。

③争议的主要内容和焦点。

④被申请人应承担的责任。

所举事实要如实陈述，事实要有证据支持并注明来源；提供证人的，要写明证人的姓名和住所。

在事实陈述清楚之后，应概括地分析纠纷的性质、损害后果及责任，同时提出仲裁所依据的法律条款，以论证仲裁请求的合法性和合理性。

3. 尾部

（1）致送仲裁委员会名称。

（2）仲裁申请人签名盖章。

（3）仲裁申请时间。

（4）附项。

仲裁申请人递交仲裁申请书及其副本以及证据等材料均应一式五份，如果被申请人一方有两个或两个以上的当事人，仲裁申请书及其所附证据等材料应酌情增加，仲裁委员会留存一份正本，其余均为副本。

（二）仲裁申请书参考格式

仲裁申请书

申请人：（申请人为自然人的，写明姓名、性别、民族、出生日期、住所地、邮编等联系方式；申请人为法人或者其他组织的，写明名称、住所地、邮编等联系方式，并另起一行写明法定代表人或者代表人姓名、职务）

被申请人：（与申请人的各项写法相同）

仲裁请求：

1. 依法裁决被申请人……（写明具体的仲裁请求）

2. 依法裁决被申请人承担仲裁费用……

事实与理由：

……（主要说明事实经过及申请的理由）

此致

×××仲裁委员会

附：1. 仲裁协议一份；

　　2. 本仲裁申请书副本五份；

　　3. 证据目录及其证据五份。

申请人：×××（签字或盖章）

××××年×月×日

（三）仲裁申请书引例

仲裁申请书

申请人：河北××医疗器械贸易有限公司。

住所地：石家庄市桥西区××路××号。

法定代表人：于××，该公司执行董事。

被申请人：河北××速运有限公司。

住所地：石家庄市桥西区××大街××号。

法定代表人：李××，该公司执行董事。

仲裁请求：

1. 依法裁令被申请人赔偿申请人经济损失175600元；

2. 本案仲裁费用及其他实现债权的费用由被申请人承担。

事实和理由：

2020 年 6 月 30 日，申请人委托本公司员工王××将销售给××市××学院附属第一医院的医疗器械交付被申请人承运，收货人为河北省××市××区××学院附属第一医院导管室钮××，运单号为×××。申请人交由被申请人承运的医疗器械包括某科技(北京)有限公司生产的药物洗脱冠脉支架系统 16 条，每条 7600 元，共计 121600 元；美国某公司生产的铂铬合金依维莫司洗脱动脉支架系统 3 条，每条 18000 元，共计 54000 元，上述两款产品总计价值 175600 元。

申请人将货物交付给被申请人后，不料于 2020 年 7 月 1 日收到被申请人通知，被申请人称上述邮寄的医疗器械被不明化学液体污损。经申请人和被申请人双方核验，被申请人揽收的装有化学液体及白色粉末状物品的快件由于包装不符合要求导致液体泄露，造成了申请人的医疗器械污损报废。

综上，被申请人的违约行为给申请人造成巨大经济损失，被申请人应当承担违约赔偿责任。为此，申请人特向你会提出仲裁，恳请你会裁如所请。

此致
××仲裁委员会

申请人：河北××医疗器械贸易有限公司(盖章)
二〇二〇年七月二十九日

附：1. 本仲裁申请书副本五份；
　　2. 仲裁协议一份；
　　3. 证据目录及其证据五份。

二、仲裁反请求申请书

仲裁反请求申请书是在仲裁程序进行过程中，被申请人对申请人提出的独立的仲裁请求。

(一)仲裁反请求申请书的写法

仲裁反请求申请书的撰写格式和要求如下：

1. 首部

(1)标题。在上部正中写"仲裁反请求申请书"。

(2)当事人的基本情况。反请求申请人的身份事项，包括反请求申请人的姓名、性别、民族、出生年月日和住所等，反请求申请人为自然人的，写明姓名、性别、民族、出生日期、住所地、邮编等联系方式；反请求申请人为法人或者其他组织的，写明名称、住所地、邮编等联系方式，并另起一行写明法定代表人或者代表人姓名、职务。

反请求被申请人的身份事项，与反请求申请人的各项写法相同。

如果反请求申请人或反请求被申请人为两人以上的，应依照上述内容逐一书写清楚。

2. 正文

(1)反驳对方的仲裁请求和所根据的事实、理由，充分论证对方的仲裁请求不能成立或不能完全成立。具体可参照仲裁答辩书的相关写作要求。

（2）提出自己的仲裁请求和所根据的事实、理由。仲裁反请求申请书从形式上看就是一个独立的仲裁申请书，所以一定要明确提出自己的仲裁请求，不能只反驳申请人的请求，而忘记提出自己的请求事项。该部分的具体要求，可参照仲裁申请书的相关内容。

（3）写明证据和证据来源、证人姓名和住所，因仲裁反请求申请书是一个独立的仲裁申请书，所以在仲裁反请求申请书中应写明：有关证据的名称及所能证明的有关事实；有关证据的来源及其取得方式；证人证言的内容及证人的姓名、住所。

3. 尾部

（1）写明致送的仲裁委员会的名称。

（2）右下方写明仲裁反请求申请人的姓名或者名称，反请求申请人是法人或者其他组织的，要加盖印章。另起一行写明制作文书的日期。

（3）附项。注明仲裁反请求申请书副本的名称、份数，提交证据的名称、份数，并按编号顺序附于仲裁反请求申请书后。

（二）仲裁反请求申请书参考格式

仲裁反请求申请书

反请求申请人：×××（反请求申请人为自然人的，写明姓名、性别、民族、出生日期、住所地、邮编等联系方式；反请求申请人为法人或者其他组织的，写明名称、住所地、邮编等联系方式，并另起一行写明法定代表人或者代表人姓名、职务）

住所：×××

法定代表人：×××，职务

反请求被申请人：×××（各项写法与反请求申请人的写法相同）

住所：×××

法定代表人：×××，职务

请求事项：

1. 依法裁决反请求被申请人……（写明具体的仲裁反请求）

2. 依法裁决反请求被申请人承担反请求仲裁费用。

事实与理由：

……（主要说明事实经过及申请的理由）

此致

×××仲裁委员会

反请求申请人：×××（签字或盖章）

×××ׁ年××月××日

（三）仲裁反请求申请书引例

仲裁反请求申请书

　　反请求申请人：××商城有限责任公司

　　住所地：××市××大街×号

　　法定代表人：张×××，董事长

　　反请求被申请人：××服装有限责任公司

　　住所地：××市××街×号

　　法定代表人：于××，董事长

　　请求事项：

　　1. 裁决反请求被申请人赔偿反请求申请人经济损失12万元；

　　2. 仲裁费用由反请求被申请人负担。

　　事实与理由：

　　反请求申请人与反请求被申请人于2020年2月签订了一份服装买卖合同。合同约定：反请求申请人向反请求被申请人购买男毛涤西装500套，女毛涤西装300套，交货日期为2020年7月31日。合同签订当日，反请求申请人支付定金10万元，其余货款70万元待全部货物交完后一次付清。合同规定，如反请求被申请人延误交货时间或产品质量发生问题，由技术监督部门对服装价格作出鉴定，根据鉴定意见，以贬值货物的实际价款付给反请求被申请人。在合同履行过程中，反请求被申请人对女西装300套按期交货，但存在严重的质量问题，经××市场技术监督机关鉴定，产品质量不合格。男西装因延期两个月交货，错过了最佳销售季节，市场价格大打折扣，给反请求申请人造成了很大的经济损失。故反请求申请人向你会提出反请求仲裁申请，恳请你会裁如所请。

　　此致

××××仲裁委员会

反请求申请人：××商场有限责任公司（盖章）

××××年××月××日

　　附：1. 本反请求申请书副本五份；

　　　　2. 证据目录及其证据五份。

三、仲裁答辩书

　　仲裁答辩书，是仲裁案件的被申请人为保护其合法权益就仲裁申请的事实和法律问题作出答复和辩驳的法律文书。

　　（一）仲裁答辩书的写法

　　仲裁答辩书分为首部、正文、尾部（含附项）三部分。

　　仲裁答辩书的撰写格式和要求如下：

　　1. 首部

　　（1）标题。在上部正中写"仲裁答辩书"。

（2）答辩人与被答辩人的基本情况。答辩人的身份事项，包括答辩人的姓名、性别、出生年月日和住所等。答辩人为自然人的，写明姓名、性别、民族、出生日期、住所地、邮编等联系方式；答辩人为法人或者其他组织的，写明名称、住所地、邮编等联系方式，并另起一行写明法定代表人或者代表人姓名、职务。

被答辩人的身份事项，包括答辩人的姓名，性别、出生年月日和住所等（与答辩人的各项写法相同）。

2. 正文

（1）引言。引言应当写明对何人或何单位（即仲裁申请人）提出的何种仲裁争议进行答辩，常用下列程式化的文字表述："答辩人就与被答辩人之间因……仲裁纠纷一案，现提出答辩意见如下"，或写成"答辩人于××××年×月×日接到××仲裁委员会送来申请人仲裁申请书副本一份，现答辩如下"。

（2）答辩意见所依据的事实和理由。这是仲裁答辩书的主体部分，其内容着重阐述答辩人的事实和理由，明确提出答辩意见。答辩理由部分的写作，首先应叙明案情，辨明原委；其次应针对仲裁申请人在申请书中所提出的事实和法律问题一一进行辩驳，阐明对方在引起争议中所应承担的责任，最后针对仲裁请求提出自己的答辩意见。

答辩中无论是叙述事实，阐明理由，还是反驳对方，明确责任，都要依据事实、证据和法律据理力争，在充分阐明事实、理由和法律依据的基础上，归纳出己方对本案处理意见和主张，最后请求仲裁机构依法公正裁决。

3. 尾部

尾部包括致送仲裁机构名称、答辩人签章、提交日期及附项等内容。其写法与仲裁申请书相同，可以参考制作。

（二）仲裁答辩书参考格式

仲裁答辩书

答辩人：×××（答辩人为自然人的，写明姓名、性别、民族、出生日期、住所地、邮编等联系方式；答辩人为法人或者其他组织的，写明名称、住所地、邮编等联系方式，并另起一行写明法定代表人或者代表人姓名、职务）

被答辩人：×××（与答辩人各项写法相同）

答辩人就与被答辩人之间因……仲裁纠纷一案，现提出答辩意见如下：

……（围绕被答辩人的请求及主张事实进行答辩）

此致

××仲裁委员会

答辩人：×××（签字或盖章）

××××年××月××日

附：1. 本仲裁答辩书副本五份；

2. 证据目录及其证据五份。

（三）仲裁答辩书引例

仲裁答辩书

答辩人：××玩具有限责任公司。

住所地：××市开发区××路××号。

法定代表人：张××，职务为董事长。

被答辩人：××商贸有限责任公司。

住所地：××市××区××街××号。

法定代表人：王××，职务为董事长。

答辩人就与被答辩人玩具买卖合同争议一案，提出答辩意见如下：

答辩人与被答辩人于2014年7月28日签订了一份玩具买卖合同，合同约定由答辩人为被答辩人生产一批儿童玩具，并且被答辩人在合同中规定了玩具的安全标准。合同签订后，答辩人发现如果按照被答辩人规定的安全标准进行生产，环保颜料的使用将导致生产成本大大提高，因此将不能按照合同约定的价格为被答辩人供货。于是答辩人与被答辩人进行了沟通，说明原因后要求提高合同中约定的产品价格，被答辩人不同意。无奈之下，答辩人未按照被答辩人规定的安全标准进行生产，但是产品完全符合国家的最低安全标准。

因此，答辩人是在与被答辩人就该事项沟通无果后才未按要求的标准生产，不应负主要责任。同时，答辩人提供的货物虽然不符合被答辩人的要求，但已经达到了国家规定的安全标准，答辩人认为并未给被答辩人造成实际损失。故请你会驳回被答辩人的仲裁请求。

此致

××仲裁委员会

答辩人：××玩具有限责任公司

二〇一四年九月十三日

附：1. 本答辩书副本一份；

2. 证据目录及其证据五份。

四、仲裁裁决书

仲裁裁决书，是仲裁庭根据申请人的申请，依照法定程序，对申请人与被申请人之间的纠纷进行审理后，根据查明的事实和认定的证据，适用相关的法律规定，最终在实体上对双方的权利与义务争议所作出的具有法律效力的裁决文书。根据《中华人民共和国仲裁法》（以下简称《仲裁法》）第五十四条的规定，裁决书应当写明仲裁请求、争议事实、裁决理由、裁决结果、仲裁费用的负担和裁决日期。当事人协议不愿写明争议事实和裁决理由的，可以不写。

（一）仲裁裁决书的写法

仲裁裁决书的撰写格式和要求如下：

1. 首部

(1)标题。分两行写明"××仲裁委员会""裁决书"。

(2)文书编号。在文书标题右下方注明文书编号,如"(年度)×裁字第×号"。

(3)申请人和被申请人(包括法定代表人、委托代理人)的基本情况。

2. 正文

(1)案由。写明案由和案件的程序事项,包括仲裁委员会受理案件所依据的仲裁协议及仲裁申请,仲裁员的选定、指定及仲裁庭的组成情况,仲裁庭的审理方式,当事人参加仲裁活动的情况等。对于仲裁财产保全、证据保全申请的转交与执行等内容也应进行说明,以表明仲裁程序的合法性,提高仲裁活动的透明度。

(2)案情。首先,概括申请人申请仲裁的请求事项、理由和被申请人的答辩意见。通常要对双方所提交的仲裁申请书和仲裁答辩书的主要内容加以叙述。其次,写明双方分别围绕焦点问题进行举证、质证、辩论的情况。以"申请人举证如下""被申请人质证如下""申请人认为""被申请人辩称"等语句分别陈述。再次,具体写明仲裁庭查明的事实和证据。一般以"经审理查明"作为引语,根据开庭审理的情况,写明经过庭审,仲裁庭依法认定了哪些事实,采纳了哪些证据。在这一部分,也可以仅写明仲裁庭查明的事实,而不对双方的证据进行认定,把认定放在下一部分。

(3)仲裁庭意见。根据仲裁庭查明的事实和证据,对双方当事人争议的事实、证据及仲裁请求进行分析和判断,明确双方的法律责任,对当事人的仲裁请求表明态度,对合理合法的仲裁请求予以支持,对不合法的、无理的仲裁请求不予支持,并有针对性地阐明具体理由。

理由部分是仲裁裁决书的核心,它直接影响当事人对裁决结果的态度,因此,应做到说理充分、透彻,以理服人。

论证裁决理由时应注意以下三个方面:

第一,注重证据的分析。证据是认定仲裁案件事实的依据。对于双方当事人向仲裁庭提交的证据材料应该予以列举说明,并对证据的采信与否进行分析和说明,尤其是对于双方有争议的证据需要进行详尽分析和论证,以充分表达仲裁庭对证据的采信理由。这有利于提高仲裁裁决的证明力与说服力,也是提高仲裁活动透明度的重要保障。第二,强化法理分析。应该根据案件的具体事实,结合相关的法律规定进行详尽分析论证,充分表述裁决结论形成的过程,做到言之有理、持之有故。第三,说理应体现全面性、公正性原则。在写作裁决书理由部分时,应注意说理的针对性,体现全面性和公正性。全面性是指针对双方当事人的各种请求事项,均应逐一作出回应,确保裁判理由充分、完整,为裁决结果打好基础。公正性是指针对纠纷的事实,严格依照相关程序与实体法律规定进行说理,对双方当事人主张的事实与观点进行分析评判,做到不偏不倚。

(4)裁决结果。该部分应说明作出裁决所适用的相关法律依据、事实根据、证据、理由等,针对案件实体问题作出仲裁裁决,明确当事人之间的法律关系以及责任,确定权利人享有的权利和义务人所负的义务、履行期限和履行方式等。此外,还应写明仲裁费用的负担情况,确定是一方负担还是双方分担以及如何分担。

裁决结果相当于民事判决书的判决结果,其写作要求与民事判决书的判决结果基本相同，语言表述要清楚、明确，文字解释要单一，并具有可操作性，便于当事人的接受和实际履行。裁决结果要有完整性，对于双方当事人所争议的事项，不能只对主要问题作出处理而忽视其他问题。内容较多时，应分项列举写明，并且应注意排列有序。

3. 尾部

(1)写明仲裁裁决书的效力，即"本裁决为终局裁决"。

(2)仲裁员、书记员签名。(根据《仲裁法》的相关规定，对仲裁裁决持有不同意见的仲裁员，在仲裁裁决书上可以签名，也可以不签名)

(3)注明日期，加盖仲裁委员会印章。需要指出的是，虽然仲裁裁决书有一定的参考格式，但也允许在法律、仲裁规则范围内自由发挥，制作有个性化的裁决书，避免公式化和呆板化。同时，注意繁简之分，即适用简易程序审理的简单案件应该简化文书的写作，适用普通程序审理的复杂案件应尽可能地叙述详尽一些，分析说理透彻充分一些。

(二)仲裁裁决书参考格式

×××仲裁委员会
裁决书

(　　)×仲裁字第×号

申请人：

住所：

法定代表人：　　　　职务：

委托代理人：×××律师事务所律师

委托代理人：

被申请人：

住所：

法定代表人：　　　　职务：

委托代表人：×××律师事务所律师

委托代理人：

案由：合同(协议)纠纷案

×××仲裁委员会(以下简称本会)根据申请人(以下简称申请人)与被申请人(以下简称被申请人)××××年××月××日达成的仲裁协议(合同中的仲裁条款或补充仲裁协议)以及申请人××××年××月××日向本会递交书面仲裁申请，于××××年××月××日受理了上述仲裁协议(条款)项以下的仲裁争议案。

根据《×××仲裁委员会仲裁规则》(以下简称规则)的规定，申请人在仲裁员名册中选定×××担任本案仲裁员；被申请人选定×××担任本案仲裁员；仲裁委员会主任根据《规则》的规定，指定×××为首席仲裁员(或者根据《规则》的规定，双方共同选定×××为首席仲裁员)。上述三位仲裁员组成仲裁庭审理。

本仲裁庭审查了申请人提交的仲裁申请书、证据材料及被申请人提交的答辩书、证据材料后，于××××年××月××日在本会进行了开庭审理……(申请双方出庭情况)(被申请方出庭情况)双方当事人均出庭就法律及事实问题进行了陈述和答辩，对证据材料进行了质证，并回答了仲裁庭的询问，双方进行了辩论，作了最后陈述。征得双方当事人的同意，在仲裁庭主持下进行了调解，但未能达成调解协议。庭后，双方当事人均向仲裁庭提交了书面辩论意见(代理意见)。本案现已审理终结，经仲裁庭合议，在《规则》规定的期限内，作出本裁决。

本案案情、仲裁庭意见及裁决分述如下：

案　　情

申请人诉称：……为此提出仲裁请求：

1.……

2.……

被申请人辩称：……为此要求仲裁庭驳回申请人的仲裁请求。审理中，申请人、被申请人各自进行了举证，并对对方举证的证据材料进行了质证。

申请人提供的证据有：

1.……欲证明问题……

2.……欲证明问题……

被申请人对申请人提出的证据进行了质证，认为：

证据材料 1.……(事实、效力的异议及理由)

证据材料 2.……

被申请人提供的证据有：

1.……

2.……

申请人对被申请人提出的证据进行了质证，认为：

1.……

2.……

仲裁庭收集的证据有：

1.……

2.……

申请人(被申请人)对证据 1……认为……

对证据 2……认为……

经仲裁庭审理查明：……(合同签订情况、履行情况等事实)(客观归纳双方争议产生、争议内容、争议焦点)

以上事实，有……证据材料为证。

仲裁庭意见

仲裁庭认为：……(对本案基本事实认定依据的证据予以采信或不予采信的理由和依据)(对本案纠纷性质的认定及当事人的责任)(仲裁庭对仲裁请求事项的支持与驳回及其理由、依据)(注：仲裁庭对本案所认定的问题所适用的法律、法规可在各认定部分穿插引用)

裁　　决

基于上述意见，仲裁庭作出如下裁决：

1.……

2.……

3.……(仲裁费用的裁决)

本裁决为终局裁决，自作出之日起发生法律效力。

首席仲裁员：(签字)

仲裁员：(签字)

仲裁员：(签字)

××××年××月××日于×××(地点)

秘书：×××

(三)仲裁裁决书引例

北京仲裁委员会
裁决书

(2007)京仲裁字第 0265 号①

申请人：北京 C 房地产发展有限公司

住　　所：北京市××路××号

法定代表人：丁××，该公司董事长

仲裁代理人：吕××，北京××律师事务所律师

被申请人：北京 Z 置业有限公司

住　　所：北京市××大街××号

法定代表人：王××，该公司董事长

仲裁代理人：刘××，北京××律师事务所律师

北京仲裁委员会(以下简称本会)根据申请人北京 C 房地产发展有限公司(以下简称申请人)向本会提交的仲裁申请书以及申请人与被申请人北京 Z 置业有限公司(原名称为北京 R 置业有限公司，后变更为现名，以下简称被申请人)于 2003 年 9 月 2 日签订的《E 合作开发协议书》中的仲裁条款，于 2007 年 3 月 1 日受理了申请人与被申请人之间因上述协议所引起的争议仲裁案(以下简称本案)。本案编号为(2007)京仲裁字第 0265 号。

本会受理本案后，向被申请人送达了本案答辩通知、《北京仲裁委员会仲裁规则》(自 2004 年 3 月 1 日起施行，以下简称仲裁规则)仲裁员名册、仲裁申请书副本及其附件。

因双方未按期共同选定首席仲裁员，依据本会仲裁规则，本会主任指定刘××担任本案首席仲裁员，与申请人选定的仲裁员蒋×，被申请人选定的仲裁员龙××于 2007 年 4 月 17 日组成仲裁庭，适用普通仲裁程序审理本案。

---

① 裁决书参见北京仲裁委员会/北京国际仲裁中心编：《优秀仲裁裁决书赏析》，商务印书馆 2017 年版，第 242～252 页。

本案受理时，申请人通过本会向北京市第一中级人民法院提出财产保全申请。本会于 2007 年 3 月 1 日向北京市第一中级人民法院发出了"关于（2007）京仲案字第 0265 号仲裁案财产保全函"。

仲裁庭审阅了申请人提交的仲裁申请书及有关的证据材料，被申请人提交的仲裁答辩书和证据材料，原定于 2007 年 5 月 16 日进行开庭审理，后因故改为 2007 年 5 月 23 日进行开庭审理。仲裁庭于 2007 年 5 月 23 日对本案进行了开庭审理。申请人的委托代理人和被申请人的委托代理人均到庭参加了庭审。仲裁庭认真听取了双方当事人对案情的陈述及其对所提交证据材料的说明，对本案有关事实进行了庭审调查、核实，并组织双方当事人对相关证据进行了质证，主持了庭审辩论。开庭审理过程中，仲裁庭在征得双方当事人同意的情况下进行了调解，但双方未能达成调解协议。仲裁庭要求双方当事人庭后通过书面发表代理意见（含辩论意见）及最后陈述意见。双方表示同意并提交了书面意见。

本案现已审理完结，仲裁庭根据双方当事人提交的书面材料和庭审情况，经合议，依法作出本裁决。

现将本案案情、仲裁庭意见和裁决分述如下：

一、案情

申请人诉称：其与被申请人于 2003 年 9 月 2 日签订《E 合作开发协议书》（以下简称《协议书》），约定：由被申请人提供 E 项目的土地使用权及部分资金，申请人提供部分开发资金，双方共同开发、经营、管理 E 项目。被申请人应在 2003 年 12 月 30 日前取得项目的建设工程规划许可证并在随后的 30 日内取得开工证。协议还约定了定金、项目开工时间、违约责任等条款。协议签订后，申请人于 2003 年 9 月 5 日向被申请人支付了首期开发资金 910.48 万元（人民币，下同），其中含 200 万元定金，并为该项目实施支出设计费、勘察费、晒图费共计 1527074.65 元。被申请人却未如约履行协议，在长达三年多的时间里一直未能取得 E 项目的合法开发手续，未在 2003 年 12 月 30 日前取得建设工程规划许可证和此后的 30 日内取得开工证，致使合作项目无法继续进行下去，申请人的合同目的无法实现。申请人曾经多次与被申请人进行交涉，要求被申请人返还开发资金并赔偿一切损失，但均未果。故提请仲裁解决纠纷。

申请人提出如下仲裁请求：

1. 解除《E 合作开发协议书》。

2. 被申请人返还开发资金 910.48 万元及其占用之日起至全部清偿完毕之日止的利息（暂计至 2007 年 2 月 28 日为 1694995.09 元）。

3. 被申请人返还定金 200 万元。

4. 被申请人支付设计费、勘察费共计 1527074.65 元。

5. 被申请人承担本案全部仲裁费用。

申请人向仲裁庭提交的证据材料包括：

1.《E 合作开发协议书》，以证明双方之间存在合同法律关系以及各自在合同项下的主要权利与义务。

2. 申请人的房地产开发企业资质证书，以证明申请人具备相应的房地产开发经营资质。

3. 申请人支付首期开发资金910.48万元的汇款凭证，以证明申请人已经按约履行了合同义务。

4. 申请人与设计单位签订的关于委托设计的协议书及其补充协议、付款凭证、部分设计方案及工作成果等，以证明申请人为合作项目支付的设计费、勘察费、晒图费的事实与依据。

5. 申请人与被申请人之间的往来函件4份，以证明被申请人的违约事实、双方为此进行的磋商以及解除合同的依据。

被申请人不同意申请人的所有或任一仲裁请求。

关于申请人提出的解除合同的仲裁请求，被申请人在书面答辩意见和开庭审理过程中提出的答辩意见均认为被申请人并不存在违约行为，申请人无权主张解除合同，理由是：其一，合作协议书约定的只是争取在2003年12月30日之前取得建设工程规划许可证，而不是必须或一定要在此之前取得；其二，取得建设工程规划许可证不是被申请人单方的义务，而是需要申请人提供配合；其三，由于未取得建设工程规划许可证，当然也就无从取得开工证；其四，诉争项目之所以至今未取得相关法律手续包括办理建设工程规划许可证、开工证、土地使用权证等，是因为合作协议书签订不久，北京市政府出台了关于经营性国有土地使用权进行清理和重新登记的新政策，要求对所有经营性建设项目的土地使用权重新进行审查和登记，符合条件的予以登记和发证，不符合条件的不能发证和登记，此种情形属于不可抗力；其五，被申请人一直在与政府相关部门进行沟通，诉争项目还是有可能最终获得审批的；其六，合作协议书只约定一方当事人擅自将合同权利转让给第三方的情况下对方才享有解除合同的权利，现在并未发生这样的情形，所以申请人不能解除合同。

关于申请人提出的赔偿利息，支付设计费、勘察费、晒图费和双倍返还定金的仲裁请求，被申请人表示拒绝，理由是：其一，双方于2004年12月24日签订了《合作投资Z置业有限公司协议书》，双方仍在合作当中，并不存在借款或占用资金的关系，故不存在由被申请人支付利息的问题；其二，设计、勘察是按申请人的要求单独进行的，如果申请人退出合作，此等设计就没有任何意义，因为任何第三方都无法使用；其三，申请人没有单独支付过定金，200万元是包含在910.48万元当中的，更何况被申请人无违约行为，所以不存在双倍返还定金的问题。

被申请人为支持其主张向仲裁庭提交的证据材料包括：

1.《E合作开发协议书》，以证明双方之间合同关系的存在及各自的主要权利与义务。

2. 2004年11月8日的《合作意向书》和2004年12月24日的《合作投资Z置业有限公司协议书》，以证明双方仍在合作当中。

3. 双方之间往来函件7份，以证明被申请人没有违约以及双方之间就解决纠纷进行的磋商。

4. 被申请人的付款凭证共计36份，以证明被申请人为此履行合同支付的各种款项。

二、仲裁庭意见

结合申请人的仲裁申请书和相关证据材料、被申请人的答辩书和相关证据材料，以及开庭审理过程中仲裁庭查明的事实与双方代理人发表的代理意见，仲裁庭认为，本案争议的核心问题是诉争合同应否解除，申请人是否享有合同解除权；与此相关的问题则是如果解除合同的话，相关的损失赔偿请求、定金罚则请求应否得到支持。

对上述争议问题，仲裁庭分析如下：

(一)关于合同解除问题

申请人请求解除合同，主要理由是由于被申请人的违约导致合同目的无法实现；被申请人则不同意解除合同，主要理由是并未出现合同约定的解除合同的条件，被申请人并无违约行为，且本案合同履行困难系政府行为所致，属于不可抗力。

仲裁庭认为：首先，诉争合同的性质为房地产合作开发协议，其内容不违反相关法律和行政法规的规定，且系双方当事人的真实意思表示，为合法有效之合同，双方当事人均应遵守执行，无正当理由不得单独解除。

其次，依据《中华人民共和国合同法》(以下简称《合同法》)的相关规定和原理，合同解除包括约定解除和法定解除两种情形。本案申请人主张的非约定解除，而是法定解除，即依据《合同法》第九十四条第(四)项的规定享有的解除权。故被申请人关于其并无合作开发协议书第3条及第14条约定的行为故而申请人不能提出解除合同的抗辩不具有任何实质意义。

再次，申请人是否享有《合同法》第九十四条第(四)项规定的法定解除权，取决于本案事实是否满足了该条规定的条件。第九十四条规定："有下列情形之一的，当事人可以解除合同：……(四)当事人一方迟延履行债务或者有其他违约行为致使不能实现合同目的……"申请人认为本案事实符合此一规定的条件，其有权行使合同解除权，被申请人则认为其不存在违约行为，并详细列举了数项具体事实以证明其不存在违约行为，故不能适用该条规定，且政府行为属于不可抗力，申请人不能因此主张解除权，对申请人提出的上述抗辩事由，仲裁庭逐一分析如下：

1. 协议书第2条约定申请人(乙方)"应配合甲方(被申请人)争取在2003年12月30日前取得项目的建设工程规划许可证"，申请人认为，依据此一约定，取得建设工程规划许可证不是被申请人单方的义务，申请人需要提供配合。对此，仲裁庭认为，此一约定的文义解释非常清楚，即被申请人为取得建设工程划许可证的义务人，申请人为辅助人，即配合被申请人的义务履行行为。概言之，取得建设工程规划许可证为单方之义务，即被申请人单方之义务，申请人的义务仅为辅助性义务。被申请人关于取得项目建设工程规划许可证不是其单方义务的抗辩不成立。事实上，被申请人未能举证证明由于申请人未履行辅助性义务即配合义务而导致其取得建设工程规划许可证的主要性义务无法或不能履行。

2. 上述约定使用了"争取"一词，故此，被申请人认为其并无义务"一定"或"必须"在2003年12月30日前取得规划许可证。对此，仲裁庭认为，从文义解释的角度而言，被申请人的此一理解成立。但是，协议书在第6条还约定："双方同意共同努力保证本项目在 2003 年内全面开工；保证在 2004 年内项目全面交付使用。"根据该条约定，诉争项目应当保证在 2004 年年底全面完工并交付使用，则建设工程规划许可证的取得至少应当在 2004 年年底之前完成，而事实上被申请人时至本案仲裁提起之日即 2007 年年初仍未取得规划许可证。"争取"一词的确是一个含义不确定的表述，但从逻辑解释的角度，合同的相关条款表明了被申请人履行义务的合理时间与期间，被申请人并不能以上述约定的不明确而无限期地延迟履行自己的义务。被申请人于 2004 年年底之前仍未取得建设工程规划许可证，已经陷入履行迟延。

3. 被申请人认为，由于规划许可证未取得，故协议书约定其在取得规划许可证后 30 日内取得项目开工许可证也就无从谈起，其未能取得开工许可证不构成违约。对此，仲裁庭认为，取得开工许可证的确是以取得规划许可证为前提的，但未能取得规划许可证本身即是被申请人的违约行为所致，故未能取得开工许可证使得被申请人陷入连续违约的状态。

4. 被申请人主张，其未能取得诉争项目土地的使用权证和基于土地使用权而产生的相关法律手续包括规划许可证、开工许可证等，是由于合同签订后不久，北京市政府出台了土地使用权重新登记的政策，诉争项目正好属于需要进行清理和重新登记的范围，被申请人已经向主管部门递交了相关申请材料，但至今仍未得到批准，此种政府宏观调控的措施于当事人而言属于不可抗力之情形，被申请人主观上并无过错，故不同意解除合同和承担违约责任。对此，仲裁庭认为，其一，我国相关法律包括《民法通则》和《合同法》均未将政府行为作为不可抗力加以规定，将政府行为作为不可抗力缺乏立法上的依据；其二，民法原理和合同法原理上通说都否认政府行为作为不可抗力，概因政府行为特别是经济领域中的宏观调控措施常有发生，当事人在缔约与履约过程中对此均应有合理的预见，如果将政府行为作为不可抗力则极易导致交易关系的不稳定进而不合合同法关于鼓励交易与诚实信用之原则；其三，即使确实存在北京市政府的上述行政行为即对经营性国有土地进行重新登记，也并不必然导致被申请人不能取得土地使用权和办理相关法律手续，如果诉争项目的土地使用权符合审批的条件则完全能够通过审批和登记，换言之，政府行为并不必然导致被申请人不能履行合同义务。因此，仲裁庭认为，被申请人以政府行为作为不可抗力并以此对抗申请人关于解除合同的主张不能成立。

5. 被申请人认为，申请人与被申请人分别于 2004 年 11 月 8 日和 2004 年 12 月 24 日签订了《合作意向书》和《合作投资 Z 置业有限公司协议书》，表明双方一直在合作当中，申请人已经同意将投资权益转化为股权。申请人在质证时明确表示反对此一意见。对此，仲裁庭认为，《合作意向书》仅为框架性协议，且已经言明双方需在意向书的基础上签订正式的合作协议书，而事实上双方均未最后批准同意该意向书，未签订正式合同，故不能以此认定双方的权利义务关系；《合作投资 Z 置业有限公司协议书》的签约主体不是本案当事人，不属于本案仲裁审理的范围。

综上所述，申请人与被申请人所签《E 合作开发协议书》合法有效，被申请人无正当理由未能依约履行合同项下的义务，在合同签订后长达三年多的期间内仍不能履行合同义务，致使当事人签订合同的目的不能实现，申请人依据《合同法》第九十四条第(四)项之规定行使合同解除权于法有据,仲裁庭予以支持。

(二)关于损失赔偿的处理

申请人提出的损失赔偿请求共三项,仲裁庭分别分析如下:

1. 关于退还本金与利息

《合同法》第九十七条规定:"合同解除后,尚未履行的,终止履行;已经履行的,根据履行情况和合同性质,当事人可以要求恢复原状、采取其他补救措施,并有权要求赔偿损失。"根据此一规定,被申请人应当将已经收取的、由申请人支付的本金910.48万元全部退还给申请人,并应支付该笔本金的全部利息。申请人主张利息标准按中国人民银行一年期贷款利率计算,仲裁庭认为此一请求合理,予以支持,利息自申请人支付全部上述款项之日即2003年9月5日起计算至实际清偿之日止。暂计算至本裁决作出之日为1952027.34元。

2. 关于返还定金200万元

申请人认为协议书约定了定金条款,其支付的首期款项910.48万元当中含有200万元的定金,现被申请人违约,故根据《中华人民共和国担保法》(以下简称《担保法》)的规定,被申请人应当双倍返还定金,即在返还全部本金的基础上再支付200万元定金罚款。对此,仲裁庭认为:首先,根据《担保法》的规定和担保法原理,定金具有担保功能和惩罚功能,此一担保与惩罚功能是对于双方当事人均有约束力的,即接受一方违约时须双倍返还定金,给付一方违约时须丧失定金所有权,而诉争协议约定的是此200万元仅作为申请人履行合同的定金担保,即"其中的200万元作为乙方(即申请人)履行本协议的定金",此一约定不符合定金对合同双方当事人均具有担保效力的特征;其次,定金应当是在履行合同前支付,于合同履行完毕时冲抵合同价款,或于发生违约时作为定金罚则执行,而诉争协议约定该200万元于"本款履行完毕转为冲抵上款分摊费用",此处的"本款"应指首期款910.48万元,"上款分摊费用"应指申请人应当支付的2276.2万元分摊费用,依文义解释,应当解释为在首期款910.48万元支付完毕后(即向被申请人支付完毕,而非全部合同履行完毕)即转为冲抵分摊费用,不再具有担保的性质,此亦不合定金的性质;再次,对此200万元协议书并未约定定金罚则,即接受一方违约时须双倍返还、给付一方违约时须丧失所有权,由此可推知双方缺乏明确地将此200万元约定为定金的意思表示;最后,协议书第20条约定:"本协议书经双方法定代表人或授权代表签字并收到履约定金后生效。"此一条款将200万元作为合同生效的条件之一加以约定,更使其具有了成约定金的性质而不具有违约定金的性质。结合上述各种因素,仲裁庭认为诉争合同并未约定违约定金,申请人关于双倍返还定金的主张不能得到支持。

3. 关于设计费等其他损失

申请人主张其为履行合同而花费设计费、勘察费、晒图费等共计1527074.65元,应当由被申请人承担此项损失;被申请人认为此等费用是专为申请人进行设计等而产生的,如果申请人退出合作,则该等设计不能被任何第三方采用,故不能由被申请人承担。对此,仲裁庭认为,申请人系根据诉争合同第5条的约定而委托进行设计等行为,此等费用支出在合同得到正常履行时,是可以作为合理的成本而通过实现利润予以摊销的，现在由于被申请人违约，合同无法得到正常履行，此等支出便成为纯粹的损失，无论此等设计成果今后是否被采用或何人采用，对申请人而言已无法得到弥补。鉴于被申请人对具体数额未提出异议，故仲裁庭认为申请人的此一请求合理，予以支持。

4. 关于本案仲裁费用承担

基于上述分析结论，仲裁庭认为，本案仲裁费用由被申请人承担90%，由申请人承担10%是合理的。

三、裁决

基于上述意见，仲裁庭经合议，裁决如下：

(一)解除申请人与被申请人之间的《E合作开发协议书》，双方不再履行。

(二)被申请人向申请人返还合同款项9104800元。

(三)被申请人向申请人支付前述合同款项的利息，利率按中国人民银行一年期贷款利率计算，计算至前述合同款项实际支付之日止，暂计算至2007年8月6日为1952027.34元。

(四)被申请人向申请人支付设计费、勘察费、晒图费等共计1527074.65元。

(五)本案仲裁费188755.51元(已由申请人全部预交)，由申请人承担18875.56元，由被申请人承担169879.95元；被申请人应直接向申请人支付申请人代其交纳的仲裁费169879.95元。

(六)驳回申请人的其他仲裁请求。

以上被申请人应向申请人支付的款项，被申请人应当自本裁决书送达之日起30日内支付完毕。

本裁决为终局裁决，自作出之日起生效。

首席仲裁员：刘××

仲　裁　员：蒋　×

仲　裁　员：龙××

二○○七年八月六日

五、仲裁调解书

仲裁调解书，是在仲裁过程中，仲裁庭根据申请人与被申请人双方自愿就仲裁达成的协议制作的具有法律效力的法律文书。仲裁调解书分为首部、正文、尾部三部分。

(一)仲裁调解书的写法

仲裁调解书撰写格式和要求如下：

1. 首部

(1)标题。包括文书名称和文书编号。文书名称包括制作机构名称，如"×××仲裁委员会仲裁调解书"，文书编号在名称的右下方标明。

(2)申请人与被申请人的基本情况。

(3)引言。包括仲裁委员会受理案件的依据、仲裁庭的产生和组成情况以及仲裁庭对案件的审理情况等程序性事项。主要是为了表明仲裁程序的合法性。

2. 正文

(1)写明申请人与被申请人争议的事实和仲裁请求。双方争议的事实可以简要概括，但是对于仲裁请求以及反请求则要根据申请人的仲裁申请书以及被申请人的仲裁反请求申请书写清楚、完整。仲裁请求是法律要求写出的内容。

(2)写明申请人与被申请人达成的调解协议的具体内容。《仲裁法》明确规定，调解书应当写明申请人与被申请人达成协议的结果。该部分是仲裁调解书的核心部分，其内容决定双方的权利义务，既包括实体权利争议所达成的协议内容，也包括有关仲裁费用分担的内容。

(3)仲裁庭经过对调解协议的审查，表明对调解协议的态度。仲裁庭应当对申请人与被申请人达成协议的内容进行审查，确认其与事实相符，不违反法律规定，不损害他人的合法权益。对其予以确认。

3. 尾部

(1)写明仲裁调解书的生效时间。根据《仲裁法》的规定，可表述为："调解书与裁决书具有同等法律效力""经双方当事人签收后，即发生法律效力"。

(2)仲裁庭成员署名并加盖仲裁委员会印章，注明制作调解书的日期。由三名仲裁员组成仲裁庭的，依序写明首席仲裁员及其他两名仲裁员的姓名。由一名仲裁员组成仲裁庭的，只写其姓名即可。

(3)仲裁秘书署名。

(二)仲裁调解书参考格式

×××仲裁委员会
调解书

（　　）×仲裁字第×号

申请人：

住所：

法定代表人：　　　　　　　　职务：

委托代理人：××律师事务所律师

委托代理人：

被申请人：

住所：

法定代表人：　　　　　　　　职务：

委托代理人：××律师事务所律师

委托代理人：

案由：合同(协议)纠纷案

××仲裁委员会(以下简称本会)根据申请人××(以下简称申请人)与被申请人××(以下简称被申请人)××××年××月××日达成的仲裁协议(合同中的仲裁条款或补充仲裁协议)以及申请人××××年××月××日向本会递交书面仲裁申请，××××年××月××日受理了上述仲裁协议(条款)项以下的仲裁争议案。

根据《××仲裁委员会仲裁规则》(以下简称规则)的规定,申请人在仲裁员名册中选定×××担任本案仲裁员;被申请人选定×××担任本案仲裁员;仲裁委员会主任根据《规则》的规定,指定×××为首席仲裁员(或者根据《规则》的规定,双方共同选定×××为首席仲裁员)。上述三位仲裁员组成仲裁庭审理。

本仲裁庭审阅了申请人提交的仲裁申请书、证据材料及被申请人提交的答辩书、证据材料后于××××年××月××日在本会进行了开庭审理……(申请双方出庭情况)(被申请方出庭情况)

申请人的仲裁请求为:

1.……

2.……

被申请人答辩为:

1.……

2.……

双方当事人均出庭就法律及事实问题进行了陈述和答辩,质证了证据材料,并回答了仲裁庭的询问,双方进行了辩论,作了最后陈述。(双方当事人要求对本案争议事实和理由不作表述时,下列内容可以不写,只在括号内写明:根据双方当事人的要求,调解书对本案争议事实和理由不作表述)

审理中,申请人、被申请人各自进行了举证,并对对方举证的证据材料进行了质证。

申请人提供的证据有:

1.……欲证明关系……

2.……欲说明问题……

被申请人对申请人提出的证据进行了质证,认为证据材料1.……(事实、效力的异议及理由)证据材料2.……

被申请人提供的证据有:

1.……

2.……

申请人对被申请人提出的证据进行了质证,认为:

1.……

2.……

被申请人提供的证据有:

1.……

2.……

仲裁庭收集的证据有:

1.……

2.……

申请人(被申请人)对证据1认为……对证据2认为……

经仲裁庭审理查明:(合同签订情况、履行情况等事实)(客观归纳双方争议产生、争议内容、争议焦点)征得双方当事人同意，在仲裁庭主持下进行了调解。

经调解，达成如下协议：

一、……

二、……

三、……

四、……

上述调解协议符合有关法律规定，仲裁庭予以确认。

本调解书经双方当事人签收后，即发生法律效力。

> 首席仲裁员：(签字)
>
> 仲裁员：(签字)
>
> 仲裁员：(签字)
>
> ××××年××月××日于××(地点)
>
> 秘书：(署名)

(三)仲裁调解书引例

石家庄仲裁委员会
调解书

石裁调字[2010]第 323 号

申请人：××市×××汽车运输队

负责人：田××，该运输队队长

住　　所：××市××镇×村

仲裁代理人：田××，该运输队法律顾问

仲裁代理人：吴××，河北××律师事务所律师

被申请人：×××财产保险股份有限公司××支公司

负责人：牛××，该支公司经理

住所：石家庄××县××大街西头

仲裁代理人：刘×，×××保险股份有限公司×××市分公司法律部副经理

仲裁代理人：丁××，×××保险股份有限公司×××市分公司法律部职员

石家庄仲裁委员会(以下简称本会)根据申请人××市××汽车运输队(以下简称申请人)与被申请人×××财产保险股份有限公司××支公司(以下简称被申请人)2009 年 9 月 19 日签订的《×××财产保险股份有限公司机动车保险单》(以下简称《保险单》)中的仲裁条款和申请人向本会提交的《仲裁申请书》，于 2010 年 8 月 11 日受理了当事人之间上述合同项下的纠纷仲裁案，案号为石裁字[2010]第 323 号。申请人向本会预交了仲裁费 5240 元。

根据《中华人民共和国仲裁法》(以下简称《仲裁法》)和《石家庄仲裁委员会仲裁规则》(以下简称《仲裁规则》)的有关规定，本会向被申请人送达了仲裁通知书、仲裁

申请书副本及其证据材料、《仲裁规则》《石家庄仲裁委员会仲裁员名册》(以下简称《仲裁员名册》)和仲裁费用表,同时也将仲裁通知书、《仲裁规则》《仲裁员名册》和仲裁费用表送达给申请人。

根据《仲裁法》和《仲裁规则》的规定,本案适用简易程序审理。申请人、被申请人未共同选定本案独任仲裁员,本会主任指定李××为本案独任仲裁员。2010年10月8日上述一位仲裁员组成本案仲裁庭。

本会向双方当事人分别送达了组庭通知书和开庭通知书。

2010年10月13日,仲裁庭在本会开庭审理了本案。申请人的仲裁代理人吴××、田××和被申请人的仲裁代理人刘×、丁××到庭表述了自己的主张及答辩意见,核对了本案的证据,回答了仲裁庭的提问,彼此进行了辩论,作了最后陈述。

申请人的仲裁请求为:

1. 请求裁决被申请人向申请人支付保险赔偿款84500元。

2. 请求裁决被申请人承担全部仲裁费用。

经当事人同意,仲裁庭主持对本案进行了调解,双方当事人达成了一致意见,请求仲裁庭根据双方达成的调解意见,不写争议事实,依法制作调解书。

调解结果如下:

(一)被申请人向申请人支付保险赔偿金35000元。

(二)被申请人承担仲裁费2500元,由于申请人已预交了全部仲裁费,被申请人应将其承担的仲裁费2500元直接给付申请人。

(三)其他各节双方互不追究。

上述第(一)(二)项调解款项共计37500元,于2010年12月15日前由被申请人一次性给付申请人。

本调解书与裁决书具有同等法律效力。

本调解书自送达之日起生效。

仲裁员:李××(签字)

二〇一〇年十一月二十五日

六、实训内容及要求

(1)熟悉和掌握各种仲裁文书的写作要求和格式。

(2)根据研习案例草拟各种仲裁法律文书。

项目三　仲裁审理庭审操作步骤

一、庭前程序

(一)受理

仲裁程序是从当事人向仲裁机构提出仲裁申请开始启动的。仲裁委员会收到当事人提交的仲裁申请书后，认为符合受理条件的，在收到仲裁请书之日起五日内向申请人发出受理通知书，并在仲裁规则规定的期限内将仲裁规则和仲裁员名册送达申请人，同时向被申请人发出仲裁通知书、仲裁申请书副本以及相关的证据材料，并在仲裁规则规定的期限内将仲裁规则和仲裁员名册送达被申请人；认为不符合受理条件的，应当书面通知当事人不予受理，并说明理由。双方当事人在收到受理通知书或仲裁通知书后，应当做好以下几项工作：

（1）申请人应当自收到仲裁受理通知书之日起七日内预交仲裁费用，否则将视为申请人撤回仲裁申请。

（2）被申请人应当自收到仲裁申请书副本之日起十五日内向仲裁委员会提交书面答辩书，并及时提交己方证据；被申请人未提交答辩书的，不影响仲裁程序的进行。

（3）双方当事人应及时提交仲裁员选定书、法定代表人证明书、授权委托书等有关材料。

（4）在被申请人下落不明的情况下，申请人应主动查找其下落，并向仲裁委员会提交被申请人的确切住所，以免影响仲裁程序进行。

（5）被申请人提出反请求的，应当在收到仲裁通知之日起十五日内以书面形式提交。被申请人应当自收到仲裁受理通知书之日起七日内预交仲裁费用，否则将视为被申请人撤回反请求仲裁申请。

此外，双方当事人均有权向仲裁委员会申请财产保全和证据保全，有权委托律师和其他代理人进行仲裁活动。

（二）组庭

双方当事人应当在仲裁规则规定的期限内约定仲裁庭的组成方式和选定仲裁员。若当事人在规定的期限内未能约定仲裁庭的组成方式或者选定仲裁员的，由仲裁委员会主任确定或指定。仲裁庭组成后，仲裁委员会向双方当事人发出《组庭通知书》。当事人在收到《组庭通知书》后，对仲裁员的公正性有怀疑时，可以在首次开庭前提出回避申请，同时应当说明理由。若回避事由在首次开庭后知道的，可以在最后一次开庭终结前提出。因回避而重新选定或指定仲裁员后，当事人可以请求已进行的仲裁程序重新进行，是否准许由仲裁庭决定。

仲裁委员会应当在仲裁规则规定的期限内将开庭日期通知双方当事人。当事人在收到开庭通知书后，若确有困难，不能在确定的开庭日期到庭，则可以在仲裁规则规定的期限内向仲裁庭提出延期开庭请求，是否准许由仲裁庭决定。申请人经书面通知，无正当理由不到庭或未经仲裁庭许可中途退庭的，视为撤回仲裁申请。被申请人经书面通知，无正当理由不到庭或者未经仲裁庭许可中途退庭的，仲裁庭可以缺席裁决。

当事人申请仲裁后，有自行和解的权利。达成和解协议的，可以请求仲裁庭根据和解协议作出裁决书，也可撤回仲裁申请。在庭审过程中，若双方当事人自愿调解的，可以在仲裁庭主持下先行调解。调解成功的，仲裁庭依据已达成的调解协议制作调解书，当事人也可以要求仲裁庭根据调解协议制作裁决书。调解不成的，则由仲裁庭及时作出裁决。仲裁庭对专门性问题认为需要鉴定的，可以交由当事人共同约定的鉴定部门鉴定，也可以由仲裁庭指定的鉴定部门鉴定，鉴定费用由当事人预交。

二、庭审程序

（一）开庭准备和开庭宣布

首先由仲裁秘书发言：

大家好！我叫×××，是本案的仲裁秘书。

现在我先向大家宣布一下庭审纪律：

（1）请双方当事人和代理人服从仲裁庭的各项程序安排和决定。

（2）在陈述事实、辩论问题时，语言和举止要文明，不要大声喧哗，不要进行人身攻击。

（3）未经仲裁庭允许，不要随意发言、插话，也不要随意离开庭审现场。

（4）庭审过程中，未经允许，请不要录音、摄像或照相。

（5）请不要吸烟和使用移动电话。

现在，请首席仲裁员（或独任仲裁员）主持庭审活动。

首席（或独任仲裁员）开始主持庭审活动：

大家好！欢迎大家选择仲裁的方式解决你们之间的合同争议，感谢大家对我们的信任！

本案由我们三位仲裁员（或由我本人）组成仲裁庭，负责审理你们双方之间的……纠纷一案。

我叫×××，是本案的首席仲裁员（或独任仲裁员）；另外两位仲裁员分别是：×××仲裁员和×××仲裁员。

本案仲裁庭组成人员如果有《中华人民共和国仲裁法》第三十四条规定的情况之一的，当事人有权提出回避的申请。现请问：申请人和被申请人是否需要提出回避的申请？

（如果双方当事人不申请回避则继续开庭。如果当事人申请回避，应当宣布休庭，并将申请提交仲裁委员会主任作出决定）

首席仲裁员（或独任仲裁员）确认到庭人员及其身份：

（1）请申请人通报一下你（个人）的姓名、住址（或工作单位、职务）。

或：请通报你方（法人）的单位名称、住所、法定代表人或主要负责人姓名、职务。你方有代理人吗？如有，请通报一下姓名、工作单位、职务以及代理事项和权限。

（2）请被申请人通报一下你（个人）的姓名、住址（或工作单位、职务）。

或：请通报你方（法人）的单位名称、住所、法定代表人或主要负责人姓名、职务。你方有代理人吗？如有，请通报一下姓名、工作单位、职务以及代理事项和权限。

（3）请问双方对对方今天的出庭人员是否有异议？（如有异议，请提出理由）

（二）庭审调查

在开始仲裁庭调查之前，首席仲裁员（或独任仲裁员）发问：

请问双方当事人是否收到《××仲裁委员会当事人仲裁活动权利义务告知书》？是否有不清楚、不明白的地方？（如有疑问，予以解释）

请问被申请人，是否收到申请人的《仲裁申请书》以及证据材料？是否已经提交了答辩书和相应的证据材料？

请问申请人：是否收到被申请人的答辩书以及证据材料？现在双方当事人是否有新的证据材料需要补充提交？（如有可以当庭提交）

1. 事实调查阶段

首席仲裁员（或独任仲裁员）：

现在仲裁庭对你们之间争议的事实进行调查。

首先，请申请人陈述仲裁请求及事实和理由。（申请人开始陈述本方的仲裁请求及事实和理由）

请问申请人，你方的仲裁请求有无变更或补充？（如有变更或补充，请其陈述）

下面，请被申请人对仲裁请求进行答辩。（被申请人开始对对方的仲裁请求及事实和理由进行答辩）

（如有仲裁反请求的，请其陈述；在其陈述完毕后，请申请人对对方的仲裁请求及事实和理由进行答辩）

根据双方的仲裁请求和答辩意见，仲裁庭应当归纳双方的争议焦点，列出争议焦点后征询双方当事人对归纳焦点的意见，允许当事人补充争议焦点。

2. 举证和质证

首席仲裁员（或独任仲员）主持举证和质证活动：

现在请双方当事人围绕争议焦点对自己的主张进行举证，并对对方所提交的证据进行质证。

（1）先请申请人出示证据，并对每一份证据的证明对象、目的、真实性、合法性和关联性进行说明。

（2）请被申请人对申请人的每份证据发表质证意见。

请被申请人出示证据，并对每一份证据的证明对象、目的、真实性、合法性和关联性进行说明。

请申请人对被申请人的每份证据发表质证意见。

（3）宣读证人证言。

若有证人出庭作证，首先要告知证人的权利义务。

（证人的权利、义务：有要求阅读证人笔录的权利；有要求补正证言笔录遗漏或错误的权利；有要求补偿因作证而影响其正当的经济收入和差旅费的权利等。有如实陈述案件事实的义务；有遵守仲裁纪律的义务。然后请证人作证）

询问当事人对证人证言的意见；仲裁庭可以向证人发问。

（4）宣读鉴定意见。

询问当事人对鉴定意见的看法；仲裁庭、当事人可以向鉴定人发问。

（5）宣读勘验笔录。

询问当事人对勘验笔录的意见。

首席仲裁员（或独任仲裁员）引导双方当事人相互发问：现在，当事人可以相互就本案的事实问题向对方发问。请问申请人有问题要向被申请人提问吗？被申请人，有问题要向申请人提问吗？

仲裁庭可以发问：下面，由仲裁庭组成人员就本案的事实问题对双方当事人分别提问，请你们如实回答。

（三）庭审辩论

根据事实调查情况，请双方当事人围绕争议的焦点进行辩论，对双方争议的事实和适用法律等问题发表各自的意见。

先请申请人发言，再请被申请人发言。

（如一方对对方的意见有异议，可针对其观点提出新的辩论意见，互相展开辩论）

在确认双方没有新的辩论意见，陈述完毕后，首席仲裁员（或独任仲裁员）即可宣布庭审辩论结束。

（四）当事人最后陈述

首席仲裁员（或独任仲裁员）宣布：请双方当事人做最后陈述。

……（申请人做最后陈述）

……（被申请人做最后陈述）

合议庭成员应当认真、耐心听取双方当事人的陈述，一般不宜打断其发言。

（五）调解

首席仲裁员（或独任仲裁员）发问：仲裁庭在此想征求一下双方是否有调解的意愿？（若双方愿意由仲裁庭进行调解，仲裁庭可以当庭进行调解，若双方当事人不愿意当庭调解，可以和双方当事人另行约定调解时间）

首席仲裁员（或独任仲裁员）宣布：今天的仲裁审理活动到此告一段落。案件是否需要再次开庭审理，需等仲裁庭研究后再作出决定。如果需要再次开庭，仲裁秘书会另行通知大家开庭的时间。双方当事人如果有证据需要补充提交，请在庭后×日之内补交。双方代理人的书面代理词，也请在庭后×日之内提交仲裁秘书。案件如果不需要再次开庭审理，将在仲裁庭进行评议后作出裁决。现在休庭。谢谢大家的配合与支持！

休庭后，仲裁参加人阅读、补正庭审笔录并签名。

（六）评议、裁决

如果仲裁庭为合议庭的，休庭后由首席仲裁员主持评议活动，每一位仲裁员均可就案件发表个人的裁决意见。三位仲裁员裁决意见一致的，由首席仲裁员在其后的仲裁审理期限内制作裁决书；三位仲裁员裁决意见不一致的，以少数服从多数的原则形成裁决，由首席仲裁员在其后的仲裁审理期限内制作裁决书，持不同意见的仲裁员也可以不在裁决书上签名，但该行为不影响裁决书的效力；三位仲裁员形不成多数意见的，按照首席仲裁员意见制作裁决书。

三、实训内容及要求

（1）熟悉和掌握仲裁程序和仲裁规则。

（2）作为律师代理仲裁案件。

（3）作为仲裁员审理仲裁案件。

（一）律师代理仲裁庭审的工作步骤

1. 庭前准备

（1）根据研习案例深入研究案件事实和相关证据。

（2）查找相关法律依据，准确适用法律。

（3）准备仲裁申请书、仲裁答辩书和与其相对应的证据材料。

（4）拟写出庭审调查和辩论提纲，制定仲裁策略。

（5）根据己方提供的证据拟写出举证意见。

（6）根据对方提供的证据拟写出质证意见。

（7）撰写代理词。

2. 仲裁开庭

（1）代理当事人陈述或答辩。

（2）代理当事人举证、质证。

（3）代理当事人接受询问或提问。

（4）代理当事人发表代理词和辩论意见。

（5）代理当事人调解或和解。

（6）代理当事人阅读并核实庭审笔录。

（二）律师作为仲裁员审理仲裁案件的工作步骤

（1）草拟仲裁庭审理提纲。

（2）主持庭审。

（3）草拟调解方案，主持调解。

（4）撰写仲裁裁决书或仲裁调解书。

实训单元六　律师承办行政诉讼业务

一、本单元引文

行政诉讼是公民、法人或者其他组织认为行政机关或被授权组织及其工作人员的行政行为侵犯其合法权益，向法院提起诉讼，由法院依法行使行政审判权解决行政争议的活动。行政诉讼相较于民事诉讼、刑事诉讼，有其鲜明的特点：(1)原告胜诉率与被告败诉率逐年提高。(2)撤诉率高。这里面有部分是原告心悦诚服认识到行政行为合法，愿意回到行政程序中自觉自愿履行行政行为；有部分是在被告的压力下违心撤诉；也有个别是被告改变原具体行政行为，原告同意而申请撤诉。(3)案件数量增多，拆迁、专利案件明显增多，老百姓维权意识明显增强。(4)律师代理率高。行政诉讼具有专业化的特点，往往都需要专业律师的参与。(5)信访率高。"案结事不了"，群体事件或上访率高。律师在行政诉讼中的作用是不容忽视的。律师参与行政诉讼，首先，有助于维护公民、法人和其他组织的合法权益；其次，有助于督促行政机关依法行政；最后，有助于人民法院正确、及时地审理行政案件。

二、实训目的

按照理论与实践相结合的原则，通过对经过加工的真实案例进行分析模拟，综合运用行政法与行政诉讼法的基本原理和主要法律制度，让学生熟悉行政诉讼的各个环节和规则，学习各个司法实践环节的操作程序和操作技巧，培养行政诉讼实践能力，提高运用行政法与行政诉讼法理论分析和解决实际问题的能力。

三、实训任务

(1)了解行政诉讼的受理范围。
(2)了解代理行政机关与代理行政相对人诉讼的不同要求。
(3)了解律师承办行政诉讼业务的准备工作。
(4)了解行政诉讼的庭审程序及诉讼策略。

项目一　研习案例

一、案情概况

2019年5月8日，侯某驾驶牌号为冀E×××××号的小型汽车，在新华南路与观光路交叉口被邢江市公安交通警察支队某大队工作人员 A 某、B 某等查处，侯某被查处后，经仪器号为×××号呼出气体酒精含量探测器测试，其血液酒精含量为 30mg/100ml，属于饮酒后驾驶。交警接着作出酒精测量单，测量单上打印显示日期为 2007 年 5 月 8 日，后"2007 年"被签字笔修改为"2019 年"。A 某、B 某对侯某作出编号为×××的行政强制措施凭证，并采取扣留侯某驾驶证的强制措施。侯某不服于 2019 年 7 月 2 日提起行政诉讼，要求撤销编号为×××的行政强制措施凭证。

原告诉称：原告驾驶牌号为冀 E×××××号的小型汽车行至新华南路与观光路交叉口，被执勤民警拦截，以吹气方式进行酒精测试。吹气测试后，测试民警与其他民警收缴了其驾驶证、行车证等，并将原告带至路边，让其用另一个测试仪进行吹气测试，测试后告知原告血液中酒精含量为 30mg/100ml，属于饮酒驾驶，然后给原告开具酒精测试单和行政强制措施凭证，让原告签字，并扣留原告驾驶证。

原告认为：1. 原告并未饮酒，被告认定原告酒后驾驶事实错误。2. 测试交警没有告知和示明测试数据，对原告的酒精测试不符合法定程序。3. 执法交警开具的酒精测试单的测试日期、测试时间均显示系在原始打印单上单方面涂改和变更的，经过涂改和变更的测试单不能作为强制措施依据。4. 对两个酒精测试仪及执法者合法性存在异议，如果不能提供相应合法证据，应认定该测试结果不能作为本次行政强制的证据使用。

原告提交证据：证据 1：诊断证明书；证据 2：门诊病历。以上证据证明 2019 年 5 月 6 日原告在医院检查确定为感冒，医院开具处方药，原告是吃了药才引起的血液酒精含量增高。

被告辩称：本案事实清楚，证据充分。2019 年 5 月 8 日，原告驾驶车辆在新华南路与观光路交叉口处，被被告工作人员拦截检查，经呼气酒精测试仪测试，结果为 30mg/100ml，属于饮酒驾驶，执法民警当场将测试结果告知原告，原告在"对上述测试内容无异议"处签字并按手印。被告作出的行政强制措施程序正当，该行政强制措施凭证上有两名执法人员签字，执法人员在作出行政强制措施过程中，明确告知原告采取行政强制措施的理由、依据以及当事人依法享有的权利、救济途径并对当事人进行询问，听取其陈述和申辩，也履行了相关的审批手续。在执法过程中，执法民警均身着警服，文明执法，程序正当。综上，原告饮酒后驾驶机动车、未携带驾驶证的违法事实清楚，被告作出的行政强制措施依据事实充分，适用法律正确，程序正当，请求法院依法驳回原告的诉讼请求。

被告提交证据：证据 1：驾驶人信息查询结果单；证据 2：机动车信息查询结果单；证据 3：呼气酒精含量测试单；证据 4：呼气酒精含量测试笔录；证据 5：邢江市计量测试所检定证书；证据 6：A 某、B 某人民警察证；证据 7：执法视频光盘；证据 8：查获经过；证据 9：编号为×××的公安交警行政强制措施凭证；证据 10：公安交通管理行政强制措施审批表。以上证据共同证明被告作出的行政行为事实清楚，适用法律正确，程序合法。

庭审质证：

被告质证意见：对证据的真实性、合法性、关联性均有异议。现在进入医院治疗均有电子病历，其记载治疗的时间及治疗的具体情形一般来说无法修改且更利于保存，原告应当提交电子病历记录，所以对该纸质病历不予认可，并且在我市，全部药物的售出记录均可查询，原告并未提交购买藿香正气水的相关证明，所以该证据既不能证明原告曾口服该药品，更不能证明原告是在查处酒驾行为的当天当场服用。根据相关报道，藿香正气水、蛋黄派等均可导致"假性酒驾"，但酒精值升得快降得也快，有证据证明喝下藿香正气水在1分钟之内可达到醉驾的标准，但在10分钟后其酒精含量为6mg/100ml，并且这时如做血检测试不会显示血液中有酒精含量，在执法视频中原告未显示在当场服用药物，并且根据原告的说法是在上班时口服药物，那么在呼气测试时是存在时间差的，根本不会达到酒驾的标准，所以该证据并不能够证明原告的证明目的。

　　原告质证意见：对证据1、证据2无异议。对证据3有异议，记录号打印的日期为2007年5月8日，被告单方用笔涂改为2019年5月8日，因此该证据不真实、不具有合法性。酒精测试单中，两个警号分别对应的是A某和B某，当时B某并未在场，是检测后来的现场，并且没有穿戴反光背心，没有戴警帽、反光腰带，且强制凭证上记录了A某和C某，但是原告并没有见过C某，没有他的警号，酒精测试单上的警号与C某不符。证据4：呼气酒精含量测试笔录中，见证人马某为原告亲属，不能作为现场记录见证人。对证据5有异议，该证据并非原件，根据JJG657—2006标准明确规定不允许复印，并且上面没有鉴定专用章，且测试原告的是两台测试仪，而被告仅提供一台检定证书。根据标准规定仪器在检查日期内如果经过碰撞、修理等，应及时检查，这台仪器是否经过上述项目，被告没有拿出相应的证明。对证据6无异议。对证据7真实性无异议，但合法性有异议：1. 录像是从第二次测试的时候开始记录的，原告在车上第一次进行测试然后被要求下车，被收缴驾驶证、行驶证、车钥匙，把车开到路边的整个过程没有录像。第一次测试的人是否有执法证和执法权，是否有相应的执法资质没有执法记录仪的记录，整个录像没有显示原告驾驶冀E×××××车辆。2. 警号一个是A某，一个是B某，签字的只有B某，整个执法过程只有A某，B某是后来过来的，没有参与执法过程，只是签字。3. 录像显示B某没有穿戴反光背心，没有戴警帽、反光腰带。对证据8有异议，证据8系被告单方打印、盖章，不能作为证据使用。对证据9是B某签字有异议，其当时不在场，是后来过来的。对证据10有异议，不能作为原告饮酒后驾驶的证据。

　　经庭审质证法院认为：

　　针对原告提交的证据，被告虽然提出异议，但未提交相反证据予以反驳，故对原告提交的证据予以采纳。

　　针对被告提交的证据1、证据2，原告无异议。对被告提交的证据3，本院对该证据真实性予以采纳，但该记录显示时间为2007年5月8日，明显与实际发生时间不符，因此无法证实呼出气体酒精含量探测器在当时属于正常运行。针对被告提交的证据4，该证据上有原告签字，故对该证据予以采纳。针对被告提交的证据5真实性予以采纳，但该证据不足以证实呼出气体酒精含量探测器在当时属于正常运行。针对被告提交的证据6、证据7真实性予以采纳。针对被告提交的证据8，系被告单方陈述文件，故本院对该证据不予采纳。针对被告提交的证据9，系被告作出的行政强制措施凭证，原告虽主张B某在查处中并未在场，但根据被告提交的视频资料，被告作出行政强制措施时，其工作人员B某当时就在现场，故本院对该证据予以采纳。针对被告提交的证据10，系被告单位内部审批手续，本院予以采纳。

法院认为：

本案中，被告认定原告存在酒后驾车的行为的主要依据是呼气酒精含量测试单，但该单号有明显人工涂改痕迹。由于该呼气酒精含量测试单具有明显瑕疵，因此不足以证实当时该呼出气体酒精含量探测器属于正常运行，无法反映当时的现实情况，据此认定原告当时血液酒精含量为 30mg/100ml 而对原告作出编号为×××的行政强制措施凭证主要证据不足。综上，被告作出的编号为×××的行政强制措施凭证事实不清楚、主要证据不足。依据《中华人民共和国行政诉讼法》第七十条的规定，判决如下：

撤销被告作出的编号为×××的行政强制措施凭证。

案件受理费 50 元，由被告承担。

如不服本判决，可以在判决书送达之日起十五日内向本院递交上诉状，并按对方当事人的人数提出副本，上诉于邢江市中级人民法院。

二、案例分析

(一)原告是谁，有无诉权

行政诉讼原告，是指与行政行为有利害关系，对该行为不服，以自己的名义向法院提起诉讼，从而启动行政诉讼程序的公民、法人或者其他组织。原告资格是指公民、法人或者其他组织就行政争议所具有的向法院提起行政诉讼从而成为行政诉讼原告的法律能力。原告资格不同于原告，原告是一种诉讼地位，原告资格是一种法律能力。

诉权，不能简单理解为诉讼权利。这里所讲的诉权是指起诉的权利，只有在其合法权益被侵犯的情况下才有诉权。换言之，只有与被诉具体行政行为具有利害关系才能成为行政诉讼的原告。如果行政机关的具体行政行为与公民、法人或其他组织的权益损害并无直接的因果关系或者利害关系，则有可能被法院驳回起诉。

本案中，侯某与被诉的具体行政行为有直接利害关系，属于行政相对人型原告，具有原告资格，享有诉权。

法条链接：《中华人民共和国行政诉讼法》(以下简称《行政诉讼法》)第二条：公民、法人或者其他组织认为行政机关和行政机关工作人员的行政行为侵犯其合法权益，有权依照本法向人民法院提起诉讼。

前款所称行政行为，包括法律、法规、规章授权的组织作出的行政行为。

《最高人民法院关于适用〈中华人民共和国行政诉讼法〉的解释》(以下简称《行诉法解释》)第十二条：有下列情形之一的，属于行政诉讼法第二十五条第一款规定的"与行政行为有利害关系"：(1)被诉的行政行为涉及其相邻权或者公平竞争权的；(2)在行政复议等行政程序中被追加为第三人的；(3)要求行政机关依法追究加害人法律责任的；(4)撤销或者变更行政行为涉及其合法权益的；(5)为维护自身合法权益向行政机关投诉，具有处理投诉职责的行政机关作出或者未作出处理的；(6)其他与行政行为有利害关系的情形。

(二)被告是谁

被告，是指由原告起诉指控其作出的行政行为违法，侵犯原告合法权益，并经法院通知应诉的具有国家行政职权的机关和组织。可见，行政诉讼中的被告，需要具备四个条件：一是为具有国家行政管理职权的机关或者组织；二是其行政行为被原告认为侵犯了自身合法权益；三是能够独立承担法律责任；四是由法院通知其应诉。

本案中，邢江市公安交通警察支队某大队为作出具体行政行为的独立的行政机关，属于本案的适格被告。如原告经过行政复议后起诉，此时被告是谁？

法条链接：《中华人民共和国行政诉讼法》第二十六条：公民、法人或者其他组织直接向人民法院提起诉讼的，作出行政行为的行政机关是被告。

经复议的案件，复议机关决定维持原行政行为的，作出原行政行为的行政机关和复议机关是共同被告；复议机关改变原行政行为的，复议机关是被告。

复议机关在法定期限内未作出复议决定，公民、法人或者其他组织起诉原行政行为的，作出原行政行为的行政机关是被告；起诉复议机关不作为的，复议机关是被告。

两个以上行政机关作出同一行政行为的，共同作出行政行为的行政机关是共同被告。行政机关委托的组织所作的行政行为，委托的行政机关是被告。

行政机关被撤销或者职权变更的，继续行使其职权的行政机关是被告。

（三）是否属于行政诉讼受案范围

原告起诉的案件必须是行政诉讼法以及其他法律、法规规定的由法院审判的行政案件，对法院没有审判权的行政争议，不得向法院起诉。

行政诉讼的受案范围，又称行政审查权范围或者可诉行为范围，是指法院受理并审理行政争议的范围。这一范围，从法院与行政机关的关系上讲，标志着司法权与行政权的关系和边界，明确了法院对行政机关的某些行政行为具有司法审查权；从公民、法人或者其他组织的角度而言，明确了对行政机关的某些行政行为不服可以向法院起诉，以寻求司法救济。行政诉讼为公民权利受到行政权侵害时提供了司法救济，行政诉讼的受案范围关系到公民权利受司法保护的范围和程度，因此，受案范围是反映行政诉讼制度进步程度的一个重要指标。行政诉讼受案范围制约着管辖、证据、程序以及判决等规定，是行政诉讼法其他部分的前提和基础。行政诉讼的受案范围指的是法院受理行政诉讼案件的范围，并不包括非诉行政执行案件。我国行政诉讼受案范围是通过概括、列举加双重兜底的方式确定的。其中，《行政诉讼法》第二条是关于概括式的规定；第十二条第一款前十一项属于肯定式列举，第十三条属于否定式列举；所谓双重兜底，则是第十二条第一款第（十二）项的规定和第二款的规定。

本案的行政机关邢江市公安交通警察支队某大队采取扣留侯某驾驶证的强制措施属于《中华人民共和国行政诉讼法》第十二条第二款规定的行政强制措施，属于行政诉讼受案范围。

法条链接：《中华人民共和国行政诉讼法》第二条：公民、法人或者其他组织认为行政机关和行政机关工作人员的行政行为侵犯其合法权益，有权依照本法向人民法院提起诉讼。前款所称行政行为，包括法律、法规、规章授权的组织作出的行政行为。

《中华人民共和国行政诉讼法》第十二条：人民法院受理公民、法人或者其他组织提起的下列诉讼：（1）对行政拘留、暂扣或者吊销许可证和执照、责令停产停业、没收违法所得、没收非法财物、罚款、警告等行政处罚不服的；（2）对限制人身自由或者对财产的查封、扣押、冻结等行政强制措施和行政强制执行不服的；（3）申请行政许可，行政机关拒绝或者在法定期限内不予答复，或者对行政机关作出的有关行政许可的其他决定不服的；(4)对行政机关作出的关于确认土地、矿藏、水流、森林、山岭、草原、荒地、滩涂、海域等自然资源的所有权或者使用权的决定不服的；(5)对征收、征用决定及其补偿决定不服的；(6)申请行政机关履行保护人身权、财产权等合法权益的法定职责，行政机关拒绝履行或者不予答复的；(7)认为行政机关侵犯其经营自主权或者农村土地承包经营权、农村土地经营权的；(8)认为行政机关滥用行政权力排除或者限制竞争的；(9)认为行政机关违法集资、摊派费用或者违法要求履行其他义务的；(10)认为行政机关没有依法支付抚恤金、最低生活保障待遇或者社会保险待遇的；(11)认为行政机关不依法履行、未按照约定履行或者违法变更、解除政府特许经营协议、土地房屋征收补偿协议等协议的；(12)认为行政机关侵犯其他人身权、财产权等合法权益的。

除前款规定外，人民法院受理法律、法规规定可以提起诉讼的其他行政案件。

《中华人民共和国行政诉讼法》第十三条：人民法院不受理公民、法人或者其他组织对下列事项提起的诉讼：(1)国防、外交等国家行为；(2)行政法规、规章或者行政机关制定、发布的具有普遍约束力的决定、命令；(3)行政机关对行政机关工作人员的奖惩、任免等决定；(4)法律规定由行政机关最终裁决的行政行为。

《最高人民法院关于适用〈中华人民共和国行政诉讼法〉的解释》第一条：公民、法人或者其他组织对行政机关及其工作人员的行政行为不服，依法提起诉讼的，属于人民法院行政诉讼的受案范围。下列行为不属于人民法院行政诉讼的受案范围：(1)公安、国家安全等机关依照刑事诉讼法的明确授权实施的行为；(2)调解行为以及法律规定的仲裁行为；(3)行政指导行为；(4)驳回当事人对行政行为提起申诉的重复处理行为；(5)行政机关作出的不产生外部法律效力的行为；(6)行政机关为作出行政行为而实施的准备、论证、研究、层报、咨询等过程性行为；(7)行政机关根据人民法院的生效裁判、协助执行通知书作出的执行行为，但行政机关扩大执行范围或者采取违法方式实施的除外；(8)上级行政机关基于内部层级监督关系对下级行政机关作出的听取报告、执法检查、督促履责等行为；(9)行政机关针对信访事项作出的登记、受理、交办、转送、复查、复核意见等行为；(10)对公民、法人或者其他组织权利义务不产生实际影响的行为。

(四)本案起诉是否有具体的诉讼请求和事实根据

行政诉讼的诉讼请求是法定的，目前的诉讼请求主要包括：①撤销之诉；②确认之诉；③责令履行法定职责之诉；④变更之诉；⑤赔偿之诉。律师在代理行政案件中，应当正确提出诉讼请求。如果提出的诉讼请求超出了法院的职权范围，该请求注定是会被驳回的。例如有些诉讼中当事人请求法院判决行政机关颁发许可证。这类诉讼请求是无效的请求，因为法院不能代替行政机关判断是否具备了颁发许可证的条件。同时诉讼请求之间不能相互矛盾，例如在拆迁纠纷中，很多当事人的诉讼请求包括：撤销违法的拆迁决定；给予更高的拆迁补偿。这两个请求之间是矛盾的，因为第一个请求的前提是拆迁违法，而第二个请求的前提是拆迁合法。对这些问题予以注意，可以有效避免因这类技术原因导致的败诉。当事人未能正确表达诉讼请求的，人民法院应当予以释明。

建议：律师代理行政案件时，首先和当事人明确诉讼的目的和后果：很多情况下，行政诉讼并不能够像民事诉讼一样一劳永逸。例如行政机关的处罚决定撤销后还可以重新作出。法院仅仅是对已经作出的行政行为进行审查并作出裁决，有时候并不能约束行政机关未来的行为，并且不能替代行政机关作出决定，尤其是行政许可领域，最终必须由行政机关来决定是否颁发许可证并实际颁发许可证。鉴于行政诉讼的特殊性，诉讼的目的必须是特定的，可能诉讼本身并不能够直接满足当事人的真实需要，所以律师在代理行政诉讼案件中，可以与客户特别签署一个《诉讼目的确认书》，明确当事人委托事项的真实意图，避免日后双方发生纠纷和争议。

事实根据包括案情事实和证据事实。案情事实是关于发生争议的行政法律关系发生、变更或者消灭的事实。证据事实是指为证明案情事实的存在所必需的证明材料。行政相对人必须提供证据证明具体行政行为存在，即满足起诉要求。具体指：起诉人的诉请能够使人民法院判断其指向了一个特定的行政行为，即"有具体的诉讼请求"，不能在起诉审查阶段以行政行为是否合法来代替行政行为是否明确的判断。起诉人在起诉时所提交的证据或所作的说明能够表明被诉行为客观存在，且该行为对起诉人自身合法权益存在着可能性的影响，即应当认定起诉人完成了对"有具体的事实根据"的举证或说明义务。不能以起诉人对被诉行为和事实根据描述中的主观判断，影响对"有具体的诉讼请求和事实根据"的判断，更不能因此要求起诉人在起诉时即提交被诉行为违法的事实根据。要区分作为起诉条件的"事实根据"和作为支持实体权利主张的实体法上的"事实根据"，后者的举证标准与证明标准要高于前者。

本案中，原告的诉讼请求"撤销被告作出的编号为×××的行政强制措施凭证"属于撤销之诉，其在起诉时对于事实部分只需要证明该行政行为存在，即完成了起诉阶段对于事实根据的证明责任，无须证明该行政行为违法。具体而言，只需要向法院提交编号为×××的行政强制措施凭证复印件即可。

法条链接：《中华人民共和国行政诉讼法》第四十九条：提起诉讼应当符合下列条件：（1）原告是符合本法第二十五条规定的公民、法人或者其他组织；（2）有明确的被告；（3）有具体的诉讼请求和事实根据；（4）属于人民法院受案范围和受诉人民法院管辖。

（五）本案管辖法院

行政诉讼的管辖，是指法院之间受理第一审行政案件的职权分工。这种分工产生了两方面的法律效果。其一，对于审判机关来说，确定了同级法院之间审理行政案件的具体分工，明确了上下级法院之间受理第一审行政案件的权限。其二，对于原告而言，解决了发生争议后应当到哪一级的哪一个法院起诉的问题。依据法院对行政案件的纵横管辖关系不同，管辖可以分为级别管辖和地域管辖。级别管辖是指上下级法院之间受理第一审行政案件的分工和权限，从法院系统内部即纵向上解决了第一审行政案件应当由哪一级法院审理的问题。除法律规定由上级法院管辖的特殊情形之外，行政案件都应由基层法院负责管辖。地域管辖，是指在同一级别法院之间横向划分其各自辖区内受理第一审行政案件的权限。

本案属于第一审行政案件，管辖法院级别为基层人民法院，根据地域管辖原则，为最初作出行政行为的行政机关所在地人民法院，据此，本案管辖法院为邢江市××区人民法院。

法条链接：《中华人民共和国行政诉讼法》第十四条：基层人民法院管辖第一审行政案件。

《中华人民共和国行政诉讼法》第十八条：行政案件由最初作出行政行为的行政机关所在地人民法院管辖。经复议的案件，也可以由复议机关所在地人民法院管辖。

经最高人民法院批准，高级人民法院可以根据审判工作的实际情况，确定若干人民法院跨行政区域管辖行政案件。

（六）原告的举证责任

举证责任是法律假定的一种后果，指承担举证责任的当事人应当举出证据证明自己的主张是成立的，否则将承担败诉的不利后果。举证责任包括两方面的内容：一是由谁负责提供证据证明特定的案件事实，即举证责任的分配；二是不能履行举证责任时可能承担的法律后果。

被告方承担主要举证责任，原告方承担必要举证责任，这是行政诉讼中举证责任的一般性准则。但如果原告有证据证明被告的行政行为是错误的，也可以提供相关的证据，这对原告维护自身利益是非常有帮助的。

原告的举证责任如下：

初始证明责任：原告应当提供其符合法定起诉条件的相应证据材料。

证明内容包括：①自己是适格的原告。②有明确的被告。③有具体的诉讼请求和事实根据。④属于法院的受案和管辖范围。

在起诉被告不作为的案件中，原告应当提供其在行政程序中曾经提出申请的证据材料。但以下情形除外：①被告应当依职权主动履行法定职责的。②原告因正当理由不能提供证据的。此处的正当理由的范围比较宽泛，只要能够进行合理说明，法院就应当予以支持。

本案中，原告可以提供证明被诉行政行为违法的证据。原告提供的证据不成立的，不免除被告对被诉行政行为合法性的举证责任。如原告申请了行政复议，复议机关维持，原机关和复议机关为共同被告。法院要对原行政行为和复议程序合法性一并审查，并且原机关和复议机关对原行政行为的合法性共同承担举证责任。关于举证责任的分配，因为原行为是原机关作出并经过复议机关维持的，所以原机关和复议机关应当共同就原行为的合法性承担举证责任，但可以由一个机关实施举证行为；复议机关还应就复议机关合法性承担举证责任。在复议机关作共同被告的案件中，复议机关在复议程序中依法收集和补充的证据，可以作为法院认定复议决定和原行政行为合法的依据。

（七）起诉期限

公民、法人或者其他组织提起行政诉讼，必须在法定的期限内提出诉讼，对超过法定期限的起诉，法院有权拒绝受理。

（1）一般期限与特别期限。行政诉讼的起诉期限可分为一般期限和特别期限两类。

①一般期限。是指由《行政诉讼法》明确规定，适用于一般行政案件的起诉期限。

第一，直接起诉的起诉期限。当事人直接向法院提起行政诉讼的，应当自知道或者应当知道作出行政行为之日起6个月内提出。

第二，经过复议程序不服复议决定的起诉期限。公民、法人或者其他组织不服行政复议而起诉的一般期限为15日，即在收到复议决定书之日起15日内向法院提起诉讼。若复议机关逾期不作决定的，申请人可以在复议期满之日起15日内向法院提起诉讼。另外，复议机关逾期不作决定的，申请人既可以选择起诉原行政行为，也可以针对复议机关的复议不作为行为提起诉讼。究竟选择哪个行为作为起诉对象，当事人有权根据实际情况在权衡利弊后作出决定。当然，无论起诉哪个行为，都应当符合起诉期限的规定。

②特别期限。是指为《行政诉讼法》所认可，由其他单行法律所规定的起诉期限。

第一，直接起诉的特别起诉期限。《行政诉讼法》第四十六条在规定了直接起诉期限之后，明确了"法律另有规定的除外"。这里的"法律"应狭义地理解为由全国人民代表大会及其常务委员会依照立法程序制定的规范性文件。如果其他法律另行规定了起诉期限，应以这些法律规定的起诉期限为准。如海关等相应规定。

第二，经过复议程序的特殊起诉期限。公民、法人或者其他组织不服复议决定的，可以在收到复议决定书之日起 15 日内向法院提起诉讼。复议机关逾期不作决定的，申请人可以在复议期满之日起 15 日内向法院提起诉讼。法律另有规定的除外。如果法律对不服行政复议决定或者不作为行为的起诉期另有规定，依其规定，如果是法律以下的规范性文件规定的期限的，法院不予适用。公民、法人或者其他组织向复议机关申请行政复议后，复议机关作出维持决定的，应当以复议机关和原行为机关为共同被告并以复议决定送达时间确定起诉期限。

第三，行政协议诉讼的起诉期限。《最高人民法院关于适用〈中华人民共和国行政诉讼法〉若干问题的解释》第十二条规定，"公民、法人或者其他组织对行政机关不依法履行、未按照约定履行协议提起诉讼的，参照民事法律规范关于诉讼时效的规定；对行政机关单方变更、解除协议等行为提起诉讼的，适用行政诉讼法及其司法解释关于起诉期限的规定。"行政协议是一个矛盾的结合体，其中既有合同的双方性，存在着平等协商意思表示一致达成合意的民事法律关系，也有行政机关作为管理者，行使管理职权，可以单方面决定变更、解除行政协议的强制性内容。所以，行政协议诉讼也包含着民事和行政两个方面的审理内容。如果当事人对行政机关履行或不履行协议行为不服提起诉讼的，参照民事诉讼时效的规定。如果当事人对行政机关单方变更、解除协议等行为提起诉讼的，适用行政起诉期限的规定。

（2）起诉期限的计算及最长保护期限。行政诉讼的起诉期限从公民、法人或者其他组织知道或者应当知道行政机关作出行政行为之日起计算。公民、法人或者其他组织"知道"，原则上以行政机关明确告知其诉权和起诉期限为标准。

①诉作为的行政行为。

第一，既知行为内容又知诉权。当事人直接向法院提起行政诉讼的，应当在知道或者应当知道作出行政行为之日起 6 个月内提出。

第二，只知道行为内容不知道诉权。行政机关作出行政行为时，未告知公民、法人或者其他组织起诉期限的，起诉期限从公民、法人或者其他组织知道或者应当知道起诉期限之日起计算，但从知道或者应当知道行政行为内容之日起最长不得超过 1 年。复议决定未告知公民、法人或者其他组织起诉期限的，适用该规定。

第三，既不知内容又不知诉权。其起诉期限从知道或者应当知道该行政行为内容之日起计算。因不动产提起诉讼的案件自行政行为作出之日起超过 20 年的，其他案件自行政行为作出之日起超过 5 年提起诉讼的，法院不予受理。

②诉不作为的行政行为。

不作为即不履行法定职责，是指当事人申请行政机关履行保护人身权、财产权等合法权益的法定职责，行政机关拒绝履行或者不予答复。当事人不服提起诉讼的期限应当按照下列情况计算：

第一，有履行期的情况。如果法律、法规对行政机关履行职责的期限另有规定，公民、法人或者其他组织可以在规定的履行期限届满后 6 个月内向法院提起诉讼。

第二，无履行期的情况。如果法律、法规对行政机关履行职责的期限没有规定，公民、法人或者其他组织申请行政机关履行法定职责，行政机关接到申请之日起 2 个月内不履行的，公民、法人或者其他组织可以在 2 个月满后的 6 个月内向法院提起诉讼。

第三，紧急情况。公民、法人或者其他组织在紧急情况下请求行政机关履行保护其人身权、财产权等合法权益的法定职责，行政机关不履行的，提起诉讼不受上述规定期限的限制，可以立即起诉。

（3）起诉期限的扣除和延长。

①起诉期限的扣除，即公民、法人或者其他组织因不可抗力或者其他不属于其自身的原因耽误起诉期限的，被耽误的时间不计算在起诉期限内。所谓"不可抗力"，是指当事人不能预见、不能避免并且不能克服的客观情况。所谓"其他不属于自身的原因"，是指除不可抗力以外不能归责于起诉人的正当事由。例如，当事人罹患重病无法行动；诉讼文书因他人过错而未能及时收到等。基于上述两方面原因导致超过起诉期限的，考虑到耽误起诉期限不是起诉人的自身过错造成的，不应因此而丧失诉权，被耽误的时间不计算在内。可见，起诉期限自发生不可抗力或者其他不属于自身原因的情形之日起暂停计算，自障碍消除之日起继续计算。

②起诉期限的延长，即公民、法人或者其他组织因其他特殊原因耽误起诉期限的，在障碍消除后的 10 日内，可以申请延长起诉期限，是否批准，由法院决定。因人身自由受到限制而不能提起诉讼的，被限制人身自由的时间不计算在起诉期间内。值得注意的是，这种延长是一种顺延，而不是重新计算。

本案中，原告起诉适用一般期限，即在自知道或者应当知道作出行政行为之日起 6 个月内提出。

（八）委托

行政诉讼中，律师可从八个方面入手帮当事人理清案件脉络：①原告主体资格；②被告主体资格；③管辖；④有没有前置复议程序；⑤受案范围；⑥诉讼请求；⑦起诉期限；⑧是否重复起诉。前文已对起诉条件进行了具体分析，符合起诉条件的，可接受该当事人的委托；不符合起诉条件的，应当向当事人说明情况，当事人坚持诉讼的，律师在告知当事人诉讼风险并由当事人签字记录在卷后，可以接受委托，并与当事人办理委托手续。

委托手续一般包括以下内容：①律师事务所与委托人签署聘请律师合同一式两份，一份交委托人，一份交承办律师附卷存档。②律师事务所与委托人签署授权委托书一式三份，一份交受理案件的人民法院，一份交承办律师附卷存档，一份交委托人留存。③出具律师事务所函一份，呈送受理案件的人民法院。④律师事务所对接受委托的案件进行编号、登记。

　　律师事务所与委托人签署的聘请律师合同及授权委托书，应载明具体的承办律师、委托事项和权限。委托权限宜注明是一般授权还是特别授权。代为进行立案，变更、放弃、承认诉讼请求，提起上诉，转委托，签收法律文书，行政赔偿、补偿等依法可以调解的案件中的调解等代理行为，应当有委托人的特别授权；未注明的，视为一般授权。

　　(九)起诉准备

　　接受委托后，应立即着手准备起诉材料。起诉材料主要是指起诉状和证明起诉符合法定条件的相关证据材料。已办理委托律师手续的，律师应及时向人民法院提交授权委托书和律师事务所函。

　　(1)代写起诉状。起诉状应简明扼要，把事情说清楚。行政起诉状包括以下内容：

　　①当事人的基本情况。提起行政诉讼的原告为公民的，应分别写明姓名、性别、年龄、民族、职业、工作单位和住址；如果原告是无诉讼行为能力的人，还应写明其法定代理人的姓名、性别、年龄、民族、职业、工作单位和住址；如果是法人或者其他组织，应写明法人或组织的名称、所在地址，法定代表人的姓名、职务等。被告为行政机关时，应当写明其名称，单位法定代表人的姓名、职务等。

　　②诉讼请求。诉讼请求应针对原告所受到的具体行政行为的侵害情形提出，如请求人民法院撤销违法的具体行政行为，变更不当的具体行政行为，判决被告履行法定职责或者赔偿因其不当具体行政行为给原告造成的损失等。

　　③事实和理由。首先，应写明被诉行政机关的具体行政行为所侵犯的原告的具体合法权益与后果；其次，原告因具体行政行为受到侵害已经提起行政复议或者通过复议解决的，应当说明复议结果并阐述不服行政复议的理由；再次，基于上述内容，从被告作出具体行政行为所依据的事实不清、证据不足，适用法律、法规错误，违反法定程序，超越职权、滥用职权等方面论证、分析具体行政行为的错误；最后，根据行政诉讼法及其他法律规定，请求人民法院依法裁判，支持原告的诉讼请求。

　　④证据和证据来源，证人姓名和住址。应写明各类证据名称、数量以及证据的来源。提供证人的，应写明证人的姓名和住址。

　　⑤应写明致送的人民法院的名称。原告签名，是法人或者其他组织的应当盖章；注明制作或者提交本诉状的年月日；此外，注明按被告的人数向人民法院提交的起诉状副本份数。

行政起诉状

　　原告侯某，男，汉族，×年×月×日出生，工作单位×，身份证号×，现住×，联系电话×。

　　被告邢江市公安交通警察支队某大队，地址×。

　　法定代表人×，职务×。

　　诉讼请求：

　　1. 依法撤销被告作出的编号为×××的公安交通管理行政强制措施凭证。

　　2. 诉讼费由被告承担。

　　事实和理由：

　　……

综上所述，原告认为，被告对原告采取的行政强制措施，事实不清，证据不足，程序严重违法，特向贵院提起诉讼，望判如所请。

（写明起诉的理由及相关事实依据，尽量逐条列明）

此致

邢江市××区人民法院

原告：侯某（签名按手印）

×年×月×日

附：1. 起诉状副本××份

    2. 被诉行政行为××份

    3. 其他材料××份

（2）准备证明起诉符合法定条件的相关证据。包括但不限于以下材料：

①被诉行政行为客观存在的证据，如《行政处罚决定书》等。

②原告是被诉行政行为的相对人，或者与被诉行政行为有利害关系的相关证据。

③在起诉被告不作为的案件中，证明原告已提出申请的证据，如行政许可申请书、要求履行法定职责的申请书等，以及该文书已送达至被告的证据，如邮寄凭证。

④在法律、法规规定应当先向行政机关申请复议，对复议决定不服再向人民法院提起诉讼的案件中，证明原告已申请行政复议、复议机关已作出复议决定的证据，如《行政复议决定书》等。

（3）起诉。起诉一般由当事人自己向人民法院递交起诉状。依据当事人的委托，律师可以代为向人民法院递交经原告签署的起诉状。

律师应当根据不同情况，分别在下列起诉期限内及时向人民法院递交起诉状：

①经过行政复议的，应当在收到复议决定书之日起十五日内向人民法院提起诉讼。法律另有规定的除外。

②当事人申请复议，复议机关应当自受理申请之日起六十日内作出行政复议决定；但法律规定的行政复议期限少于六十日的除外。情况复杂，可以延长复议期限，延长期限最多不超过三十日。复议机关逾期不作决定的，应当在复议期满之日起十五日内向人民法院提起诉讼。法律另有规定的除外。

③未经行政复议程序，原告直接向人民法院起诉的，应当自知道或者应当知道作出行政行为之日起六个月内提出起诉，法律另有规定的除外。

④当事人申请行政机关履行法定职责，行政机关应当在接到申请之日起两个月内履行，法律、法规对行政机关履行职责的期限另有规定的，从其规定。对行政机关不履行法定职责提起诉讼的，应当在行政机关履行法定职责期限届满之日起六个月内提出。

⑤当事人不知道行政机关作出行政行为的，因不动产提起诉讼的案件自行政行为作出之日起不得超过20年，其他案件自行政行为作出之日起不得超过五年。

⑥当事人因不可抗力或者其他不属于其自身的原因耽误起诉期限的，被耽误的时间不计算在起诉期限内。当事人因其他特殊情况耽误起诉期限的，在障碍消除后十日内，可以申请延长期限，是否准许由人民法院决定。

（4）其他准备。

①补正材料。向人民法院递交起诉状和证据材料后，人民法院认为起诉状内容或材料有欠缺，并告知当事人需要补正的内容、补充的材料及期限的，律师应当及时指导、协助当事人进行修正或补充。补正材料应在指定期限内向人民法院提交。向人民法院递交起诉状，或者经人民法院告知需要补正后递交起诉状、补正材料时，人民法院当场登记立案的，可向人民法院索取立案通知书等受理立案文书；人民法院当场不能判断是否符合起诉条件的，可要求人民法院接受起诉状，并出具注明收到日期的书面凭证。

②投诉。对于人民法院不接收起诉状、接收起诉状后不出具书面凭证，以及不一次性告知当事人需要补正的起诉状内容的，律师可以告知当事人有权向上级人民法院投诉。

③交纳诉讼费。当事人或律师接到人民法院的立案通知书后，律师应当立即提醒或通知当事人在规定的期限内及时交纳诉讼费。当事人交纳诉讼费确有困难的，律师可以告知或帮助当事人按照《诉讼费用交纳办法》等有关规定向人民法院申请缓交、减交或者免交诉讼费。

④不予立案的救济。律师接到人民法院不予立案的裁定书后，应当立即将裁定书转交给当事人，并告知当事人有权在裁定书送达之日（以代理人或当事人较早签收时间为准）起十日内向上一级人民法院提起上诉。依据当事人的委托，律师可以代理当事人向上一级人民法院上诉。人民法院自接收起诉状，或者经人民法院告知需要补正后接收起诉状及补正材料之日起七日内既不立案，又不作出不予立案裁定的，律师应当告知当事人有权向上一级人民法院起诉，也可依据当事人的委托，代理当事人向上一级人民法院起诉。

项目二 开庭前准备

凡事预则立，不预则废，律师在开庭前要做好充分的准备工作。出庭准备是在行政机关收到人民法院送达的起诉状及传票后立即着手的为开庭所作的工作。这些准备工作包括对诉状进行分析、与客户交流、准备与审查证据、组织应诉人员、检索法律法规、出具出庭手续、形成辩护代理意见、准备庭审攻略等方面，并据此制订应诉方案。这些都是律师应诉工作的基础性工作，也是与行政机关对接并对行政行为事后审视、事后检测以及对行政行为可能存在瑕疵进行修补的过程。在此过程中要理清原告、被告代理的不同思路，了解行政诉讼庭前文件准备的方法和技巧。

行政诉讼代理律师应具有以下能力：一是具有专业知识研究能力。不仅要具有扎实的行政业务知识和丰富的工作经验，还应熟练掌握行政诉讼规则，具备相应的应诉技巧。行政业务知识和应诉技巧的掌握是通过不断学习研究而获取的。缺乏专业知识研究能力者，无法胜任行政应诉工作。二是具有洞察和判断力。案件的复杂性决定了案件中有表面现象和事实真相之分，律师应当根据起诉状，洞察原告的起诉目的、诉讼战略，通过证据材料、法律条文，运用法律思维，抓住案件的症结，分析案件的本质与其象，从而做到"知己知彼"，确保在法庭上立于不败之地。三是具有语言表达能力，律师应具有较好的文字、口语表达能力，二者缺一不可。否则，影响应诉效果。四是培养临场应变能力。法庭情况错综复杂，应诉人员应能根据具体情况作出灵敏反应，快速调整思路，修正观点，确定新的对策，恰到好处地处理和应付新情况、新问题，寻找赢机，化解危机。

一、研究诉状

一个案件的信息都浓缩在诉状中，所以庭前准备的程序应当先从研究诉状开始，这一程序往往为人们所忽略。认真分析诉状，如能在诉状中发现漏洞，可为反驳对方的观点和论据奠定基础。

研究诉状应遵循如下顺序：原告→被告→诉讼请求→事实→理由→法律依据→诉状中存在的问题(主体、管辖等)。对人民法院送达的起诉状副本，律师应迅速并重点审查下列事项：

①起诉人是否具备原告的资格。

②被诉行政机关是否依法应被列为被告。

③原告的起诉是否符合行政诉讼法及有关司法解释规定的受案范围。

④受诉人民法院有无管辖权。

⑤被诉的行政行为是否客观存在。

⑥起诉是否超过起诉期限。

⑦是否遗漏诉讼当事人。

注意：准备应诉时不应当局限于起诉状的内容，尤其是经过专业人士指点或加工的起诉状，有时其内容远远满足不了答辩的需要。律师需要结合当事人身份和行政行为，深入、发散挖掘相关信息，特别是有可能从程序上驳回起诉的情形，比如当事人是否具备原告资格、是否超过诉讼时效、是否属于重复处理行为、是否列错被告、是否要求复议前置，等等。此项分析完成后，再着手分析原告诉求和依据，从事实上、法律上梳理答辩点，针对起诉状的诉求和依据，逐项分析其主张是否合法，证明行政行为的合法性。

二、与客户交流

行政诉讼具有专业化的特点，且原告也不是孤立的，大多有身经百战的专业律师作为代理人，行政机关应诉不能仅靠聘请律师代理了事。行政执法的专业性、技术性，要求行政机关必须事必躬亲，借律师"外脑"解决诉讼程序问题。行政行为的证据和行政程序问题仍然要靠行政执法人员来解决。在代理行政机关应诉时，律师和行政机关不是上下级关系而是合作关系。建立良好的沟通也是取胜的关键，可以为后续的举证、制定应诉策略打下基础。

三、准备与审查行政诉讼证据

行政诉讼证据，是指在行政诉讼中用以证明案件事实的一切材料和手段。能够反映案件真实情况、与待证事实相关联、来源和形式符合法律规定的证据，应当作为认定案件事实的证据。可作为定案依据的证据需具备客观性、关联性、合法性。同时，行政诉讼的证据具有以下特征：①行政诉讼证据所要证明的最终事实是被诉行政行为是否合法。法院在审查被诉行政行为是否合法时，主要审查两方面的内容：一是被诉行政行为合法性的事实依据；二是被诉行政行为合法性的法律依据。相应地，当事人所提供证据的证明对象应包括事实依据和法律依据两个方面。②行政诉讼被告必须自始至终承担证明被诉行政行为合法的举证责任。③行政诉讼被告及其代理人在诉讼过程中，不得自行向原告、第三人和证人收集证据。④法院在行政诉讼中有收集证据的权力，而无收集证据的义务，其主要任务是审查判断证据。

根据《行政诉讼法》的规定，行政诉讼证据包括书证、物证、视听资料、电子数据、证人证言、当事人的陈述、鉴定意见、勘验笔录、现场笔录。其中，现场笔录是行政诉讼中特有的证据种类。

(1) 书证是以文字、符号、图案等形式记载的，能够表达人的思想和行为的，能够证明案件事实的物品。行政诉讼中的书证表现形式很多，如行政处罚决定书、行政许可决定书、营业执照、当事人提交的申请书、产权证等。当事人向法院提供书证的，应当符合下列要求：提供书证的原件；原本、正本和副本均属于书证的原件；提供原件确有困难的，可以提供与原件核对无误的复印件、照片、节录本；提供由有关部门保管的书证原件的复印件、影印件、抄录件的，应当注明出处，经该部门核对无异后加盖印章；提供报表、图纸、会计账册、专业技术资料、科技文献等技术性书证的，应当附有说明材料；被告提供的被诉行政行为所依据的询问、陈述、谈话类笔录，应当有行政执法人员、被询问人、陈述人、谈话人签名或者盖章。

(2) 物证是指以其物质属性、外部特征、存在状况、空间方位等来证明案件事实的物品和痕迹。当事人向法院提供物证的，应当符合下列要求：提供原物；提供原物确有困难的，可以提供与原物核对无误的复制件或者证明该物证的照片、录像等其他证据；原物为数量较多的种类物的，提供其中的一部分，如，违法生产的假冒产品，可以提供部分样品。

(3) 视听资料是指用以证明案件事实，利用录像以及计算机等高科技设备取得音像图像材料和利用电脑等设备取得和存储的数据材料。视听资料的缺点是容易被拷贝和删改。所以，当事人向法院提供计算机数据或者录音、录像等视听资料的，应当符合下列要求：提供有关资料的原始载体；提供原始载体确有困难的，可以提供复制件；注明制作方法、制作时间、制作人和证明对象等；声音资料应当附有该声音内容的文字记录。

(4) 电子数据是指以电子、光学、磁或其他类似手段生成、发送、接受或存储的信息证明案件事实的一种证据，包括短信、微信、微博、光盘、网页、电子交易信息、网络IP地址、通讯记录、电子邮件等电子数据。电子数据具有以下特征：一是复合性。随着网络技术尤其是多媒体技术的发展，电子数据不再局限于单一的方式，而是综合了文字、图形、图像、动画、音频、视频等多种多媒体信息，几乎涵盖了所有传统证据的类型。二是高科技性。电子数据是现代电子信息化产业高速发展的产物，其载体是计算机和互联网等高科技设备。三是脆弱性。电子数据本身有易受损性，其存储的内容容易被删除、修改、复制。四是隐蔽性。与传统的纸质信息相比，电子数据赖以存在的信息符号不易被直接识别。

(5) 证人证言是指了解案件有关情况的非本案诉讼参加人关于案件事实的陈述。证人原则上应当出庭作证，接受法庭质证。提交证人证言是证人出庭作证的例外情形。法院在证人出庭作证前应当告知其有如实作证的义务以及作伪证的法律后果。证人因履行出庭作证义务而支出的交通、住宿、就餐等必要费用以及误工损失，由败诉一方当事人承担。当事人向法院提供证人证言的，应当符合下列要求：写明证人的姓名、年龄、性别、职业、住址等基本情况；有证人的签名；不能签名的，应当以盖章等方式证明；注明出具日期；附有居民身份证复印件等证明证人身份的文件。

（6）当事人陈述是指原告、被告、第三人就自己所经历的案件事实，向法院所作出的叙述、承认和陈词。由于当事人与案件的结果有直接的利害关系，所以当事人陈述可能存在一定的片面性和虚假性。对待当事人陈述应当认真审查判断，去伪存真，确保当事人陈述的真实可靠。法院认为有必要的，可以要求当事人本人或者行政机关执法人员到庭，就案件有关事实接受询问。在询问之前，可以要求其签署保证书。保证书应当据实陈述，包含如有虚假陈述愿意接受处罚等内容。当事人或者行政机关执法人员应当在保证书上签名或者捺印。负有举证责任的当事人拒绝到庭、拒绝接受询问或者拒绝签署保证书，待证事实又欠缺其他证据加以佐证的，人民法院对其主张的事实不予认定。

（7）鉴定意见是指接受法院的指派、聘请或者当事人聘请的鉴定人运用自己的专业知识，根据案件事实材料，对需要鉴定的专门性问题进行分析、鉴别和判断之后得出的书面意见。行政诉讼中常见的鉴定有文书鉴定、会计鉴定、医学鉴定和科学技术鉴定等。鉴定意见只解决专门性的事实问题，不涉及法律问题。被告向法院提供的在行政程序中采用的鉴定意见，应当包括下列内容：载明委托人和委托鉴定的事项；向鉴定部门提交的相关材料；鉴定的依据和使用的科学技术手段；鉴定部门和鉴定人鉴定资格的说明，并应有鉴定人的签名和鉴定部门的盖章；通过分析获得的鉴定意见，应当说明分析过程。可见，对于鉴定意见，不仅要求其鉴定主体、鉴定事项等实体性问题应当合法，鉴定程序也应当符合法定的程序和形式。

（8）勘验笔录是指对物品、现场进行查看、检验后所作出的能够证明案件情况的记录。在我国行政诉讼中勘验笔录是一项独立证据。其具有客观性、综合性等特点。

（9）现场笔录是指行政机关工作人员在执行职务过程中对有关管理活动的现场情况所作的书面记录。在三大诉讼法中，现场笔录是行政诉讼特有的证据种类。其特点在于现场性、时效性和程序性，是一种动态证据。被告向法院提供的现场笔录，应当符合以下要求：载明时间，地点和事件等内容；由执法人员和当事人签名；当事人拒绝签名或者不能签名的，应当注明原因，有其他人在场的，可由其他人签名。

四、被告履行举证责任

被告对作出的行政行为的合法性负有举证责任，应当提供作出该行政行为的证据和所依据的规范性文件。被告对作出的行政行为负举证责任并不等于被告在行政诉讼中对一切事实都承担举证责任。

"卷宗主义"原则即行政机关作出所有的行政行为，必须"先取证，后裁决"，奉行"证据在先"原则。当行为作出形成案件卷宗，如果该行政行为被起诉到法院，被告只能依据行为之前调查收集完成的案件卷宗中的所有证据，来证明自己所作的行政行为合法。被告在行政诉讼过程中不得自行收集证据。当然，被告的代理人也同样不得在行政诉讼中收集证据。简言之，被告或其代理人在作出行政行为以后自行收集到的证据，法院一律不予采信。

对被告怠不举证进行补救。在行政案件中，被告不提供或者无正当理由逾期提供证据的，原则上应当视为没有证据，其将依法承担举证不能的不利后果。但是，如果被诉行政行为涉及第三人合法权益的，与被诉行政行为有利害关系的第三人可以向法院提供；第三人对无法提供的证据，可以申请法院调取；法院在当事人无争议，但涉及国家利益、公共利益或者他人合法权益的情况下，也可以依职权调取证据。如果第三人提供或者法院调取的证据能够证明行政行为合法的，法院应当判决驳回原告的诉讼请求。

五、明确举证期限

（一）被告的举证期限

按照《行政诉讼法》的规定，被告必须在一审中向法院提交证据，如果一审中不提交，法院则会以行政行为缺乏证据为由，判决被告败诉；如果被告提出上诉，在二审中再提交证据，二审法院不予采信。被告应当在收到起诉状副本之日起 15 日内，提供据以作出被诉行政行为的全部证据和所依据的规范性文件，并提出答辩状。被告不提供或者无正当理由逾期提供证据的，视为被诉行政行为没有相应的证据。被告在行政诉讼中所提供的证据，应是在行政程序中已收集的证据。

被告因不可抗力或者客观上不能控制的其他正当事由，不能在规定的期限内提供证据的，应当在收到起诉状副本之日起 15 日内向法院提出延期提供证据的书面申请。法院准许延期提供的，被告应当在正当事由消除后 15 日内提供证据。逾期提供的，视为被诉行政行为没有相应的证据。

（二）原告的举证期限

原告或者第三人应当在开庭审理前或者法院指定的交换证据之日提供证据。

因正当事由申请延期提供证据的，经法院准许，可以在法庭调查中提供。逾期提供证据的，法院应当责令其说明理由；拒不说明理由或者理由不成立的，视为放弃举证权利。

原告或者第三人在一审程序中无正当事由未提供而在二审程序中提供的证据，法院不予接纳。

当事人申请延长举证期限，应当在举证期限届满前向法院提出书面申请。申请理由成立的，法院应当准许，适当延长举证期限，并通知其他当事人。申请理由不成立的，法院不予准许，并通知申请人。

（三）补充证据

补充证据是指案件中已有的证据不足，尚不能证明案件事实，需要补充证据进一步证明案件事实的诉讼行为。法院有权要求当事人补充证据。涉及重大法益，如国家利益、公共利益或者他人合法权益的保护时，法院可以责令当事人提供和补充相关证据。当事人可主动要求补充证据。原告或者第三人在诉讼过程中，提出了其在被告实施行政行为过程中没有提出的反驳理由或者证据的，被告可以要求法院准许其补充相关证据。

（四）庭前证据交换

对于案情比较复杂或者证据数量较多的案件，法院可以组织当事人在开庭前向对方出示或者交换证据，并将交换证据清单的情况记录在卷。当事人在庭前证据交换过程中没有争议并记录在卷的证据，经审判人员在庭审中说明后，可以作为认定案件事实的依据。

六、证据调取

当事人举证是行政诉讼证据的主要来源，法院调取证据仅属次要来源。法院没有举证责任，举证责任的承担者不是原告就是被告，法院只是审查判断证据。但是特殊情况下，法院也可以调取证据。法院不得为证明行政行为的合法性调取被告作出行政行为时未收集的证据。证据调取分为以下三种情形。

（一）依职权调取

法院依职权主动调取证据仅限于两种情形：相关事实认定涉及国家利益、公共利益或者他人合法权益；涉及依职权追加当事人、中止诉讼、终结诉讼、回避等程序性事项。

（二）依申请调取

对下列三种证据材料，如果原告或者第三人不能自行收集，在能够提供确切线索时，可以申请法院调取：由国家有关部门保存而需由法院调取的证据材料；涉及国家秘密、商业秘密、个人隐私的证据材料；确因客观原因不能自行收集的其他证据材料。因此，能够向法院提出申请，要求法院调取证据的主体仅限于原告和第三人，而不包括被告。

（三）当事人申请法院调取

应当在举证期限内提交调取证据申请书。对当事人提出的调取证据申请，法院应当及时进行审查。申请符合调取证据条件的，法院应当及时决定调取；申请不符合调取证据条件的，法院应当向当事人或者其诉讼代理人送达通知书，说明不准许调取的理由。比如，当事人申请调查收集证据，但该证据与待证事实无关联、对证明待证事实无意义或者其他无调查收集必要的，法院不予准许。当事人及其诉讼代理人可以在收到通知书之日起3日内向受理申请的法院书面申请复议一次。法院应当在收到复议申请之日起5日内作出答复。同时，法院根据当事人申请，经调取未能取得相应证据的，应当告知申请人并说明原因。

七、证据保全

证据保全是指在证据可能灭失或以后难以取得的情况下，法院根据诉讼参加人的申请或依职权主动采取措施，对证据加以固定和保护的制度。

（一）保全条件

证据保全的条件：①申请保全的是可能灭失或以后难以取得的证据。②申请保全的证据需要与待证事实之间具有相当的关联性。③申请证据保全必须在举证期限内以书面方式提出。④如果法院认为需要提供担保的，当事人应当提供担保。

（二）程序和方法

程序和方法：①申请，当事人应当在举证期限内以书面形式提出证据保全申请。②审查，法院接到申请，应当在48小时内作出裁定。裁定证据保全的，立即执行。对于不符合申请条件的，裁定驳回申请。③复议，申请人可以在收到驳回申请的裁定之日起5日内申请复议一次，法院在收到复议申请之日起5日内作出复议决定。复议期间不停止裁定的执行。④方法，法院可以根据具体情况，采取查封、扣押、拍照、录像、复制、鉴定、勘验、制作询问笔录等保全措施。

八、研究举证策略

人民法院审理案件，其核心在于用"证据"说话。法庭调查阶段的实质内容就是举证、质证。而行政诉讼中举证责任在于被告。在庭前准备阶段，应当研究举证策略，明确答辩思路和收集证据。

（一）明确证据的"三性"

行政诉讼中的证据具有三个基本特征或基本要求：一是客观真实性，即证据必须是客观反映事实，独立于人的主观意识之外的客观存在。证据必须要有原件，比如，书证有原件，物证有原物，鉴定意见由合法的鉴定机构合法出具等。任何人不能主观臆断或恶意捏造。二是合法性，即证据必须是通过合法程序、运用合法手段取得，且符合法定形式，才可以作为定案证据。否则，是不可采用的。三是关联性，关联性是客观真实性的一种表现形式和证明方法。就行政机关而言，关联性表现为与有争议的行政行为之间具有客观联系，也表现为同作出行政行为所依据的事实之间有客观联系。当然，联系是多方面的，可以是与结果、时间、条件、手段的联系。对关联性的判断，是一种实质性的判断，往往也是证据运用中的一个难点。

（二）明确举证规则与证据标准

《行政诉讼法》除明确规定被告承担举证责任外，还规定了被告的举证规则。人民法院向被告送达应诉通知书时，应明确告知被告举证范围、举证期限和逾期提供证据的法律后果以及申请延期举证的法定事由。律师应当严格按照法律规定的举证规则进行举证，在举证中，还应当掌握证据的两个标准：一是排除合理怀疑标准。证据必须同时具备证据"三性"，还应当做到确凿充足，在质量上、数量上满足诉讼的要求。排除合理性怀疑标准即证据必须确凿无疑，没有推翻的可能，具有排他性，不会产生任何怀疑。这个标准对行政机关来说是非常高的要求。二是审慎的注意义务标准。行政机关在作出行政行为前，都有告知的义务，提醒相对人注意的义务。以避免"钓鱼执法""蹲坑执法"，提倡公开执法、公平执法、公正执法。这里与刑法上的"无罪推定"同源。

（三）系统分析梳理证据

经过收集，行政机关会占有大量的证据，但这些证据并不能全部提交至法院，需要根据真实性、合法性、关联性予以分析，结合答辩思路中确定的答辩要点，分门别类整理，对不符合"三性"要求的证据应当予以剔除，轻微瑕疵能予以补正说明的要补正说明，已经装订成卷的案卷中的证据应当复印（案卷带到庭审现场备查）。一定要制作证据目录，将证据序号、名称、来源、证明对象等内容详细标明，证据较多时，事实根据和法律依据可以分卷制作，做到简单直观，方便查阅，所有的证据足以证明行政行为的合法性。

（四）理清举证的目的、要求与内容

举证的目的是用证据材料证明行政行为在实体下、程序上、适用法律上的合法性。而各个证据材料的内容是不尽相同的，有的是综合性的，有的是单一性的，有的是实体方面的，有的是程序方面的。应诉人员应当按照各个证据材料的内容通过说明证据名称、证明对象，并将证据材料分类、分项，使证据材料有机结合起来，通过证据还原案件的事实真相以及作出行政行为的全过程。

（五）审查证据

对于证据主要从以下方面进行审查：①证据的来源是否真实、可靠和合法。②证据形成和制作的形式要件是否完备和合法。③证据的内容是否清楚而无歧义，能否证明与案件有关的事实。④各个证据间的关系是否互相印证，有无彼此矛盾之处。⑤证据提供的基本情况及其与本案或本案当事人是否存在法律上的利害关系。⑥证据是否涉及国家秘密、当事人的商业秘密或者个人隐私。⑦其他需要审查的内容或形式。

（六）书写证据目录，按时提交

按照《行政诉讼法》第三十四条规定，"被告对作出的行政行为负有举证责任""被告不提供或者无正当理由逾期提供证据，视为没有相应证据"。通常案件材料可以分为三类：第一组是事实证据类，即查明事实的材料。根据案件的特点，复杂的案件应当对事实证据类材料进行整理；第二组是程序证据类，包括案件来源登记表、立案审批表、送达相对人和关联人的各类通知书、实施（解除）强制措施决定书及财物清单、抽样取证记录、各类告知书、听证告知书、决定审批表、各类回执等；第三组是法律适用证据。提交证据时，既可以将证据分为事实、程序和法律依据三类向人民法院提交，也可以综合举证，还可以按审判人员的要求和引导分类提交证据。

九、组织应诉人员

（一）明确行政机关负责人是否必须出庭应诉

《行政诉讼法》规定了被诉行政机关负责人出庭应诉制度，该规定属于宣示性的原则条款，具有倡导意义：首先，能倒逼行政机关依法行政，规范自身的行政执法行为。其次，要求行政机关负责人注意培养依法应诉的能力，能够在法庭上直面作为原告的人民群众。最后，最重要的是，通过真枪实弹的庭审活动，实现对行政官员的普法教育和法制宣传，培育其敬畏法律尊重私权的法律意识。在当下中国，行政诉讼的一项重要功能就是通过庭审中法院的专业审判活动来感化行政官员，用司法权监督和影响行政权，逐渐将其召唤到依法行政的道路上来。从而实现行政机关的依法行政，建设法治政府，充分保护公民的合法权益。

为了规范行政机关负责人出庭应诉制度，既体现行政诉讼的严肃性，又确保行政纠纷得到实质化解，《行政诉讼法》和《行诉法解释》作出了一系列具体规定：

1. 行政机关负责人的范围

行政机关负责人即机关正职、副职负责人以及其他参与分管的负责人。为了进一步完善行政机关负责人出庭应诉制度，《行诉法解释》适度扩大了行政机关负责人的范围。《行政诉讼法》第三条第三款规定"被诉行政机关负责人"，包括行政机关的正职、副职负责人以及其他参与分管的负责人。如对于地方政府作为被告的，出庭应诉人包括参与分管的地方政府的秘书长等，有时也包括行政机关参与分管的党组成员等。

2. 行政机关负责人必须出庭案件的范围

包括：①涉及重大公共利益的。②社会高度关注或者可能引发群体性事件的案件。③法院书面建议行政机关负责人出庭的案件。

3. 行政机关负责人不出庭的说明义务

行政机关负责人有正当理由不能出庭应诉的，应当向法院提交情况说明，并加盖行政机关印章或者由该机关主要负责人签字认可。行政机关拒绝说明理由的，不发生阻止案件审理的效果，法院可以向监察机关、上一级行政机关提出司法建议。

4. "行政机关相应的工作人员"的含义

行政机关相应的工作人员包括该行政机关具有国家行政编制身份的工作人员以及其他依法履行公职的人员。被诉行政行为是地方政府作出的，地方政府法制工作机构的工作人员，以及被诉行政行为具体承办机关的工作人员，可以视为被诉政府相应的工作人员，即"外援"。

5. 拒不出庭应诉的后果

行政机关负责人和行政机关相应的工作人员均不出庭，仅委托律师出庭的或者法院书面建议行政机关负责人出庭应诉，行政机关负责人不出庭应诉的，法院应当记录在案和在裁判文书中载明，并可以建议有关机关依法作出处理。

（二）委托代理人

行政机关负责人出庭应诉的，可以另行委托一至二名诉讼代理人。行政机关负责人不能出庭的，应当委托行政机关相应的工作人员出庭，不得仅委托律师出庭。这样，即使行政机关正职负责人不能出庭应诉，其副职负责人或者其他参与分管的负责人可以代表行政机关出庭应诉，有利于该项制度的落地生根。同时，由于实践中其他参与分管的负责人往往直接处理具体工作，对被诉行政行为的情况更为熟悉和了解，其出庭应诉有利于法庭审理的事实调查。

（三）组织应诉团队

行政机关负责人出庭应诉，使原告告官见到了官，能够从心理上得到安慰，为解决行政争议创造一个气氛融洽的平台。行政机关负责人出庭应诉，可以掌握第一手行政争议资料，既有利于及时决策解决行政争议，又有利于推进和改善依法行政工作。行政诉讼应诉人员可分为三个层次结构：行政机关负责人、主承办人、律师，按照这样的层次结构组织应诉人员，结构更合理，搭配更适当，实力更强大。

（四）办理出庭应诉手续

行政机关负责人出庭应诉的，应当向法院提交能够证明该行政机关负责人职务的材料。行政机关委托相应的工作人员出庭应诉的，应当向法院提交加盖行政机关印章的授权委托书，并载明工作人员的姓名、职务和代理权限。具体而言，出庭应诉必须提供组织机构代码证、法定代表人身份证明、行政机关负责人身份证明书、委托代理人授权委托书、出庭人员的身份证复印件等。律师委托手续要及早办理，尤其是聘请法律顾问或委托社会律师，他们需要时间熟悉案情，才能写答辩状、证据目录、证据。

法条链接：《中华人民共和国行政诉讼法》第三条：人民法院应当保障公民、法人和其他组织的起诉权利，对应当受理的行政案件依法受理。行政机关及其工作人员不得干预、阻碍人民法院受理行政案件。被诉行政机关负责人应当出庭应诉。不能出庭的，应当委托行政机关相应的工作人员出庭。

《最高人民法院关于适用〈中华人民共和国行政诉讼法〉若干问题的解释》第一百二十

八条：行政诉讼法第三条第三款规定的行政机关负责人，包括行政机关的正职、副职负责人以及其他参与分管的负责人。行政机关负责人出庭应诉的，可以另行委托一至二名诉讼代理人。行政机关负责人不能出庭的，应当委托行政机关相应的工作人员出庭，不得仅委托律师出庭。

十、行政诉讼法律适用

行政诉讼是由行政行为引起的，而行政行为正是以成千上万个不同效力等级的法律、行政法规、地方性法规、行政规章乃至其他行政规范为依据，在行政诉讼的法律适用中必然会出现对众多的规范该如何取舍适用的问题，作为行政诉讼审理依据的法律情形最为复杂，因此，法律适用在行政诉讼过程中具有十分重要的地位和作用。行政诉讼的法律适用主要解决人民法院对被诉具体行政行为合法性进行审查判断的标准问题，即人民法院以何种标准、依据何种法律规范来审查被诉具体行政行为的合法性，进而对被诉具体行政行为的合法性作出裁判。

（一）行政诉讼法律适用的规则

关于行政诉讼的法律适用，《行政诉讼法》第六十三条规定："人民法院审理行政案件，以法律和行政法规、地方性法规为依据。地方性法规适用于本行政区域内发生的行政案件。人民法院审理民族自治地方的行政案件，并以该民族自治地方的自治条例和单行条例为依据。人民法院审理行政案件，参照规章。"

1. 法律、行政法规与地方性法规是行政审判的依据

法院审理行政案件，审查行政行为是否合法并对其作出裁判时，必须依据法律、行政法规、地方性法规。所谓依据，也就是审理案件的法院无权审查他们的合宪性和合法性。按照《中华人民共和国立法法》的规定，法院如果怀疑他们违宪或者违法，应向全国人大常委会提出违宪或者违法审查请求。

法院审理民族自治地方的行政案件，除了依据法律、法规之外，还应依据该民族自治地方的自治条例和单行条例进行审判活动。

法院适用民事法律规范审理下列案件：一是行政协议案件，法院审查行政机关是否依法或按约履行协议或者单方变更、解除协议是否合法，在适用行政法律规范的同时，可以适用相关民事法律规范。二是行政附带民事案件，法院在审理行政争议的同时，一并审理相关民事争议的，适用民事法律规范的规定，法律另有规定的除外。

2. 规章的参照适用

"参照"是指法院审理行政案件，对规章进行参酌和鉴定后，对符合法律、行政法规、地方性法规规定的规章予以适用，参照规章进行审理，并将规章作为审查行政行为合法性的根据；对不符合或不完全符合法律、行政法规、地方性法规原则精神的规章，法院有灵活处理的余地，可以不予以适用，但是，法院无权在判决书的主文部分予以撤销。法院审理行政案件，可以在裁判文书中引用规章的相关条款，但应当注明"参照"。

3. 其他规范性文件在行政诉讼中的地位

一般而言，其他规范性文件不属于法的范围，对法院没有拘束力。人民法院在行政审判中可以参考适用其他规范性文件，但应对其合法性进行更为严格的确认。发生冲突时，

人民法院不必送有关机关裁决，可直接决定适用与否。

4. 人民法院对司法解释的援引

司法解释是最高人民法院对法律在审判中应用的问题所作的解释。人民法院在审理行政案件时，适用最高人民法院司法解释的，应当在裁判文书中援引。

5. 行政诉讼法律冲突适用的规则

(1)特别冲突适用规则。即特别法的规定与普通法的规定出现不一致的情形时，一般应当优先适用特别法的规定。

(2)不同等级冲突的适用规则。在各种不同效力等级的行政法律规范发生相互冲突时，应该选择适用效力等级较高的行政法律规范，即高层级的法律规范优于低层级的法律规范。

(3)同级冲突适用规则。在制定机关不同而效力层级上相同的行政法律规范之间出现冲突的情况下，应由最高人民法院送请国务院作出解释或者裁决。

(4)新旧法冲突适用规则。新的行政法律规范与旧的行政法律规范的规定不一致时，应适用新法优于旧法和法律不溯及既往这两个原则。

(5)人际冲突适用规则。不同民族、种族或特殊身份的人，适用就该民族、种族或特殊身份的人作出的特别规定的法律文件或规范。

(6)区际冲突适用规则。在不同行政区域内行政法律规范发生适用冲突时，应当适用适用于该行政区域的行政法律规范。

(二)行政诉讼法律法规查找

行政诉讼法律法规查找与民事诉讼、行政诉讼有共通之处，可参照进行。除此之外，要特别注意与行政机关的沟通，因为行政机关对作出具体行政行为的依据掌握更全面、具体。

十一、撰写答辩状

有起诉就应有答辩，根据原告的起诉状，可以分析其主要观点。拟写答辩状不是难事，但也要注意方法。一般来讲，答辩状只针对诉讼请求和理由，无须全面答辩，可以阐述行政行为作出的事实，程序和适用法律等。答辩状可繁可简，如问题尖锐，行政行为又确有瑕疵的，可适度概括并进行反驳，有的问题留等庭审时静观其变。若原告观点明显不当的，则可知无不言，言无不尽。

撰写答辩状要注意格式，做到条理清晰、逻辑分明、用语简练，使用法言法语。每一答辩点必须对应证据目录，做到有证据支撑。切忌堆集法律规定和进行大篇幅的说理，法院审查的重点是行政行为的合法性，并非合理性。

(一)答辩证内容

行政答辩状应当采取书面形式，其主要包括以下内容：

(1)答辩人的基本情况。答辩人为被告或者被上诉人，被告人为行政机关，被上诉人既可以是原告也可以是被告。答辩人是行政机关或者其他法人、机构或组织的，应写明其名称、地址、电话号码、法定代表人或者主要负责人的姓名、职务、地址、电话号码等；答辩人是公民的，则应写明姓名、性别、年龄、籍贯、民族、职业、工作单位和住址等。

（2）案由。应写明因原告诉答辩人何一案件或者因上诉人对何一案件提出上诉提出答辩。

（3）答辩意见。答辩状应针对起诉状或者上诉状的诉讼请求或者上诉请求进行答辩。具体来说，撰写一审答辩状可以从以下方面展开：被告应指明对方陈述的不实之处，着重阐述所采取的行政行为的合法性与有效性以及适用法律的正确性。二审答辩状除了按照上述方面进行答辩外，主要针对对方的上诉状进行答辩，如果赞同一审裁决结果的，也可以从一审认定事实准确、适用法律适当等方面进行答辩，以论证上诉人的上诉理由和上诉请求不能成立。应写明致送的人民法院的名称；答辩人签名，是法人或者其他组织的应当盖章；写明提交本答辩状的年月日。此外，应按其他当事人或者诉讼代表人的人数向人民法院提交答辩状副本。

（二）答辩状样本

行政答辩状

答辩人：_____。

住所地：_____。

法定代表人姓名：_____ 职务：_____。

因_____一案，现答辩如下：

_____

_____

_____

_____。

　　此致

_____人民法院

答辩人：（签名或盖章）

年　月　日

　　附：本答辩状副本_____份。

十二、形成应诉方案

在综合分析的基础上，为客观审视原告的起诉和被诉机关的证据，科学应对原告的起诉与法庭的审理，要有应诉的设计，将可能出现的情况进行分析把握，以应对一切可能出现的问题。应诉战略的设计要跳出两个圈子，一是跳出自身证据材料的圈子，不要囿于手中材料，而要透过手中材料看争议的本质。二是要用立与破方法来设计，一步一个脚印制定应诉方案。

每个案件都有每个案件的特殊性，所以要针对个案设计办案思路与诉讼技巧。人民法院审查行政行为主要有职权来源审、事实证据审、程序审、法律审。应诉策略可分为出庭准备策略，举证策略，庭审辩论策略。应当就原告起诉资格、诉讼时效、诉讼请求及理由等方面进行分析审查，审查后提出应诉方案和意见。应诉方案和意见应当包括：①案情简介(事实、证据、法律依据)。②案件诉讼结果分析。③拟定出庭应诉参加人。④答辩意见。⑤行政行为是否停止执行的意见。⑥诉讼期间是否撤销或变更行政行为(复议决定)的意见。⑦其他需要说明的事项。

十三、常用的方法和技巧

(一)充分利用诉讼权利

如申请人民法院向当事人调取证据或者申请补充证据,申请延期举证,通知证人出庭作证,征求当事人对合议庭组成人员是否申请回避的意见。如果没有按照法院通知的举证期限提交证据,行政机关很可能面临败诉的风险。一旦无法在举证期间内提交证据,需要向法院提交延期提交证据的申请,理由只能有一个——不可抗力,但是否准许由法院决定(换一个视角,原告则要关注法院向被告送达起诉状副本的时间和被告提交证据的时间以及是否提出延期举证申请并经法院同意,如果有确切的证据证明被告未提交证据或逾期提交证据,也没有第三人因为自身权益提交证据,将会对原告十分有利)。

(二)到法院查阅复制证据

有时原告在起诉时会提交相关的证据材料,特别是证明其主体资格的证据。律师要主动与法院联系,查阅复制证据材料。这部分证据虽然多数用来证明行政行为违法,也不免除行政机关举证责任,但其中包含的信息很重要,特别是原告身份信息,与本案关系,以及原告证明行政违法行为的证据及其证据能力、证明能力。

(三)善用提交答辩状的规定

《行政诉讼法》第六十七条第二款规定:"被告不提出答辩状的,不影响人民法院审理。"实际上,在前期准备过程中往往会形成答辩状或答辩意见(因为行政机关往往需要报领导审定),在向法院提交证据时,可根据需要一并提交答辩状,以便于法官提前了解答辩观点。

(四)注重与法官沟通,充分介绍行业法律规定

行政法规范众多,变动频繁,专业性较强,法官并不能做到全面掌握。所以,多数法官会在开庭前主动要求行政机关提供相关的行政法律规定,特别是地方性法规、规章,并对其疑惑之处要求行政机关予以说明。律师一定要高度重视与法官的沟通,在收到起诉状副本之后,应当梳理涉及的法律规定以及相关标准、文件,做好充足的准备,特别是争议焦点问题,一定要从法律规定以及执法实践予以充分说明,国家部委在法律适用方面的解释和国家标准、行业标准要收集齐全。在法官主动要求提供法律规定时,要及时提供,并附说明材料。如法官未主动要求提供,律师也应当与法官沟通,及时提供,充分说明相关的法律规定,让法官了解行业执法依据。

(五)进行必要、合法的瑕疵补正

在行政执法检查中或案卷评查中发现或通报的诸多问题,平常会被大家认为是细枝末节问题,但在诉讼中却可能成为大问题。比如调查笔录中,本来应由两名执法人员签名,笔录中却只有记录人签名,谈话人未签名或由记录人代签。在案卷评查时,该项只会被点评,但诉讼中就会涉及调查笔录的效力,进而涉及对事实的认定。这种情况下谈话人可以补签,这就是案卷的瑕疵补正修正。这种情况往往还存在于格式文书、送达文书、抽样取

证等材料中。瑕疵补正不等于收集证据。《行政诉讼法》第三十五条规定："在诉讼过程中，被告及其诉讼代理人不得自行向原告、第三人和证人收集证据。"诉讼期间，收集证据是法律所禁止的，切忌将瑕疵补正错误做成为变相收集证据。

（六）全面收集行政行为相关证据材料

相关证据材料包括两部分：一是事实根据，即在行政行为过程中产生的当事人申请材料、调查核查材料、内部请求批准材料以及送达当事人的文书材料。二是法律依据，即行政行为依据的法律、法规、规章以及相关标准、规范性文件。第二部分证据相对简单，收集难度不大。重点与关键是第一部分证据，尽管行政案卷制度要求行政决定只能以行政案卷体现的事实作为根据，但在实践中，由于职责交叉、制度不完善等因素，案卷并不完整，不能作为证明行政行为合法性的唯一证据，需要行政机关进行全面收集。切记，行政诉讼与民事诉讼不同之处在于，证明被告行政行为合法性的举证责任在被告一方，仅反驳原告的证据，并不能达到预期目的。

（七）制作提纲

准备法庭调查、质证和辩论提纲。调查、质证和辩论提纲包括事实陈述提纲、举证提纲、质证提纲、发问提纲、辩论提纲和综合陈述提纲。

项目三 一审开庭

庭审是诉讼中很重要的一个程序，查清事实、认定证据均在此阶段完成，律师应当给予足够的重视。特别是一些经验丰富的原告，其起诉状中的诉求都是很宏观的，在庭审中才会"锋芒毕露"。所以提交证据后，一定要针对案件，预想各种可能发生的情况，提前做好预案。

一、法庭调查

（一）原告律师宣读诉状、被告律师答辩

法庭调查开始后，原告代理律师可代为宣读起诉或者口头陈述诉讼请求、事实和理由。根据法庭询问，原告代理律师可代为陈述被诉行政行为作出和有关行政法律文书送达时间、申请复议的时间和内容、复议决定的内容和送达时间、提起诉讼的时间。

被告代理律师可代为宣读答辩状或口头陈述答辩意见。被告代理律师应根据法庭的询问，就被告作出的被诉行政行为，分别陈述下列内容：①行政行为的名称、文号、内容、作出的行政机关、作出的时间及送达有关情况。②被告的职权依据。③被告的行政执法程序及依据。④被告所认定的事实。⑤行政行为所适用的法律。⑥被告行政执法的目的。⑦法庭认为与被诉行政行为有关的其他问题或事实。

（二）律师记录

在法庭调查过程中，律师宜认真记录，做好质证、发问的准备，完善庭前准备的各项工作。

（三）举证

在举证过程中，被告代理律师应逐一或归类出示证据材料或依据，并说明该证据的名称、证据来源及证明的事实。被告代理律师对开庭前已经提交人民法院的关于作出行政行为的证据材料和依据，宜另行复制准备一套，并在法庭调查过程中当庭出示，由法庭传递给对方当事人质证。无论法庭是否已经组织过庭前证据交换，被告或被告代理律师出庭时应当携带上述证据的原件，供原告、第三人和法庭进行核对。

律师可以对对方当事人、第三人及其代理人出示的证据，从真实性、关联性、合法性以及证据的证明效力等方面进行质证。

（四）质证

质证，是指在法官的主持下，当事人就有关证据进行辨认和对质，围绕证据的真实性、关联性和合法性及证据的证明力和证明力大小进行辩论。经过对质辨认，才能对证据进行确认。因此，一切证据均应在法庭上出示，并经庭审质证，才能作为定案的根据，包括由法院依申请调取的证据。

质证是行政诉讼的中心环节、法庭调查的重要步骤。质证也是围绕着证据"三性"而展开。质证一般经过三个步骤：先由被告举证，说明证据的内容、目的；再由原告辨认，并提出意见；最后由双方进行辩解。在质证中，应诉人员应当及时抓住原告的质证意见展开攻防，做到"早准备""抓重点""攻弱点""补漏洞""争主动"，言简意赅，有力反击。

1. 质证的方式

一般的案件应当公开质证。涉及国家秘密、商业秘密和个人隐私或者法律规定的其他应当保密的证据，不得在开庭时公开质证。

2. 质证的对象

原则上所有证据均要经过法庭质证，未经质证的证据不能作为定案依据。但下列证据无须质证：法院依职权调取的证据，由法庭出示，并可就调取该证据的情况进行说明，听取当事人意见。但是，原告或者第三人申请法院调取的证据，应当由申请调取证据的当事人在庭审中出示，并由当事人质证。当事人在交换证据中没有争议并记录在卷的证据，无须质证，经审判人员在庭审中说明后，可以作为认定案件事实的依据。经过庭审质证的证据，一般不再质证，确有必要的除外。对于被告经传票传唤无正当理由拒不到庭，法院决定实行缺席判决的案件，被告所提供的证据原则上不能作为定案的依据，但是当事人在庭前交换证据中没有争议的证据除外。

3. 原告或者第三人要求行政执法人员出庭说明

相关行政执法人员出庭说明，不属于证人出庭作证，而应当属于当事人陈述。有下列情形之一，原告或者第三人要求相关行政执法人员出庭说明的，法院可以准许：①对现场笔录的合法性或者真实性有异议的。②对扣押财产的品种或者数量有异议的。③对检验的物品取样或者保管有异议的。④对行政执法人员身份的合法性有异议的。⑤需要出庭说明的其他情形。

4. 当事人到庭义务

法院认为有必要的，可以要求当事人本人或者行政机关执法人员到庭，就案件有关事实接受询问。在询问之前，可以要求其签署保证书。保证书应当载明据实陈述、如有虚假陈述愿意接受处罚等内容。当事人或者行政机关执法人员应当在保证书上签名或者捺印。负有举证责任的当事人拒绝到庭、拒绝接受询问或者拒绝签署保证书，待证事实又欠缺其他证据加以佐证的，法院对其主张的事实不予认定。

5. 质证规则

(1)书证、物证、视听资料的质证规则。对书证、物证和视听资料进行质证时，当事人应当出示证据的原件或者原物。但有下列情况之一的除外：①出示原件或者原物确有困难并经法庭准许可以出示复制件或者复制品。②原件或者原物已不存在，可以出示证明复印件、复制品与原件、原物一致的其他证据。③视听资料应当当庭播放或者显示，并由当事人进行质证。

(2)证人出庭作证的质证规则。

证人资格：证人必须是自然人，不是法人或者其他组织；证人必须了解案件情况；证人必须能够正确表达意志。

证人负有作证义务。凡是知道案件事实的人，都有出庭作证的义务。有下列情形之一的，经法院准许，当事人可以提交书面证言：当事人在行政程序或者庭前证据交换中对证人证言无异议的；证人因年迈体弱或者行动不便无法出庭的；证人因路途遥远、交通不便无法出庭的；证人因自然灾害等不可抗力或者其他意外事件无法出庭的。

当事人申请证人出庭作证。当事人应当在举证期限届满之前提出申请，并经法院许可。法院准许证人出庭作证的，应当在开庭审理之前通知证人出庭作证。当事人在庭审过程中要求证人出庭作证的，法庭可以根据庭审的具体情况，决定是否准许以及是否需要延期审理。

(3)鉴定意见。鉴定人接受质证。当事人要求鉴定人出庭接受询问的，鉴定人应当出庭；鉴定人因正当事由不能出庭的，经法庭准许，可以不出庭，由当事人对其书面鉴定意见进行质证；对于出庭接受询问的鉴定人，法庭应当核实其身份、与当事人及案件的关系，并告知鉴定人如实说明鉴定情况的法律义务和故意作虚假说明的法律责任。

申请重新鉴定。申请的提出：原告或者第三人有证据或者有正当理由表明被告据以认定案件事实的鉴定意见可能有错误，在举证期限内书面申请重新鉴定的，法院应予准许。条件：鉴定部门或者鉴定人不具有相应的鉴定资格的；鉴定程序严重违法的；鉴定意见明显依据不足的；经过质证不能作为证据使用的其他情形。

如果原告或者第三人提出证据证明有下列情形之一的，法院对被告在行政程序中提交的鉴定意见将不予采纳：鉴定人不具备鉴定资格；鉴定程序严重违法；鉴定意见错误、不明确或者内容不完整。

6. 质证策略

(1)物证质证策略。对物证，律师可以但不限于从以下方面进行质证：物证的真伪；物证与本案的关系；物证与其他证据的关系；取得该物证的程序是否合法。

(2)书证质证策略。对书证，律师可以但不限于从以下方面进行质证：书证是否为原件；书证的真伪；书证的合法性；书证能否证明所要证明的事实；书证与其他证据的矛盾；书证的来源。

(3)证人证言质证策略。对证人证言，律师可以但不限于从以下方面进行质证：证人是否了解案件事实；证人与双方当事人和本案有无利害关系；证人证言的来源及合法性；证人证言的内容及要证明的事实；证人的年龄、智力状况、行为能力等自然情况；证人的证言与其他证据的矛盾。

（4）视听资料质证策略。对视听资料，律师可以但不限于从以下方面进行质证：取得和形成的时间、地点和周围的环境；有无剪辑、是否完整；收集的过程及其合法性；所要证明的事实与案件的联系。

（5）鉴定人和鉴定意见质证策略。对鉴定人和鉴定意见，律师可以但不限于从以下方面进行质证：鉴定人的资格；鉴定人与双方当事人的关系；鉴定的依据和材料；鉴定的设备和方法；鉴定意见是否具有科学性。律师应当对鉴定意见发表看法，认为鉴定意见不能成立或者不明确的，可以申请重新鉴定或者补充鉴定。

7. 证据的审核认定

证据的审核认定即认证，指审理案件的法官在质证的基础上，依照法定程序，根据一定的原则和规则，对经过质证的证据材料的客观性、关联性和合法性进行审查判断，以确定证据材料是否具备定案根据的资格以及证明效力大小的活动。可见，认证需要完成两个任务，一是对证据材料进行定案根据的资格认证；二是在此基础上，对证据进行证明力大小排序的效力认证。

（1）认证时间。庭审中经过质证的证据，能够当庭认定的，应当当庭认定；不能当庭认定的，应当在合议庭合议时认定。

（2）不能作为定案根据的证据：严重违反法定程序收集的证据材料。当然，一般的违反程序收集的证据，法院要采用，严重违反程序所收集的证据才不采用。判断是否严重违反程序，关键是看违反程序是否可能导致结果上的违法。违反法定程序搜集的证据材料包括：以偷拍、偷录、窃听等手段获取的侵害他人合法权益的证据材料；以利诱、欺诈、胁迫、暴力等不正当的手段获取的证据材料；当事人无正当事由超出举证期限提供的证据材料，此处的当事人包括原告、被告；在中华人民共和国领域外或者在港澳台地区形成的没有办理法定证明手续的证据材料；当事人无正当理由拒不提供原件、原物，又无其他证据印证，且对方当事人不予认可的证据的复制件或者复制品；被当事人或其他人进行技术处理而无法辨明真伪的证据材料；不能正确表达意志的证人提供的证言；以违反法律禁止性规定或者侵犯他人合法权益的方法而取得的证据；不具备合法性和真实性的其他证据材料。

（3）不利于被告的证据。下列证据因为违反了"先取证后裁决"原则，所以不能成为证明被诉行政行为合法的依据：被告及其诉讼代理人在作出行政行为后或者在诉讼程序中自行收集的证据；被告在行政程序中非法剥夺公民、法人或者其他组织依法享有的陈述、申辩或者听证权利所采用的证据；原告或者第三人在诉讼程序中提供的、被告在行政程序中未作为行政行为依据的证据。

（4）不能单独作为定案依据的证据：未成年人所作的与其年龄和智力状况不相适应的证言；与一方当事人有亲属关系或者其他密切关系的证人所作的对该当事人有利的证言；或者与一方当事人有不利关系的证人所作的对该当事人不利的证言；应当出庭作证而无正当理由不出庭作证的证人证言；难以识别是否经过修改的视听资料；无法与原件、原物核对的复制件或者复制品；经一方当事人或者他人改动，对方当事人不予认可的证据材料；其他不能单独作为定案依据的证据材料。

（5）证明力大小的效力认证。掌握证据之间效力的高低，对于判断具体案件中的证据非常有益。在对证据进行审核认定的过程中，如果发现有证明同一事实的数个证据，其证明效力一般可以按照以下情形分别认定：

国家机关公文优先：国家机关以及其他职能部门依职权制作的公文文书优于其他书证；鉴定意见、现场笔录、勘验笔录、档案材料以及经过公证或者登记的书证优于其他书证；法定鉴定部门的鉴定意见优于其他鉴定部门的鉴定意见。

原始证据优先：原件、原物优于复制件、复制品；原始证据优于传来证据。

法庭证据优先：法庭主持勘验所制作的勘验笔录优于其他部门主持勘验所制作的勘验笔录；出庭作证的证人证言优于未出庭作证的证人证言。

无利害关系的优先：其他证人证言优于与当事人有亲属关系或者其他密切关系的证人提供的对该当事人有利的证言。

证据链条优先：数个种类不同、内容一致的证据优于一个孤立的证据。

认证错误的处理：法庭发现当庭认定的证据有误，可以按照下列方式纠正：庭审结束前发现错误的，应当重新进行认定；庭审结束后宣判前发现错误的，在裁判文书中予以更正并说明理由，也可以再次开庭予以认定；有新的证据材料可能推翻已认定的证据的，应当再次开庭予以认定。

二、法庭辩论

(一)辩论要求

律师的辩论发言，应围绕被诉行政行为是否合法以及法庭调查中出现的争议焦点进行，从事实、证据、逻辑、法律等不同方面进行分析，阐明观点，陈述理由。律师发表代理意见应当重事实、重证据、讲法理，有良好的文化修养和风度，尊重对方的人格。不应讽刺、挖苦、谩骂、侮辱、嘲笑对方。在法庭辩论过程中，律师发现案件某些事实未查清的，可以申请恢复法庭调查。在庭审过程中，发现审判程序违法，律师可向法庭提出并要求立即纠正，以维护当事人的诉讼权利。

(二)庭审辩论策略

诉讼的博弈，在某种意义上是原被告双方意志的较量。最精彩的环节在法庭辩论阶段。无论是开庭前的准备还是法庭调查，最终落脚点在法庭辩论阶段，这是双方较量的高峰。应诉人员应当为庭审辩论阶段做好充分准备，拟写好辩论提纲或代理意见，并根据庭上情况适时调整充实辩论内容。

1. 从立与破两个方面来设计辩论方案

"立"就是要以行政执法全过程来确定行政行为的合法性，从而确定"守"的战术。"破"就是从原告的不当观点或错误观点与理由来破解诉讼请求，从而确定"攻"的战术。行政诉讼也是一种抗辩，包含着对抗与申辩两个方面。从诉讼实践来看，抗辩的形式包括三种：一是实体抗辩。即对案件的实体问题进行否定，比如滥用职权，案件事实不清，适用法律错误等；二是程序抗辩，即只对行政行为的程序问题提出否定意见，不触及实体问题，比如受案范围的问题，违反行政程序问题，没有听证，没有尽告知义务等；三是程序加实体抗辩，即混合抗辩。原告为保险起见既提出实体问题，又提出程序问题，二者交叉在一起，对行政行为进行否定。应诉人员应当针对原告的起诉状，有针对性地确定抗辩形式，设计抗辩方案，针对原告的起诉进行缜密设防。

2. 寻找抗辩的突破口

经过对案情分析以及法庭调查，双方争议的焦点已经明晰，寻找案件的突破口已不是难事。在某种意义上，审判人员归纳的案件审理焦点，就是被告抗辩的突破口。被告确定抗辩的突破口可以从以下三个方面着手：第一，从诉讼程序上来寻找抗辩的突破口。一是看原告起诉是否超过法定的起诉期限，我国《行政诉讼法》第四十五条、第四十六条、第四十七条明确规定了原告提起行政诉讼的期限。如果原告超过法定起诉期限，人民法院应当驳回起诉。二是看原告的起诉是否是行政诉讼受案范围，《行政诉讼法》第十二条规定了人民法院受理行政诉讼案件的范围。也就是说人民法院受理行政诉讼案范围是有限的，不在受案范围的，人民法院应当驳回起诉。三是看原告起诉的行政行为状态，如果行政行为没有最终完成，相对人不得起诉。四是看原、被告是否具备主体资格。原、被告主体不适合不能构成诉讼。五是看原告起诉是否存在重复起诉的情况。第二，从行政行为作出的事实方面寻找突破口。行政行为是如何作出的，行政机关自身十分清楚。法庭上不管情况如何变化，案件争点始终脱离不掉"源头"，律师应坚定信心，定好位，从"立"角度找准突破口，从当事人情况的证据上定位主体，从认定事实的证据上确定行政行为的合法性，从有关情节的证据上阐述行政行为的合理性，从行政行为作出的证据上证明行政行为的正当性，全面进行抗辩。第三，从法律适用上来寻找突破口。行政法规涉及面广，数量繁多，一般来说，行政机关对行政法规的熟悉程度胜于律师，这也是一个优势。律师要充分利用好这个优势，在庭审辩论中加以发挥，从而做到游刃有余。

3. 庭审说服对象

庭审说服的对象是法官，而非原告。

4. 注意临场应变

法庭情况错综复杂，律师应根据具体情况作出灵敏反应，快速调整思路，修正观点，确定新的对策，恰到好处地处理和应付新情况、新问题，从危机中寻找赢机、化解危机。且要与行政机关做好沟通，出庭应诉要注意语言表达，要避免激化矛盾。

三、休庭后的工作

(一)阅读法庭笔录

律师应认真阅读法庭笔录，如有遗漏或者差错，应立即申请法庭予以补正、纠正。

(二)提交书面代理意见

律师应按法庭要求及时提交书面代理意见。法庭要求或允许补充证据或其他相关材料的，律师应在法庭指定的期限内提交。

行政诉讼代理词，是指行政诉讼中的诉讼代理人接受行政诉讼当事人或者其法定代理人、诉讼代表人的委托，在法律规定和被代理人授权范围内为维护被代理人的合法权益，而在法庭辩论阶段或者人民法院依法进行书面审理中，以被代理人的名义所作的系统性发言或者递交的书面法律意见。

(1)文书撰写与制作注意事项。行政诉讼代理词一般包括以下内容：

①序言。序言部分主要交代以下内容：首先，写明称呼语，即"审判长、审判员"。

其次，向法庭说明出庭代理的合法性依据，如"我接受原告(或被告)的委托，并由××市××律师事务所委派，担任原告(或被告)××的诉讼代理人"。再者，向法庭简要说明代理人出庭前所进行的准备工作，如：阅读起诉状，谈话当事人，阅读案卷材料有关情况。最后，可表明对本案的基本态度，如系上诉案件则可说明对一审判决的概括性意见。

②正文。正文是代理词的主体部分，是诉讼代理人为维护原告或者被告，上诉人或者被上诉人的合法权益所作的主旨阐述。应该针对起诉书的诉讼请求以及事实与理由、上诉状请求以及上诉理由或者一审判决书所认定的本案事实、法律适用或者裁决结果，根据有关证据和法律规定，阐述和论证代理意见。

③尾部。法庭要求提交书面代理意见的，诉讼代理人应签名，并写明代理词提交的年月日。

(2)代理词样本。

代 理 词

审判长、审判员：

我依法接受_____的委托，担任_____诉讼代理人，出庭参与诉讼活动。现就本案争议事实，发表代理意见如下：

_____

_____

_____

_____。

诉讼代理人：(签名或盖章)

年 月 日

(三)及时与被代理人沟通

被告代理律师根据庭审的具体情况，可以征求被告是否对被诉行政行为作变更、撤销或部分撤销的意见。被告要求或者愿意对被诉行政行为作变更、撤销或部分撤销的，律师应及时告知法庭，并附上被告变更、撤销或部分撤销被诉行政行为的书面决定或意见。人民法院对行政诉讼案件宣告判决或者裁定前，被告作出改变被诉行政行为的书面决定或意见后，原告代理律师应及时告知原告、并征求原告是否撤诉的意见。原告要求撤诉的，律师可以根据原告的书面请求代其向人民法院申请撤诉。

有下列情形之一的，属于被告改变被诉行政行为：改变被诉行政行为所认定的主要事实和证据；改变被诉行政行为所适用的规范依据且对定性产生影响；撤销、部分撤销或者变更被诉行政行为处理结果。

有下列情形之一的，可以视为被告改变被诉行政行为：根据原告的请求依法履行法定职责；采取相应的补救、补偿等措施；在行政裁决案件中，书面认可原告与第三人达成的和解。

行政诉讼的应诉工作是一个"细活"，再简单的案件也要注意打好庭审战，积极组织应诉。

实训单元七　律师承办非诉讼业务

一、本单元引文

律师非诉讼业务指律师参与或处理的无争议，或虽有争议但不必或尚未经诉讼方式解决的法律事务。非诉讼业务范围包括咨询及代书、律师见证、商务资信调查、公司设立、经营(如投融资、收购与兼并)、清算专项法律服务与常年法律顾问，以及金融业、建筑与房地产业及知识产权等方面的专项法律服务。本单元围绕律师见证、律师代书、起草与审查合同及法律顾问服务等常见实务类型，介绍律师办理相关非诉讼业务的工作流程及要点。本单元涉及的法律基础知识相当广泛，尤其是民商事领域中的合同法律制度以及商事主体法律制度。

二、实训目的

通过实训，使学生进一步巩固相关法律基础知识，提高将法律理论知识运用于实践的能力，培养法律思维方式，锻炼学生解决非诉讼实务中实际问题的能力。

三、实训任务

(1)了解律师见证业务的原则和内容，掌握见证的基本流程，能就简单法律行为或法律事实出具律师见证书。

(2)了解律师代书业务的原则和内容，掌握代书的基本要求，根据给定案例完成相关法律文书的撰写。

(3)了解合同起草及审查实务的基本流程与方法，掌握合同起草要点，能按照给定条件及要求，独立完成某类合同的起草工作；能运用合同审查基本方法，对给定实训合同中存在的法律问题及风险提出审查及修改意见。

(4)了解法律顾问业务的原则和基本内容，掌握撰写法律意见书的基本要点，能针对实训案例中存在的法律问题及风险提出法律意见和建议。

项目一　律师见证

一、实训目的

通过实训，让学生把课堂上学过的法学理论知识运用于实践，培养学生解决实际问题的能力和动手操作能力，使学生初步掌握律师见证业务的方法和技巧。

二、实训要求

（1）实训须严格按照规定程序进行，不能随意更改或增减操作程序。

（2）见证书的写作要严格依照格式，在规定期限内完成。

（3）实训完成后要认真整理案卷，做好总结，将案卷交给指导老师。

三、实训方法

（1）由指导老师为学生简单介绍律师见证业务及见证书的制作，并将律师见证书的参考格式提供给学生。

（2）将事先制作好见证的事项（内容）提交给学生，由学生完成见证事项的其他辅助性材料（身份证、授权委托书、询问笔录等）的准备工作，或由学生自己完成见证所需的全部材料准备工作。

（3）学生按照不同的角色分组进行实际操作，完成律师见证业务的实训。

（4）在实际操作中，以学生为主体，指导老师给予必要的指导。

四、实训内容

（一）律师见证书的写作要求

律师见证书是律师及其工作机构应当事人的请求，依法对律师亲眼所见或亲自审查的法律事实或法律行为予以证明的业务文书。

律师见证是指经客户委托，律师根据其本人亲身所见，对具体的法律事实或法律行为的真实性、合法性进行证明的活动。律师见证应当遵循自愿、直接、公平、回避、保密等原则。

律师应当事人的邀请参与当事人所从事的法律活动，以律师见证书的形式对当事人法律活动予以证明，能够保证当事人实施法律行为的合法性，一旦发生法律纠纷可以为人民法院提供真实的书证材料。

（二）律师见证书的写作内容和方法

1. 首部

写明委托人的基本情况，如果是单位，应当写明全称。

2. 正文

一是见证事项，主要写明律师见证何种行为，如谈判、订立合同或其他具有法律性质的行为，等等；二是见证材料，即律师在见证事项中所审查的当事人行为有关的材料，如当事人资格证明材料、合同书，等等；三是见证结论，即律师根据有关法律规定，对自己亲临见证现场所目睹的当事人的法律行为和所审查的材料，作出的其是否符合客观性、真实性、合法性标准的评语。

3. 尾部

参加见证活动的委托人在见证书上签名，见证律师签名并加盖律师事务所的见证专用章或公章，以示负责。

4. 附项

出具见证书所依据的有关材料。

(三)律师见证书的参考格式

1. 参考格式一

(1)见证书封面如下:

见　证　书

(20　年)　律见　字第　号

委托见证人

见证事项

律师事务所(章)

---

(2)见证书内容如下:

见　证　书

委托人名称或姓名、性别、年龄、工作单位、身份证号码、住址。

见证事项

委托人就×××法律事务(或行为),委托律师对其进行见证。

见证结论

见证律师审查了委托人提供的×××等有关证明并询问了有关情况,作出见证结论如下:

一、委托人具有完全民事行为能力;

二、委托人意思表示真实,出于自愿,并亲自在×××上签章、按指纹;

三、委托人的行为符合我国《　　　　》第　　条之规定,真实、合法。

委托人:(签字)

见证律师:(签字)

年　月　日

附:委托人提供的见证材料如下

1.……

2.……

---

2. 参考格式二

见 证 书

　　××律师事务所接受　　委托进行　　事项见证。

　　见证律师审查了委托人提供的　　文件。

　　兹证：

××律师事务所

见证律师：

年　月　日

　　附：

五、实训案例

(一)遗嘱见证

遗　嘱

　　立遗嘱人：赵××，男，75岁，汉族，河北省××县人，原××市政府离休干部，住××省××市××街2号。鉴于我今年身患心脏病，恐出不测，现将我的遗产提出分配意见如下：

　　一、在××省××市××街房屋一所，共十间，长子、次子、女儿各三间，一间门房公用。女儿子女较多，分正房三间，长子、次子分东、西厢房。

　　二、存款10万元，长子、次子、三女各3万元，所余1万元捐助希望工程。

　　另外，我的丧事从简，不搞遗体告别。

立遗嘱人：赵××

年　月　日

　　见证人：李××、王××

（二）分单见证

分　　单

立契约人：周✕，男，65 岁，为下列立契约人之父。

周荣✕，周✕✕之长子；

周兴✕，周✕✕之次子；

周发✕，周✕✕之三子。

周✕之三个儿子，均已成家，独立生活，为减少开支，节省度日，现将周✕之家庭财产，在周✕主持下，分为四股，周✕及其三个儿子各分一股。分灶度日，日后周✕年老多病之日，由三个儿子共同扶养。分配协议如下：

一、周✕仍住北屋正房三间，家具不动，临街的一间小卖部，仍归周✕，一切收入的 80% 为老人的生活费。

二、长子周荣✕分得现住的西院北屋三间，家具也归其所有，全家的责任田由其耕种，收获归己。

三、次子周兴✕分得现住之东院东厢房三间，其在社办企业的工资收入归己。

四、三子周发✕分得现住东院西厢房三间，家具归其所有，除担任民办教师的工资收入归己之外，分给其小卖部收入的 20%，但须帮助父亲小卖部进货，更多地照顾父亲。

空口无凭，立字为据。

立契约人：周✕、周荣✕、周兴✕、周发✕

年　月　日

见证人：郑✕✕、孙✕✕

（三）赠与见证

赠　与　书

赠与人：陈✕✕，男，80 岁，汉族，✕✕市人，住✕✕市✕✕路✕✕胡同 3 号。

受赠人：✕✕市文物管理局

为了使祖国的文物得到妥善的保管，流传久远，并借以教育后人，现将我保存的三件唐代书法文物赠与✕✕市文物局。特立此赠与书以供证明。

附：三件唐代书法文物照片

赠与人：陈✕✕

受赠人：✕✕市文物管理局

法定代表人：王✕✕

证明人：于✕✕

(四)其他见证

针对其他事项的见证，请学生自己制作法律文件并提供相应材料。

项目二　律师代书(非诉讼类)

一、实训内容

本节课程为实训教学内容的一部分，主要选取了日常生活中比较常见的分单、遗嘱、离婚协议等三类文书的律师代书制作案例，介绍律师代理当事人依据相关法律制作、书写分单、遗嘱、离婚协议的基本要求和程序步骤，要求学生掌握三类常见文书的代书，从而培养运用有关法律知识解决实际问题的能力。

二、实训目的和要求

了解分单、遗嘱、离婚协议等的基本含义，掌握这些文书的写作知识，学会运用相关法律分析问题、解决问题。通过本节教学，要求学生做到：

(1)了解分单、遗嘱、离婚协议等的基本含义。

(2)掌握分单、遗嘱、离婚协议等文书的写作知识。

(3)学会运用相关法律分析问题、解决问题，具备律师代书的基本能力。

三、实训任务和安排

(1)由教师讲授三种文书含义、意义等基本知识及制作要领。

(2)由教师选择合适案例，介绍基本案情，帮助学生回忆相关法律知识。

(3)学生分组讨论、研析。

(4)学生制作文书。

(5)教师审评。

(6)制作卷宗。

四、实训案例

(一)案例1

家住获嘉县亢村镇丰乐屯村的董某与妻子于1994年相识定亲，1996年10月在亢村镇政府办理了结婚登记手续。婚后，生育了一女一男两个孩子。此时，小两口的关系非常融洽，日子过得倒也和和美美，十分甜蜜。2000年以来，两人常常因家庭琐事争吵，产生矛盾。事也凑巧，当地派出所在查处一起非法同居的案件时，将董某的妻子传唤去询问了一次，董某便怀疑妻子有了外遇，曾与他人非法同居。于是，双方矛盾进一步恶化，吵闹的次数也更多了。在一次吵闹中，妻子气愤不过，索性回到娘家居住。董某也曾几次找到妻子劝其回家，但妻子赌气就是不肯。董某怒火中烧，遂产生了离婚的念头。

试代写一份离婚协议，财产数额可虚拟。

(二)案例2

刘老先生和张女士婚后生育了三个女儿刘 J、刘 Y、刘 Q，几年后，刘家又多了两个儿子，一个是与三个女儿同父异母的非婚生子刘 X，一个是从本家亲戚中收养的男孩刘 S。1997 年，母亲张某去世了。第二年，父亲刘某在京城以自己的名义购置了三处房产。子女们面临着遗产分割问题。为此，五姐弟聚到一起协商了多次，但都没有结果，刘 X 的"非婚生子女"身份甚至不被二姐刘 Y 认可。父亲名下有三处房产和存款 58000 余元，还有家具电器若干。刘 X 要求继承 40 平方米的遗产房屋或折价款 24 万元，以及存款 15000 元。刘 Y 则认为，本市某小区的 501 号两居室是自己出资 4 万元购买的，并进行了装修，1979 年自己从东北回京后一直与父母共同生活，主要是自己一家人在照顾老人，由于自己对父母照顾较多，应分得遗产的 50%。养子刘 S 在一次商议中，以书面形式明确表示放弃对养父遗产的继承权。但在以后的商议中，刘 S 对自己放弃继承权的行为反悔了。

请代书一份分单或遗嘱。

（三）案例 3

王 J 华，男，48 岁，职员，居住香港。王 Q 华，男，52 岁，职工，居住上海。王 X 华，女，49 岁，教师，居住上海。王 S 华，女，46 岁，职工，居住上海。王 Y 华，女，43 岁，无业，居住香港。王某范，女，58 岁，离休教师，居住深圳。王 Y，女，35 岁，教师，居住香港。原王 J 华、王 Q 华、王 X 华、王 S 华、王 Y 华均系被继承人王某宁与前妻的婚生子女。1989 年 7 月，王某宁与被告王某范再婚，婚后无子女。王 Y 及其弟王 M，均是王某范与前夫的婚生子女。王 Y 于 1986 年 7 月迁至香港定居，王 M 于 1989 年 2 月去日本留学。被继承人王某宁于 1985 年购买深圳市建设路某大厦第二座 1 楼 D 单元房产一套，现价值 210903 元。1987 年 7 月，王某宁购买深圳市人民南路某苑某阁第一栋 15 楼 H 单元房产一套，现价值 316031 元，同年 7 月 30 日把该房产一半产权通过公证赠与被告王某范。1988 年 4 月，王某宁与第三人王 Y 共同贷款购买深圳市华侨城某别墅第一座二楼 B 单元房产一套，现价值 1010907 元，同时还购买某别墅第二座二楼 E 单元房产一套，现价值 1035146 元，买房时贷款 60 万元，已由王某宁和王 Y 共同偿还。被继承人王某宁与被告王某范婚后居住在某别墅第一座楼 B 单元，在此期间购置了某牌冷气机 4 台，某牌钢琴 1 架，某牌 20 英寸彩色电视机 1 台和电话机 1 部等家庭用具。某别墅第二座二楼 E 单元房产从 1991 年 3 月 1 日至 1992 年 1 月 30 日出租，每月租金港币 4000 元，由王某范收取。

请代书分单或遗嘱一份。

项目三　合同起草与审查

一、实训目的

通过实训，培养学生综合分析、运用合同有关基础理论知识及实务技能的能力，使学生初步掌握合同起草及审查的流程与方法，能较为规范地运用法律语言表达法律事实和法律关系，提高法律文书书写能力。

二、实训要求

（1）了解合同起草及审查实务的基本流程与方法。

(2)按照给定条件及要求，独立完成某类合同的起草工作。

(3)运用合同审查基本方法，对给定实训合同中存在的法律问题及风险提出审查及修改意见。

三、实训安排

(1)由指导老师简要介绍合同的交易结构表现形式、合同条款内容、合同起草及审查实务的基本流程与方法。

(2)学生根据实训案例具体要求，独立完成合同的起草工作。

(3)学生分组讨论，对合同起草实训环节提交的合同文书进行互评并形成书面意见，由指导老师汇总点评。

(4)学生根据实训案例具体要求，独立完成合同审查工作并出具书面意见。

四、实训内容

(一)合同起草与审查实务概述

律师非诉讼业务中，合同的起草与审查为其中重要的工作内容。合同的起草，是指律师根据合同目的要求及专业判断，设计基本交易结构及流程，并通过严谨、规范的语言表达当事人真实意思，以书面形式明确当事人具体权利义务内容的过程。合同的审查，是指对委托人送审的合同，通过核实、检查、分析等方法，就合同中存在的法律问题及其他缺陷提出意见和建议供委托人决策参考的专业活动。

(二)合同的内容与结构

《中华人民共和国民法典》第四百七十条规定，"合同的内容由当事人约定，一般包括下列条款：(1)当事人的姓名或者名称和住所。(2)标的。(3)数量。(4)质量。(5)价款或者报酬。(6)履行期限、地点和方式。(7)违约责任。(8)解决争议的方法。当事人可以参照各类合同的示范文本订立合同。"

合同的起草与审查，作为律师非诉讼业务的基本技能，要求律师准确掌握合同的内容。本教程以示范文本为例，分析合同条款内容及其基本结构。

从合同的结构形式来看，合同包括首部、正文、尾部三大部分。

1. 首部

合同首部指合同正式条款之前的所有内容，一般包括合同名称、合同编号、当事人信息以及合同引言等。某些合同在正文之前还有内容目录、鉴于条款等。

2. 正文

合同正文一般用有规律的序号进行编排，按照一定的逻辑体系逐条设定合同当事人的权利义务及相关内容。序号的编排根据合同整体架构、篇幅及复杂程度等进行，与国家法律规范的体例相类似，多依次采用章、节、条、款、项等单位。

3. 尾部

合同尾部包含合同正文结束后的所有内容，主要有合同当事人各方的签署栏、附件清单、声明与承诺等内容。

附件也是合同的组成部分，与合同其他条款具有同等法律效力。

参考示范文本：《商品房买卖合同（预售）示范文本》（GF-2014-0171）、《商品房买卖合同（现售）示范文本》（GF-2014-0172）。

（三）合同起草的基本流程

合同起草基本流程如下：

（1）充分了解交易背景及当事人交易目的，准确对合同进行整体定位。

（2）根据合同整体定位情况确定合同体例结构，构建合同基本条款模块。

（3）在合同基本条款模块的基础上进行扩展，完成具体条款。

（4）从文字表达、条款排序等方面进行细节优化。

（四）合同起草与审查的注意事项

（1）合同起草应把握前瞻性，以人为本并注意利益平衡；应充分了解交易目的、当事人交易需求、标的相关技术问题以及相关履行细节，做好起草前的准备工作；根据适用性原则合理选用合同示范文本；注意文意表达严谨规范、准确简练；注意条款内容的可操作性；避免起草中的常见错误，如内容缺乏逻辑性，条款之间缺乏关联，意思表达不准确，文意含糊易产生歧义等。

（2）律师在从事合同审查业务过程中，应充分注意合同双方在风险与责任上的不对等性，并在合同审查的实际工作中根据委托人的需求、合同类型、重要性等情况选择实际工作中需要完成的工作内容；应努力发现并提示委托人合同中所存在的各类风险及不利条款，特别是有可能加重委托人责任、可能导致合同无效或部分无效、因约定不明有可能产生重大争议的条款；律师提供的审查意见必须依据事实及法律，不得主观臆断妄下结论，在结合合同目的或交易目的、合同其他条款全面理解合同条款的含义后，方可作出审查意见，以维护委托人的合法权益并防止发生执业风险。但是否接受合同中的该等条款，应由委托人自行决定。

（五）合同审查意见书的参考格式

合同审查意见书

（2021）××审字第××号

合同名称：送审合同名称

送 审 人：送审单位及部门、送审人联系电话

送审时间：

送审要求：

一、出具《合同审查意见书》的主要法律依据

1.《中华人民共和国民法典》（以下简称《民法典》）

续表

2.《中华人民共和国公司法》(以下简称《公司法》)

3.……

4.……

二、合同基本情况

根据送审合同实际情况，概括合同当事人、标的、当事人主要权利义务、违约责任、解决争议的方法等内容。

三、合同审查、修改意见及建议

根据法律法规规定及送审合同具体情况，分别提出合同审查、修改意见及建议。例如：合同主体的适格性、内容的合法性和完整性、文意表达的准确性和规范性、合同执行的可操作性等。

四、合同重大法律风险分析与提示

根据送审合同具体情况，分析并提示重大法律风险，并提出防范和控制风险的意见或建议。

五、声明

声明《合同审查意见书》出具的前提、适用范围及生效等事宜。

××××律师事务所(印章)

经办律师(签字)

年　　月　　日

附件：

五、实训案例

(一)任务一：协议的起草

1. 王某(男)与谢某(女)于 2008 年 5 月 20 日结婚，婚后与王某的父母住在一起。2010 年，王某父母将与儿子儿媳共同居住的 5 间平房翻盖为二层小楼，翻盖费用 30 万元，其中王某夫妇出资 10 万元。2011 年 10 月，谢某产下一女，取名王 W。2012 年，夫妻二人以谢某名义在县城华苑小区购买一套三居室，已付首付款 18 万元，贷款 10 万元。2015 年 1 月，王某与村委会签订土地承包经营合同，租期 20 年，之后王某征得村委会同意将土地转租他人，每年净利润 2 万元。2016 年 4 月，王某夫妇的小女儿出生，取名王 D。王某因脾气暴躁且重男轻女思想严重，与谢某经常为子女抚养教育问题发生争吵，夫妻感情日渐破裂。2018 年 5 月，双方决定协议离婚，大女儿由男方抚养，小女儿由女方抚养，夫妻共同财产平均分割。截至双方协议离婚时，按揭银行贷款还有本息 4.5 万元未清偿；双方存款余额 3.6 万元。

现请你根据以上情况代拟一份财产分割协议(具体细节可自行补充)。

2. 甲为某个人独资企业的投资者，因企业流动资金周转困难，打算向乙借款 20 万元，借款期限 1 年。

请你作为出借人乙的代理人根据以上情况代拟一份借款合同(具体细节可自行补充)。

(二)任务二：合同的审查与修改

例：《租地协议书》

租地协议书

甲方：×××××××有限公司

乙方：×××××××村民委员会

甲乙双方经真诚沟通，按照平等互利、公平自愿原则，就甲方租赁乙方土地使用权达成如下协议：

一、土地位置及面积：乙方土地位于×××××××，甲方租赁乙方土地共计 200 亩。

二、租赁期限：甲方租赁乙方土地 40 年，自协议生效之日起算。

三、租赁费用：双方约定租赁费为每亩每年 1000 元，以后每 5 年上浮 10%，甲方应将当年租赁费一次性付给乙方。

四、甲方权利及义务：

1. 将上述土地用于农业、养殖业或者林业，若中途改变土地用途须经乙方同意。

2. 将前 5 年经营收入的利润全部或主要投入到所租赁土地中去，可以无偿使用乙方土地上现有的各种设施，可以在土地上建造房屋及设置各种经营所需的设施，并应在租赁土地地边种植植物篱笆(条件允许的情况下也可以建围墙)。

3. 若甲方申报成功国家补贴的资金项目，项目资金扣除各种费用后双方均分。

4. 甲方在对土地进行经营的同时，应积极创造条件，带动所租赁土地周边的农地和农民共同致富。

5. 租赁到期后，将土地上附着物无偿移交乙方。

6. 在租赁期间，不得转让土地使用权。

五、乙方权利和义务：

1. 负责处理甲方所租赁土地的边界争议，协调处理甲方与当地农民关系。

2. 甲方办理国家补贴项目时，乙方全力配合。

3. 若土地上现存乙方树木有碍甲方利用土地，乙方应无条件腾清。

4. 乙方保障基地的路、水、电的畅通。

六、其他约定：若中途遇国家征用，双方另行协商；本协议一式两份，自双方签字盖章时生效。

甲方：   乙方：

项目四　法律顾问

一、实训目的

通过实训，培养学生综合运用法律基础知识的能力，使学生初步掌握法律意见书的内容和起草方法，能较为规范地运用法律语言表达法律事实和法律关系，能识别重大法律风险并提出相应防范建议。

二、实训要求

(1)了解法律顾问业务的种类和服务方式。

(2)熟悉企业常年法律顾问的主要工作内容。

(3)掌握撰写法律意见书的基本要点，能针对实训案例中存在的法律问题及风险提出法律意见和建议。

三、实训安排

(1)由指导老师简要介绍法律顾问业务的种类、服务方式和主要工作内容。

(2)由指导老师介绍出具法律意见书的程序及制作要点。

(3)学生分组讨论案例，根据实训案例具体要求，独立撰写法律意见书。

四、实训内容

(一)法律顾问业务概述

法律顾问是指律师依法接受自然人或社会组织的聘请，在约定的工作范围和工作期间内为聘请方提供综合性或专项法律服务的业务。法律顾问按照法律服务范围和时限的不同，分为常年法律顾问、专项法律顾问；根据聘请方的不同，分为企事业单位及社会团体法律顾问、政府法律顾问、私人或家庭法律顾问。政府、企事业单位等单位法律顾问的主要工作内容包括：协助建立健全规章制度，完善治理机制；参与重大决策，并就其中法律问题提供意见和建议；审查、修改、起草合同等法律文书、文件；代理参加诉讼、仲裁或调解活动；为聘方有关法律问题提供咨询意见及建议；为聘方提供法制宣传和法律培训服务等。

(二)法律意见书的制作

法律意见书，是指法律专业人员接受当事人或其代理人的委托，对当事人进行的法律事务或法律行为所涉及的有关法律问题，运用法律知识进行阐述与分析，通过作出明确结论或提出法律对策而出具给当事人的书面意见，是律师、法律专家等法律专业人员以其法律知识为当事人提供的法律参考意见。

从结构形式来看，法律意见书包括首部、正文、尾部三大部分。

1. 首部

首部指法律意见书正文之前的所有内容，一般包括标题、编号。标题中应写明"法律意见书"，编号可根据律所规范要求予以列明，如（年份）××（律所简称）律意字第××号。

2. 正文

法律意见书的正文是其核心内容，根据法律意见书的出具目的以及委托人具体要求确定。结合实务，法律意见书的正文部分一般应写明：法律意见书呈送单位；委托的内容及要求；出具法律意见书依据的事实材料；出具法律意见书的法律依据；基于事实及法律适用分析出具的针对性法律意见和建议；律师特别声明。

3. 尾部

法律意见书尾部由两名经办律师签名、律所盖章并注明年月日。

法律意见书如有附件，应在正文之后列出附件名称，并依次排序，附件也是法律意见书的组成部分。

（三）法律意见书制作的注意事项

（1）应在充分调查的基础上，本着独立、客观、公正的原则，根据相关法律法规对委托事项发表明确的法律意见。法律意见书的结论应当明晰，不得使用含糊性言辞，特殊情况下发表保留意见的，应说明相应理由。

（2）政策法规或行业组织对某类法律意见书的出具有特别规定的，应按照规定要求出具。如天津市国资委发布《天津市国有企业法律顾问出具法律意见书业务指引》，就企业法律顾问出具法律意见书的范围、原则、主要内容、基本格式、一般程序和注意事项等作出了较为具体的规定，对规范企业法律顾问执业活动，促进企业加强法律风险防范起到积极推动作用。再如，中国证券投资基金业协会发布《私募投资基金服务业管理办法（试行）》，要求申请机构应根据《私募投资基金服务机构登记法律意见书指引》规定，对申请机构业务合规性进行梳理。该指引对法律意见书的内容及法律意见的明确性、结论的明晰性等提出了具体要求。

（四）法律意见书的参考格式

河北××律师事务所
关于××股权投资基金管理有限公司申请
私募基金管理人重大事项（法定代表人）变更事宜的法律意见书

致：××股权投资基金管理有限公司

河北××律师事务所（简称"本所"）作为××股权投资基金管理有限公司（简称"××基金"或"贵司"）的常年法律顾问，应贵司要求，就贵司拟向中国证券投资基金业协会申请变更登记私募基金管理人法定代表人专项事宜，指派××、××律师进行了相关法律尽职调查工作。本所律师按照律师行业公认的业务标准和道德规范，本着勤勉尽责的精神，根据我国有关法律、法规及其他规范性文件，现出具本法律意见书如下：

导言

一、简称与定义

二、法律尽职调查的方法与过程

三、声明

出具法律意见书的法律依据和事实依据；假设；本所保证；法律意见书的使用；法律意见书的生效

正文(逐项发表法律意见)

一、××基金基本情况

(一)工商登记信息

(二)私募基金管理人登记信息

二、××基金现任法定代表人情况

(一)基本情况

(二)有关任职资格情况

三、现任法定代表人的变更程序

(一)有关股东会决议

(二)有关董事会决议

(三)有关工商变更登记

四、关于私募基金管理人重大事项(法定代表人)变更登记申请材料

五、结论

经审阅××基金提供的有关资料并经适当核查，本所律师认为，××基金现任法定代表人××具有基金业从业资格，并且不存在《中华人民共和国公司法》等相关法律、法规规定的不得担任私募基金管理人法定代表人的限制情形。××基金就法定代表人变更为××事宜，按照《中华人民共和国公司法》《中华人民共和国公司登记管理条例》及公司章程的有关规定，作出有关决议后依法办理了法定代表人的工商变更登记。××基金向基金业协会提交的关于私募基金管理人重大事项(法定代表人)变更登记的申请材料真实、准确、完整，不存在虚假性记载、误导性陈述或重大遗漏。××基金就本次私募基金管理人重大事项(法定代表人)变更登记所提交的申请材料符合基金业协会的相关要求。

河北××律师事务所(盖章)

经办律师(签字)：

年 月 日

五、实训案例

(一)案情概况

某大学作为甲方与乙方郭某签订《出国留学协议书》,约定:

第一条　甲方根据人才培养和事业发展的需要派遣乙方以单位公派身份赴美国✕✕大学留学,期限为一年(2019年12月20日起至2020年12月19日止)。

第二条　乙方留学期间国内工资(岗位工资和薪级工资)暂由甲方保存,待乙方按期回甲方工作半年后,由甲方一次性给付乙方。

第三条　甲方资助乙方10万元人民币,含国际旅费、国外生活费、培训费等。

第四条　乙方留学期间,应该遵守我国和所在国法律法规、规章等,自觉维护祖国荣誉,不得从事有损祖国利益和安全的活动,言行举止不得有损学校声誉和违背教师职业道德。乙方应尊重当地民俗习惯,保证与当地人民友好交往。

第五条　乙方留学期满后,应自入境之日起的一个月内向甲方报到,并向甲方提交书面的留学总结及学术成果报告。

第六条　乙方保证留学期满后回甲方服务至少三年,因特殊情况需缩短服务期的,须征得甲方书面同意,且每欠服务期一个月应向甲方交纳补偿费4000元人民币。

第七条　乙方不按本协议第五条约定履行的,乙方应赔偿甲方为乙方提供的全部实际支付费用,并向甲方支付实际支付费用一倍的违约金。

第八条　甲乙双方因履行本协议发生的纠纷,应在中国境内提起诉讼,适用中国法律;或按协议进行仲裁。

第九条　本协议书一式两份,具同等法律效力。

第十条　本协议自甲乙双方签章之日起生效。未尽事宜,经双方协商一致,可对本协议进行修改或补充。

2021年8月,乙方向甲方提出,为解决夫妻长期两地分居问题,拟调至北京某高校工作,申请与甲方解除聘用合同。甲方同意乙方调出申请,要求乙方向其交纳补偿费,并支付10万元违约金。乙方认为其申请解除聘用合同有合理理由,不同意支付补偿费及违约金。

(二)本案争点

乙方应否按《出国留学协议书》约定,向甲方支付相应补偿费及违约金。

(三)实训内容

请同学们分组,分别以甲方、乙方法律顾问的名义就双方争议的焦点问题出具法律意见书。

参 考 文 献

[1]秦兰英主编:《模拟庭审实务操作教程》,中国人民大学出版社 2013 年版。

[2]马宏俊主编:《法律文书写作与训练》,中国人民大学出版社 2019 年版。

[3]杭州仲裁委员会主编:《仲裁案例评析》,浙江大学出版社 2015 年版。

[4]北京仲裁委员会/北京国际仲裁中心编:《优秀仲裁书赏析》,商务印书馆 2017 年版。

[5]王新平:《民事诉讼证据运用与实务技巧》,法律出版社 2020 年版。

[6]宋随军主编:《刑事诉讼证据实证分析》,法律出版社 2006 年版。

[7]刘玉民主编:《行政证据收集、举证、审查》,中国民主法制出版社 2014 年版。

[8]李正华、丁春燕:《律师实务》,中国人民大学出版社 2019 年版。

[9]陈一云、王新清主编:《证据学》(第六版),中国人民大学出版社 2015 年版。

[10]中华全国律师协会编:《律师业务操作指引》,北京大学出版社 2009 年版。

[11]徐家力、宋宇博编著:《律师实务》(第八版),法律出版社 2015 年版。

[12]栾兆安:《律师文书写作技能与范例》(第四版),法律出版社 2017 年版。